구속사의 관점에서 본

전도서·아가서 파노라마

이 성경이 곧 내게 대하여 증거 하는 것이로다

유도순 지음

머릿돌

구속사의 관점에서 본
구약성경 파노라마
전도서 · 아가

초판 1쇄 발행 2009년 09월 25일
초판 3쇄 발행 2017년 04월 25일

지은이 유도순
펴낸이 유효성
펴낸곳 도서출판 머릿돌

등록번호 제17-240호
등록일자 1997년 5월 20일
주소 경기도 성남시 분당구 구미로 100
Mobile. 010-94728327
http://cafe.daum.net/gusoksa
E-mail yoodosun@hanmail.net / yoohs516@hanmail.net

총판 기독교출판유통
경기도 고양시 일산동구 장대길 74-6
(031) 906-9191

ISBN : 978-89-87600-55-0 (03230)

* 정가는 뒷표지에 있습니다.
* 잘못되거나 파손된 책은 구입하신 서점에서 교환하여 드립니다.

|| 머리말 ||

하나님은 우리들에게 신구약(新舊約)성경을 주셨습니다.

"구약성경"은, "옛적에 선지자들로 여러 부분과 여러 모양으로 우리 조상들에게 말씀하신"(히 1:1) 것이고,

"신약성경"은, "이 모든 날 마지막에 아들로 우리에게 말씀하신"(히 1:2) 것입니다.

"여러 부분과 여러 모양"으로 말씀했다는 것은, "언약, 예언, 예표, 그림자, 모형" 등으로 말씀했다는 뜻이요,

"아들로 우리에게 말씀하셨다"는 것은, 언약은 성취(成就)로, 예언은 응(應)함으로, 그림자나 모형은 실체(實體)로 나타났다는 뜻입니다.

그러면 신구약성경을 어떻게 해석하는 것이 옳은 것인가?

① 구약성경으로 구약성경을 해석하는 사람들이 있습니다. 이는 "예수"를 그리스도로 인정하지 않는 유대인 학자 같은 방법입니다.

② 구약성경으로 신약성경을 해석하는 사람들이 있습니다. 이런 사

람들은 의문(儀文)이라는 수건이 마음에서 아직 벗어지지 않은 사람들(고후 3:14-15)이라고 말씀합니다.

③ 밝히 드러난 신약의 빛을 받아 구약을 해석하는 일입니다. 이것이 새 언약의 일군들, 그리스도의 증인(證人)들이 하는 방법입니다. 사도 바울은, 구약성경을 가지고 예수가 그리스도이심을 "증명"(證明)했다(행 17:3)고 말씀합니다.

이렇게 하면 성경 66권 어느 책에서도, "이 성경이 곧 내게 대하여 증거 하는 것이로다"(요 5:39) 하신 그리스도를 만나게 되는 것입니다.

저는 "전도서와 아가서"를, "이 비밀은 만세와 만대로부터 옴으로 감추었던 것인데 이제는 그의 성도들에게 나타났고"(골 1:26) 한, 복음의 빛을 받아 해석하려고 노력했습니다. 다시 말하면 그리스도와 복음을 증거 하기 위해서 이 책을 썼습니다.

그러므로 이 책을 읽으시면 그리스도와 복음을 만나실 수가 있습니다.

이것은 제가 주님을 처음 만났을 때의 약속입니다.

우리교회
원로목사 유 도 순

Contents

전 도 서

Contents

아 가 서

전도서

전도서 파노라마

주제 : 하나님을 경외하라 이것이 사람의 본분이다

전도서는, "다윗의 아들 예루살렘 왕 전도자의 말씀이라"(1) 하고 시작이 됩니다. 무엇을 감추고 있는가? "솔로몬"이라는 이름입니다. 왜 그랬을까? 하나님께서 솔로몬을 전도자로 세우신 데는 인간이 헤아릴 수 없는 섭리가 있는 것입니다. 3:11절에서는 "하나님의 하시는 일의 시종(始終)을 사람으로 측량할 수 없게 하셨도다" 하고 말씀하는데, "악을 선으로 바꾸시는 하나님"(창 50:20)은 다윗의 타락을 통해서, "허물의 사함을 얻고 그 죄의 가리움을 받은 자는 복이 있도다"(시 32:1) 한, "칭의 교리"를 계시케 하셨고, 솔로몬의 타락을 통해서는, "내가 해 아래서 행하는 모든 일을 본즉 다 헛되어 바람을 잡으려는 것이로다"(1:14) 한, 하나님을 떠난 삶의 무가치함을 자백케 하여, "일의 결국을 다 들었으니 하나님을 경외하고 그 명령을 지킬지어다"(12:13) 하고, 사람의 본분(本分)이 무엇인가 하는 참 도를 전하게 하신 것입니다. 그래서 인간 솔로몬은 감추고 자신을, "전도자"(傳道者)라고 소개하고 있는 것입니다.

이는 마치 "전에는 훼방자요 핍박자요 포행자"였던 사울을 이방인의 사도로 세우셔서, "후에 주를 믿어 영생 얻는 자들에게 본이 되게"(딤전 1:13, 16) 하심과 같은 섭리입니다. 그러므로 전도서는 솔로몬의 만년(晩年)의 저작으로 여겨집니다. 하나님은 솔로몬에게 "지혜"만 주신 것이 아니라, 구하지 않은 "부귀와 영화"까지 심히 많이 주셨습니다. 솔로몬에게 "부와 영광"을 주신 하나님은 그가 타락할 것을 모르셨단 말인가? "지혜"를 허락하신 하나님은 솔로몬의 "타락"도 허용(許容)을 하신 셈입니다. 솔로몬에게 타락했던 뼈아픈 경험이 없었다면 불신자들이 추구하는, "사상, 욕망, 심리상태" 등을 적나라하게 꿰뚫어보고 있는 "전도서"는 기록되지 못했을 것입니다.

이런 맥락에서 예표(豫表)의 인물인 솔로몬과, 실체(實體)이신 그리스도 간에는 유사성(類似性)과 상이(相異)성이 있는 것입니다. "다윗의 자손으로 성전을 건축한 것, 지혜가 충만하여 그 소문을 만방에 떨친 것, 인생의 밑바닥까지 낮아진 것" 등은 유사성입니다. 이점을, "우리에게 있는 대제사장은 우리 연약함을 체휼하지 아니하는 자가 아니요 모든 일에 우리와 한결같이 시험을 받은 자로되 죄(罪)는 없으시니라"(히 4:15) 하고 말씀합니다. 즉 솔로몬은 자신의 죄로 말미암아 시궁창까지 타락하여 인생의 고락을 경험했지만, 우리 전도자 되시는 그리스도는 우리의 죄를 인하여, "우리 연약함을 친히 체휼하신 분이요, 자기를 낮추시고 십자가에 죽기까지 낮아지신"(히 4:15, 빌 2:8) 분이십니다. 주님은 대속제물이 되시기 위해서 우리의 연약을 체휼하셨으나, 솔로몬은 타락으로 인하여 인생의 허무를 체험을 했다는 점이 결정적으로 다른 것입니다.

그러므로 전도서를 기록한 솔로몬은 자신을 왕이라 하지 않고, "전도자"라고 소개합니다. 전도자(傳道者)라는 말이 7번 등장하는데 하나님은 사람들이 추구하는 "지위와 명예와 권세와 부귀와 쾌락" 등을 다 누리다가 헛됨을 경험한 솔로몬을 전도자로 세우신 것입니다. 그런데 본문을 관찰해보면 "전도자"라는 말이 첫 장(1:1, 2, 12)과, 마지막 장(12:8, 9, 10)에 각각 3번 씩 집중이 되어 있는 것을 보게 됩니다. 이는 무엇을 말해주고 있느냐 하면, 그 중간(中間)에 있는 내용은 전도자가 독자들을 마지막 결론으로 인도하기 위한 여러 방면의 진술임을 말해줍니다. 즉 "일의 결국을 다 들었으니 하나님을 경외하고 그 명령을 지킬지어다 이것이 사람의 본분이니라" 하고, 사람의 "본분"을 말해주기 위한 논증(論證)이라는 말씀입니다. 그러니까 전도자는, "모든 것이 헛되다, 하나님을 경외하라"는 두 마디를 하고 있는 셈입니다.

이런 맥락에서 전도서에는 "해 아래"라는 말이 29회, "헛되다"는 말이 39회나 등장함으로 핵심어 역할을 하고 있습니다. 어찌하여 이처럼 헛된 인생이 되었는가? "나의 깨달은 것이 이것이라 곧 하나님이 사람을 정직하게 지으셨으나 사람은 많은 꾀를 낸 것이니라"(7:29) 합니다. 그러므로 "해 아래"라는 말은 자연인, 즉 육에 속한 자의 삶을 가리키는 표현이고, "헛되다"는 말은 허무주의자(虛無主義者)의 독백이 아니라, 하나님을 떠난 삶의 무의미, 무가치성을 나타내는 말입니다. 어찌하여 "해 아래"라고 표현하고 있는가? 이에 빛을 비춰주는 말씀이 로마서에 있습니다. 로마서에는 네 번의 "아래"가 있는데, "법 아래, 죄 아래, 심판 아래, 은혜 아래"(롬 3:9, 19, 6:14)가 그것입니다. 하나님을 떠난 자는, "법 아래, 죄 아래, 심판 아래", 전도서의 표현대로 하면 "해 아래" 살아가는 자라는 말씀입니다. 이들을 위해서 하나님은 자기 아들을 대속제물로 십자가에 높이 달리게 하심으로, "십자가 아래, 은혜 아래" 살 수 있게 해주신 것입니다. 모든 사람은 예외 없이 "해 아래서 살아가고 있지만, 하나님을 경외하는 사람들은 "해 아래"라는 일반은총만으로 사는 사람들이 아니라, "은혜 아래"라는 특별은총 아래 살아가는 사람들인 것입니다.

2장에는 전도자가 타락했던 당시를 진술하는 내용이 있는데, "천하 인생의 종신토록 생활함에 어떤 것이 쾌락인지 알까 하여, 노래하는 남녀와 인생들의 기뻐하는 처와 첩들을 많이 두었고, 무엇이든지 내 눈이 원하는 것을 내가 막지 아니하였다"(3-10) 하고 말합니다. 즉 세상 사람들이 추구하는 모든 것을 마음껏 누려보았다는 것입니다. 그래서 얻은 결론이 무엇인가? "그 후에 본즉 내 손으로 한 모든 일과 수고한 모든 수고가 다 헛되어 바람을 잡으려는 것이며 해 아래서 무익한 것이로다"(2:11) 하고 말합니다. 그러면 어찌하여 만족(滿足)이 없는가? "하나님이, 사람에게 영원(永遠)을 사모하는 마음을 주셨기"(3:11) 때문이라는 것입니다. 즉 영혼의 갈증은 세상적인 것으로는 채워지지 않기 때문이라는 것입니다.

그러므로 전도서를 대할 때에 통찰력이 필요하게 되는데 전도자 자신의 현재의 신앙고백과, 타락했을 당시의 심리상태, 즉 불신자들의 사상을 반영하고 있는 점을 구분(區分)을 해야 한다는 점입니다. 만일 이를 분별하지 않으면 전도자를 정신분열증 환자로 만드는 것이 됩니다. 생각해보십시오. "인생의 혼은 위로 올라가고 짐승의 혼은 아래로 곧 땅으로 내려가는 줄을 누가 알랴"(3:21) 하는 회의론자가, "일의 결국을 다 들었으니 하나님을 경외하고 그 명령을 지킬지어다 이것이 사람의 본분이니라"(12:13) 하고 말할 수가 있단 말인가?

이런 맥락에서 전도서의 구조(構造)를 관찰해보면, "해 아래 모든 것이 헛되고 헛되다, 그러니까 하나님을 경외하라"는 몇 개의 단락으로 이루어져 있습니다.

㉠ 첫째 단락(段落)의 결론은 3:14절입니다. "무릇 하나님이 행하시는 것은 영원히 있을 것이라 더할 수도 없고 덜할 수도 없나니 하나님이 이같이 행하심은 사람으로 그 앞에서 경외(敬畏)하게 하려 하심인줄 내가 알았도다" 합니다.

㉡ 둘째 단락의 결론은 5:7절인데, "꿈이 많으면 헛된 것이 많고 말이 많아도 그러하니 오직 너는 하나님을 경외(敬畏)할 지니라" 합니다.

㉢ 셋째 단락의 결론은 7:18절인데, "너는 이것을 잡으며 저것을 놓지 마는 것이 좋으니 하나님을 경외(敬畏)하는 자는 이 모든 일에서 벗어날 것임이니라" 합니다.

㉣ 넷째 단락의 결론은 8:12-13절에 나타나는데, "내가 정녕히 아노니 하나님을 경외(敬畏)하여 그 앞에서 경외하는 자가 잘 될 것이요" 합니다. 그러면서 "악인은 잘되지 못하며 장수하지 못하고 그 날이 그림자와 같으리니 이는 하나님 앞에 경외(敬畏)하지 아니 함이니라" 하고 경고합니다.

㉤ 그리고 마지막 장에 이르러 "너는 청년의 때 곧 곤고한 날이 이르기 전, 나는 아무 낙이 없다고 할 해가 가깝기 전에 너의 창조자를 기억하라"(12:1) 하고 권면하면서, "일의 결국을 다 들었으니 하나님을 경외(敬畏)하고 그 명령을 지킬지어다 이것이 사람의 본분이니라"(12:13) 하는 총 결론에 이르는 것입니다.

그러면 "일의 결국을 다 들었으니 하나님을 경외하라" 하는데, 어떻게 하는 것이 "하나님을 경외하는 것"인가를 형제는 말해줄 수가 있습니까? 이는 쉬운듯하나 중요한 문제입니다.

먼저 인식해야할 점은, "하나님이 사람을 정직하게 지으셨으나 사람은 많은 꾀를 낸 것이라"(7:29) 한, 타락한 인간은 하나님과 단절(斷絕)이 되어 있는 상태라는 점입니다. 그리하여 "화목제물과, 이를 드려줄 중보자"가 있어야 하는 것입니다.

그렇다면 무엇이 하나님 경외인가는 분명해집니다. 주님은 대답하십니다. "하나님의 보내신 자를 믿는 것이 하나님의 일이니라"(요 6:29). 어찌하여 하나님을 경외한다는 주님 당시의 제사장, 서기관, 장로, 바리새인들이 심판을 당하고 멸망을 받았는가? 그들이 예배를 드리지 않았기 때문이 아닙니다. "하나님의 보내신 자", 즉 화목제물과 이를 드려줄 중보자를 배척했기 때문입니다.

그들을 향해 주님은 "하나님이 너희 아버지였으면 너희가 나를 사랑하였으리니 이는 내가 하나님께로 나서 왔음이라 나는 스스로 온 것이 아니요 아버지께서 나를 보내신 것이니라"(요 8:42) 하십니다. 한마디로 "하나님 경외"는 하나님의 언약에 성실하게 응답하는 것입니다.

주님은 친히 말씀하시기를, "너희가 (구약)성경에서 영생을 얻는 줄 생각하고 성경을 상고하거니와 이 성경이 곧 내게 대하여 증거하는 것이로다"(요 5:39) 하십니다. 사도 바울도, "율법(넓은 의미에서 구약성경)이 우리를 그리스도에게로 인도하는 몽학선생"(갈 3:24)이라고 말합니다. 전도서도 예외 없이 우리를 그리스도에게로 인도하는 몽학선생 역할을 하고 있는 것입니다.

전도자는 마지막에 이르러 자신이 한 말이, "진리(眞理)의 말씀이요, 다 한 목자(牧者)의 주신 바니라"(12:10, 11) 하고, "진리와, 한 목자"를 말씀하는데, "진리와, 한 목자"는 누구인가? 이점에서 구속사의 진전(進展)을 볼 수 있어야만 합니다. 구약시대에는 하나님을 나의 왕이라 말씀하고, "여호와는 나의 목자"라 합니다. 그런데 신약시대에는 그리스도가 "왕이요, 목자"라 하십니다. 왜냐하면 볼 수 없는 하나님이 볼 수 있는 그리스도로 임마누엘 하셨기 때문입니다. 그러므로 "다 한 목자의 주신 바"라는 말씀을 통해서, "해 아래서" 바람을 잡으려는 것과 같은 헛된 삶을 추구하고 있는 자들에게 참 목자를 만나게 하고 있는 것입니다.

인생이란 시행착오를 교훈으로 삼을 수 있는 두 번째 기회(機會)가 주어지지 않았습니다. 그러므로 전도서는 해 아래 살아가는 모든 사람들이 추구하는 온갖 것을 다 소유하고 경험해본 한 전도자의 뼈아픈 충고(忠告)를 통해서 읽는 이와 듣는 자로 하여금 "슬피 울며 이를 가는" 일을 당하지 않게 하시려는 하나님의 또 다른 구원초청인 것입니다.

전도서는 유대인들이 초막절에 낭독했다고 합니다. 이는 인생여정이 초막에 머물다가 떠나는 행인과 나그네와 같은 삶임을 일깨워주기 위해서일 것입니다. 저도서는 하나님 경외로 끝을 맺고 있는 것이 아니라, "하나님은 모든 행위와 모든 은밀한 일을 선악 간에 심판하시리라" 하는, "심판"(審判)으로 끝맺고 있습니다. "구원과, 심판"은 동전 앞뒤와도 같습니다. 그러므로 전도자는 이 둘을 함께 말해주어야만 하는 것입니다. 전도자는 복음 초청을 거절하는 자들을 향해서, "그러나 하나님이 이 모든 일로 인하여 너를 심판하실 줄 알라"(11:9) 하고 경고하고 있는 것입니다.

전도서 1장 개관도표

주제 : 해 아래서 수고하는 것이 무엇이 유익한고

헛되고 헛되며 모든 것이 헛되도다

1-11
1 다윗의 아들 예루살렘 왕 전도자의 말씀이라
2 전도자가 가로되 ① **헛되고 헛되며 헛되고 헛되니 모든 것이 헛되도다**
3 **사람이 해 아래서 수고하는 모든 수고가 자기에게 무엇이 유익한고**
4 ② 한 세대는 가고 한 세대는 오되 땅은 영원히 있도다
5 해는 떴다가 지며 그 떴던 곳으로 빨리 돌아가고
6 바람은 남으로 불다가 북으로 돌이키며 이리 돌며 저리 돌아 불던 곳으로 돌아가고
7 모든 강물은 다 바다로 흐르되 바다를 채우지 못하며 어느 곳으로 흐르든지 그리로 연하여 흐르느니라
8 ③ 만물의 피곤함을 사람이 말로 다 할 수 없나니 눈은 보아도 족함이 없고 귀는 들어도 차지 아니하는도다
9 이미 있던 것이 후에 다시 있겠고 이미 한 일을 후에 다시 할지라
④ **해 아래는 새 것이 없나니**
10 무엇을 가리켜 이르기를 보라 이것이 새 것이라 할 것이 있으랴 우리 오래 전 세대에도 이미 있었느니라
11 이전 세대를 기억함이 없으니 장래 세대도 그 후 세대가 기억함이 없으리라

지혜를 써서 궁구함

12-18
12 나 전도자는 예루살렘에서 이스라엘 왕이 되어
13 **마음을 다하며 지혜를 써서** **하늘 아래서 행하는** 모든 일을 궁구하며 살핀즉 이는 괴로운 것이니 하나님이 인생들에게 주사 수고하게 하신 것이라
14 **내가 해 아래서** ⑤ 행하는 모든 일을 본즉 다 헛되어 바람을 잡으려는 것이로다
15 구부러진 것을 곧게 할 수 없고 이지러진 것을 셀 수 없도다
16 내가 마음 가운데 말하여 이르기를 ⑥ 내가 **큰 지혜**를 많이 얻었으므로 나보다 먼저 예루살렘에 있던 자보다 낫다 하였나니 곧 내 마음이 **지혜와 지식**을 많이 만나 보았음이로다
17 내가 **다시 지혜를** 알고자 하며 미친 것과 미련한 것을 알고자 하여 마음을 썼으나 이것도 바람을 잡으려는 것인줄을 깨달았도다
18 ⑦ **지혜가 많으면 번뇌도 많으니 지식을 더하는 자는 근심을 더하느니라**

1장

해 아래서 수고하는 것이 무엇이 유익한고

3사람이 해 아래서 수고하는 모든 수고가 자기에게 무엇이 유익한고?

전도자는 "사람이 해 아래서 수고하는 모든 수고가 자기에게 무엇이 유익한고?"(3) 하는 물음을 제기(提起)하므로 전도서를 시작합니다. 쉽게 말하면 "삶의 의미와 목적(目的)이 무엇인가" 하는 본질적인 질문인 것입니다. 결론은, "헛되고 헛되며 헛되고 헛되니 모든 것이 헛되도다"(2, 12:8), 즉 아무런 의미도 목적도 찾을 수가 없다고 말합니다. 그러나 여기가 끝이 아닙니다. 만일 여기서 머물렀다면, 전도서는 성경이 되지 못했을 뿐만이 아니라, "전도서"(傳道書)도 되지를 못했을 것입니다. 그러면 해답(解答)이 무엇인가? 전도자는 후렴처럼 몇 단계에 걸쳐서 "하나님을 경외하라"(3:14, 5:7, 7:18, 8:12) 하고 권면하다가 총 결론에 이르러서, "일의 결국을 다 들었으니 하나님을 경외하고 그 명령을 지킬지어다 이것이 사람의 본분(本分)이니라"(12:13) 하고 답을 말해줍니다.

도표를 보시면 첫째 단원은 "사람이 해 아래서 수고하는 모든 수고가 자기에게 무엇이 유익한고"를 중심으로, ① "헛되고 헛되며 헛되고 헛되니 모든 것이 헛되도다" 하는 포괄적인 말부터 하면서, ② "세대(世代), 땅, 해, 바람, 강물" 등의 현상을 예로 들어, ③ "만물의 피곤함"을 말하고, ④ 작은 결론으로 "해 아래는 새 것이 없나니" 하고 선언합니다.

둘째 단원은 "지혜를 써서 하늘 아래서 행하는 모든 일을 살핀즉"을 중심으로, ⑤ "해 아래 행하는 모든 것이 헛되어 바람을 잡으려는 것이라", ⑥ "지혜, 지식"으로 알고자 하였으나, ⑦ 그것은 "번뇌와 근심을 더하는 것"에 지나지 않는다는 결론을 내립니다. 그러면 전도자는 우리를 어디로 안도하려는 것인가?

첫째 단원(1-11) **헛되고 헛되며 모든 것이 헛되도다**
둘째 단원(12-18) **지혜를 써서 궁구함**

주제(主題) : 해 아래서 수고하는 것이 무엇이 유익한고

㉠ "전도서 파노라마"에서도 말씀했습니다만, 전도서를 상고하기 전에 몇 가지 원칙(原則)에 확고해야만 합니다. 왜냐하면 전도서에는 회의론자의 말과 같은 것들도 있어서 헷갈리게 되기 때문입니다.

㉮ 첫째는, "해 아래"라는 말이 29번이나 등장하는데 이는 하나님과 단절된 상태에서 살아가는 자연인의 삶을 가리킨다는 점입니다. 하나님의 백성들은 "해 아래"라는 일반은총만이 아니라, "은혜 아래"라는 특별은총 아래 살아가고 있는 사람들입니다.

㉯ 둘째는 "헛되다"는 말이 39번이나 등장하는데 이는 하나님을 인정하지 않는 불신자들의 삶을 가리키는 말이라는 점입니다. 창조주(創造主)를 부정하게 되면 피조물(被造物)인 자신의 존재의미도, 삶의 목적도 없는 것이 되기 때문입니다. 신자들은 "이 백성은 내가 나를 위하여 지었나니 나의 찬송을 부르게 하려 함이라"(사 43:21) 하시는, 하나님의 계획과 목적을 믿는 사람들입니다.

㉰ 셋째는 이런 맥락에서 전도서의 중심주제는 6번(3:14, 5:7, 7:18, 8:12, 8:13, 12:13)이나 강조되어 있는 "하나님 경외"에 있다는 점에 확고해야만 합니다. 만일 전도서에 "헛되다"는 말만 있고, "여호와 경외"가 없다면 성경이 되지 못했을 것입니다.

㉱ 결론은, 전도서는 "전도서"라는 점에 확고해야만 합니다. 그러므로 본문에 회의적인 말이 등장한다면 이는 불신자의 사상을 반영한 것이거나, 한 때 하나님을 떠났던 전도자가 불신자의 입장에서 진술하는 말이라는 점입니다.

㉡ 그러면 전도서가 누구를 위해서 기록이 되었는가 하는 점입니다. 두 방면으로 생각할 수가 있는데 첫째는, 전도서에도 잠언서에 여러 번 등장하는, "내 아들"(12:12)과, "너"(9:7-10)라는 이인칭(二人稱) 대명사가 등장합니다. 이로 보건대 전도서는 믿는 자들, 특히 세상 유혹에 빠지기 쉬운 청소년들의 신앙을 독려하기 위해서 기록된 것임을 알게 됩니다. 둘째는, "해 아래서" 헛된 삶을 살아가는 불신자들입니다. 이점이 잠언서에는 언약과 결부되는 "여호와"라는 호칭이 87번이나 등장하는 반면, 전도서에는 단 한 번도 등장하지 않고 그 대신, 창조자와 결부되는 "하나님"이 43번이나 등장한다는 것이 입증해줍니다. 그러면 이들 불신자들에게 전도서를 누가 전해주어야 하는가? 그 시대의 전도자들이 "전도서"를 들어서, 하나님을 떠난 삶의 "헛됨"과, 사람의 "본분"이 무엇인가를 전해주어야 할 책임이 있는 것입니다.

첫째 단원(1-11) 헛되고 헛되며 모든 것이 헛되도다

"다윗의 아들 예루살렘 왕 전도자의 말씀이라"(1). 다음 책인 아가서에서는 "솔로몬의 아가라"(아 1:1) 하고 이름을 밝히고 있는데 어찌하여 "다윗의 아들 예루살렘 왕 전도자" 라고 표현하고 있는가? 이를 구속사라는 넓은 지평(地平)에서 본다면 "다윗의 아들이요, 왕이신 분은 그리스도"를 가리키는 것이 됩니다. 또한 주님은 "때가 찼고 하나님의 나라가 가까웠으니 회개하고 복음을 믿으라"(막 1:15) 하고 외치신 "전도자" 이셨습니다.

① 첫 마디가 "전도자가 가로되 헛되고 헛되며 헛되고 헛되니 모든 것이 헛되도다"(2) 합니다.

㉠ 이 말을 넓은 문맥으로 본다면 1:3절부터 12:7절까지는 하나님을 떠난 삶의 헛됨을 입증하기 위한 상론(詳論)이라할 수가 있습니다. 왜냐하면 12:8절에 이르러서, "전도자가 가로되 헛되고 헛되도다 모든 것이 헛되도다"(12:8) 하고, 1:2절 말씀으로 되돌아오고 있기 때문입니다.

㉡ 그러니까 전도서는 두 가지 말씀을 하기 위해서 기록이 되었다고 말할 수가 있는데 첫째는, "헛되고 헛되며 헛되고 헛되니 모든 것이 헛되도다"(2) 한 말씀이고, 둘째는 "일의 결국을 다 들었으니 하나님을 경외하고 그 명령을 지키라"(12:13)는 말씀인 것입니다.

㉢ 이처럼 "헛되다"(2)는 화두(話頭)부터 불쑥 던진 것은 관심을 집중시키기 위한 것으로 여겨지는데 그런 후에, "사람이 해 아래서 수고하는 모든 수고가 자기에게 무엇이 유익한고"(3) 하고 문제를 제기합니다. 이는 ㉮ 나는 누군가? 무엇을 위해서 사는가? 종말은 어떻게 될 것인가? 하는 본질적인 물음인 것입니다. ㉯ "너 자신을 알라" 한 철학자의 말이나, "잃어버린 소를 찾는다"는 불가(佛家)의 말이나, "아침에 도를 깨달으면 저녁 때 죽어도 좋다"(朝聞道 夕死可矣) 한 유가(儒家)의

물음도 동일한 고뇌인 것입니다. 그러나 "질그릇 조각 중 한 조각 같은" (사 45:9) 피조물인 인간은, 자기를 지으신 창조자의 계시에 의존하지 않고는 해답을 찾을 길이 없는 것입니다.

② 3절 이하는 "헛됨"에 대한 해설인데, "한 세대는 가고 한 세대는 오되 땅은 영원히 있도다"(4) 합니다.

㉠ "한 세대(世代)는 가고 한 세대는 오되" 라는 표현에서 무엇을 느끼게 되는가? "할아버지, 아버지, 나, 아들, 손자"가 일열 종대(縱隊)로 서서 어딘가를 향해서 걸어가는 모습을 연상하게 합니다. 어디서 왔다가, 무엇을 위해서 살며, 어디로 가는 줄도 모르고 말입니다. 그래서 "대중(大衆)은 허위(虛僞)다" 하고 말하는 것입니다.

㉡ "해는 떴다가 지며 그 떴던 곳으로 빨리 돌아가고, 바람은 남으로 불다가 북으로 돌이키며 이리 돌며 저리 돌아 불던 곳으로 돌아가고, 모든 강물은 다 바다로 흐르되 바다를 채우지 못하며 어느 곳으로 흐르든지 그리로 연하여 흐르느니라"(5-7) 합니다. 전도자는, "해, 바람, 강물" 등의 현상(現象)을 관찰하면서 "허무감"을 느끼고 있는 것입니다.

③ 그리고는 "만물(萬物)의 피곤함을 사람이 말로 다 할 수 없나니 눈은 보아도 족함이 없고 귀는 들어도 차지 아니 하는도다"(8) 하고 염세주의적이 됩니다.

㉠ "이미 있던 것이 후에 다시 있겠고 이미 한 일을 후에 다시 할지라"(9상),

④ 그러므로 "해 아래는 새 것이 없나니"(9하) 하고 선언하기에 이릅니다.

㉠ "무엇을 가리켜 이르기를 보라 이것이 새 것이라 할 것이 있으랴 우리 오래 전 세대에도 이미 있었느니라 이전 세대를 기억함이 없으니 장래 세대도 그 후 세대가 기억함이 없으리라"(10-11) 하고 말하는데, 이는 무엇엔가 기만을 당하고 있는 인간의 "망각"(妄覺)을 가리킵니다.

지금 지구상에는 60억 정도의 사람들이 살아가면서 생존경쟁을 하고 있습니다. 그런데 100년 후에는 소수의 몇 명을 제외하고는 이제 막 태어난 갓난아이라 해도 지구상에는 존재하지 않게 될 것입니다.

㉡ 그럼에도 불구하고, "사람이 해 아래서 수고하는 모든 수고가 자기에게 무엇이 유익한고"(3) 하는 고민은 한 번도 해보지 않은 채 어쩌면 저토록 태평무심하게 살아갈 수가 있단 말인가? 이런 일이 오늘의 세대가 처음이 아니라, 이제까지의 헤일 수 없는 세대들이 그렇게 살다가 어디론가 떠나들 갔는데, "이전 세대를 기억함이 없으니 장래 세대도 그 후 세대가 기억함이 없으리라" 하는 것입니다. 이는 필시 어떤 세력에 의하여 기만을 당하고 있는 것이라고 밖에는 달리는 설명할 길이 없는 것입니다. 얼마나 "헛되고 헛되며 헛되고 헛되니 모든 것이 헛되도다" 한 삶을 살아가고 있는 것인가?

둘째 단원(12-18) 지혜를 써서 궁구함

"나 전도자는 예루살렘에서 이스라엘 왕이 되어"(12),

둘째 단원의 핵심어는 "지혜"입니다 모두 5번(13, 16, 16, 17, 18)이나 등장합니다. 그런데 전도서에서 말씀하는 지혜는, "지혜가 제일이니 지혜를 얻으라"(잠 4:7) 한 잠언의 지혜와는 구별이 된다는 점입니다. 이점은 바울 서신에서도 구별이 되고 있는데, "하나님께서 이 세상의 지혜를 미련케 한 것이 아니뇨 하나님의 지혜에 있어서는 이 세상이 자기 지혜로 하나님을 알지 못하는 고로 하나님께서 전도의 미련한 것으로 믿는 자들을 구원하시기를 기뻐하셨도다"(고전 1:20-21) 합니다.

⑤ "마음을 다하며 지혜를 써서 하늘 아래서 행하는 모든 일을 궁구하며 살핀즉"(13상) 합니다.

㉠ "마음을 다하여 지혜를 써서, 궁구(窮究)하며 살폈다"는 말은 전심전력으로 연구했음을 나타내는데, 무슨 문제를 그토록 궁구했는가? 2-11절의 내용을 가리킬 것이나 그 중에서도 특히, "사람이 해 아래서 수고하는 모든 수고가 무엇이 유익한가" 한 3절의 문제일 것입니다. 이를 요즘 사상으로 표현하면, 사람의 조상이 원숭이라는 진화론(進化論)이 진실이라면, "선과 악, 의와 불의, 진리와 비진리"가 무슨 의미가 있단 말이냐 하는 문제로 고뇌를 하고 있다는 말이 됩니다.

㉡ 그런데 "이는 괴로운 것이니 하나님이 인생들에게 주사 수고하게 하신 것이라"(13하) 합니다. 전도자는 이 대목에서 "하나님"을 거론하는데, 이는 전도서의 첫 언급이면서 2:23절까지는 다시 언급하고 있지 않다는 점에서 전도자의 의중을 살펴볼 수 있는 중요한 단서가 됩니다. "하나님이 인생들에게 주사 수고하게 하신 것이라" 말하고 있는데, 무엇을 염두에 두고 한 말인가? 전도자는 7:29절에서, "나의 깨달은 것이 이것이라 곧 하나님이 사람을 정직하게 지으셨으나 사람은 많은 꾀를 낸 것이니라" 합니다. 이는 인간의 타락을 가리킵니다.

㉢ 그리하여 하나님은, "아담에게 이르시되 네가 네 아내의 말을 듣고 내가 너더러 먹지 말라 한 나무 실과를 먹었은즉 땅은 너로 인하여 저주를 받고 너는 종신토록 수고하여야 그 소산을 먹으리라"(창 3:17) 하셨는데 이것이, "하나님이 인생들에게 주사 수고하게 하신 것이라"는 뜻입니다.

⑥ 이런 맥락에서, "내가 해 아래서 행하는 모든 일을 본즉 다 헛되어 바람을 잡으려는 것이로다"(14) 한 의미는 구해야만 하는 것입니다. 즉 하나님과 단절된 상태에서 행하는 모든 일이 "헛되다"는 뜻입니다.

㉠ 그리고 이어서, "구부러진 것을 곧게 할 수 없고 이지러진 것을 셀 수 없도다"(15) 하고 말한다면 이것이 어떤 의미가 되는가? 하나님과 불화하게 된 관계(구부러지고 이지러진 것)를 인간의 자력(自力)으

로는 회복할 길이 없다는 뜻이 아니겠는가?

⑦ "내가 마음 가운데 말하여 이르기를 내가 큰 지혜를 많이 얻었으므로 나보다 먼저 예루살렘에 있던 자보다 낫다 하였나니 곧 내 마음이 지혜와 지식을 많이 만나 보았음이로다"(16) 합니다. 이는 두 마디로 되어있는데 첫째는 자신이, "큰 지혜를 많이 얻었고", 둘째는 "지혜와 지식을 많이 만나 보기도" 했다는 것입니다.

㉠ 그런데 "내가 다시 지혜를 알고자 하며 미친 것과 미련한 것을 알고자 하여 마음을 썼으나 이것도 바람을 잡으려는 것인 줄을 깨달았도다"(17) 하는 것은, "이 세상 지혜로는 하나님을 알 길이 없다"는 뜻입니다. 그리하여 하나님께서는 지금 "전도의 미련한 것"으로 구원하시려는 것입니다.

㉡ 어찌하여 "이 세상 지혜를 미련한 것이라" 하는가? 본질적인 문제에 해답을 주지를 못하기 때문입니다. 즉 하나님과 단절된 인간을 구원하지를 못하기 때문입니다. 이를 알았기에 바울은, "내 말과 내 전도함이 지혜의 권하는 말로 하지 아니하고 다만 성령의 나타남과 능력으로" 하였다고 말씀합니다. 그리하여 "너희 믿음이 사람의 지혜에 있지 아니하고 다만 하나님의 능력에 있게 하려 함이라"(고전 2:4-5) 말씀합니다.

㉢ "세상 지혜"로도 사람을 예배당에 모을 수는 있다는 것입니다. 그러나 그 사람의 믿음의 근거가 하나님의 능력에 있지 않다면 그것은 쭉정이에 불과한 것입니다. 그러므로 "누가 철학과 헛된 속임수로 너희를 노략할까 주의하라 이것이 사람의 유전과 세상의 초등학문을 좇음이요 그리스도를 좇음이 아니니라"(골 2:8), 즉 속임수라고 말씀합니다.

⑧ 그래서 1장의 결론은, "지혜가 많으면 번뇌도 많으니 지식을 더하는 자는 근심을 더하느니라"(18) 합니다.

㉠ 설명을 가하기보다는 미켈란제로의 "생각하는 사람"이라는 조각

을 연상해 보시기를 바랍니다. 철학자는 "번뇌"가 많은 사람이지 해답을 갖고 있는 자가 아닙니다. 이런 말이 있습니다. "철학이란 캄캄한 방에서 까만 모자를 찾는 것과 같은데, 그 모자는 그 방에 한 번도 있어 본 적도 없다". 지금 전도자는 우리를 어디로 인도하려 하고 있는가? "일의 결국을 다 들었으니 하나님을 경외하고 그 명령을 지킬지어다"(12:13) 하는 총 결론으로 인도하려는 것입니다. 왜냐하면 "여호와를 경외하는 것이 지혜의 근본"(잠 9:10)임을 알기 때문입니다.

⑨ 묵상해보겠습니다.

㉠ "해 아래와, 은혜 아래"에 대해서,

㉡ "하나님이 인생에게 수고하게 한 것"이란 의미에 대해서,

㉢ 지혜를 써서 궁구해보았으나 헛되다는 의미에 대해서.

전도서 2:1-23절 개관도표

주제 : 모든 수고가 바람을 잡으려는 것같이 헛되다

눈과 마음이 원하는 것을 막지 않음 (1-11)

1 **나는 내 마음에 이르기를 자, 내가 시험적으로 너를 즐겁게 하리니 너는 낙을 누리라 하였으나 본즉 이것도 헛되도다**

2 내가 **웃음**을 논하여 이르기를 미친 것이라 하였고
희락을 논하여 이르기를 저가 무엇을 하는가 하였노라

3 ① 내 마음에 궁구하기를 내가 **어떻게 하여야** 또 **어떻게 하여야** 어리석음을 취하여서 / 내 마음에 **지혜**로 다스림을 받으면서 술로 내 육신을 즐겁게 할까 **천하 인생의** 종신토록 생활함에 어떤 것이 **쾌락**인지 알까 하여

4 ② 나의 **사업**을 크게 하였노라 / 내가 나를 위하여 **집들**을 지으며 **포도원**을 심으며

5 여러 **동산과 과원**을 만들고 그 가운데 각종 과목을 심었으며

6 **수목**을 기르는 삼림에 물주기 위하여 **못을 팠으며**

7 **노비**는 사기도 하였고 집에서 나게도 하였으며 나보다 먼저 예루살렘에 있던 모든 자보다도
소와 양떼의 소유를 많게 하였으며

8 **은금**과 왕들의 **보배**와 여러 도의 보배를 쌓고 또 **노래**하는 남녀와 인생들의 기뻐하는 **처와 첩들**을 많이 두었노라

9 내가 이같이 창성하여 나보다 먼저 예루살렘에 있던 모든 자보다 지나고 내 **지혜도 내게 여전하여**

10 ③ **무엇이든지 내 눈이 원하는 것을 내가 금하지 아니하며 무엇이든지 내 마음이 즐거워하는 것을 내가 막지 아니하였으니**
이는 나의 모든 수고를 내 마음이 기뻐하였음이라 이것이 나의 모든 수고로 말미암아 얻은 분복이로다

11 ④ **그 후에 본즉 내 손으로 한 모든 일과 수고한 모든 수고가 다 헛되어 바람을 잡으려는 것이며 해 아래서 무익한 것이로다**

지혜자와 우매자가 일반 (12-17)

12 내가 돌이켜 **지혜와 망령됨과 어리석음을 보았나니**

왕의 뒤에 오는 자는 무슨 일을 행할꼬 행한지 오랜 일일 뿐이리라

13 ⑤ 내가 보건대 **지혜가 우매보다 뛰어남이 빛이 어두움보다 뛰어남 같도다**

14 지혜자는 눈이 밝고 우매자는 어두움에 다니거니와 **이들의 당하는 일이 일반인 줄을 내가 깨닫고**

15 ⑥ **심중에 이르기를** 우매자의 당한 것을 나도 당하리니 내가 어찌하여 지혜가 더하였던고
이에 내가 **심중에 이르기를 이것도 헛되도다**

16 지혜자나 우매자나 영원토록 기억함을 얻지 못하나니 후일에는 다 잊어버린지 오랜 것임이라

⑦ **오호라 지혜자의 죽음이 우매자의 죽음과 일반이로다**

17 이러므로 내가 사는 것을 한하였노니 / 이는 **해 아래서 하는 일이** 내게 괴로움이요 **다 헛되어 바람을 잡으려는 것임이로다**

자신의 수고를 한함 (18-23)

18 내가 **해 아래서 나의 수고한 모든 수고를 한하였노니**

⑧ **이는 내 뒤를 이을 자에게 끼치게 됨이라**

19 그 사람이 지혜자일찌 우매자일찌야 누가 알랴마는
내가 **해 아래서** 내 지혜를 나타내어 수고한 모든 결과를 저가 다 관리하리니 이것도 **헛되도다**

20 이러므로 내가 **해 아래서 수고한 모든 수고에 대하여 도리어 마음으로 실망케 하였도다**

21 ⑨ **어떤 사람은 그 지혜와 지식과 재주를 써서 수고하였어도**
그 얻은 것을 수고하지 아니한 자에게 업으로 끼치리니 **이것도 헛된 것이라** 큰 해로다

22 사람이 해 아래서 수고하는 모든 수고와 마음에 애쓰는 것으로 소득이 무엇이랴

23 ⑩ **일평생에 근심하며 수고하는 것이 슬픔뿐이라** 그 마음이 밤에도 쉬지 못하나니 **이것도 헛되도다**

2:1-23절

모든 수고가 바람을 잡으려는 것같이 헛되다

[11]그 후에 본즉 내 손으로 한 모든 일과 수고한 모든 수고가 다 헛되어 바람을 잡으려는 것이며 해 아래서 무익한 것이로다.

2장의 본 문단(1-23)은, 1:3절에서, "사람이 해 아래서 수고하는 모든 수고가 자기에게 무엇이 유익한고" 하고, 제기한 문제에 대한 계속적인 궁구입니다. 다른 점은 "지혜"만이 아니라, "쾌락"을 통해서 추구해보았다는 점입니다.

도표를 보시면 첫 단원은 "시험적으로 너를 즐겁게 하리니 낙(樂)을 누리라"를 중심으로, ① "어떤 것이 쾌락임을 알까하여" 하고, 쾌락으로 만족을 얻으려고 시험을 해봅니다. ② 그래서 "산업, 집, 포도원, 수목, 노비, 가축, 은금의 보배, 처와 첩" 등을 많게 해봅니다. ③ 그리하여 "눈과 마음이 원하는 것은 무엇이든지 금하지 않았다"고 말합니다. ④ 그러나 "그 후에 본즉 모든 수고가 다 헛되어 바람을 잡으려는 것 같았다"는 것입니다.

둘째 단원은 "지혜와 망령됨과 어리석음"을 중심으로, ⑤ "지혜가 우매보다 뛰어남"이 분명한데, ⑥ "지혜자와 우매자가 당하는 것, 지혜자와 우매자의 죽음이 같더라"는 것입니다. ⑦ 그래서 결론을 내리기를, "해 아래서 하는 일이 괴로움이요, 바람을 잡으려는 것 같이 헛되다" 합니다. 셋째 단원은 "나의 수고한 모든 것을 한하였다"를 중심으로, ⑧ 자신이 떠난 후에 자신이 이루어 놓은 것을 어떤 자가 "관리"하게 될지, ⑨ 수고한 자는 따로 있고 "수고하지 아니한 자"가 누리게 되니, ⑩ "이것도 헛되도다" 합니다. 이를 통해서 전도자는 무엇을 깨닫기를 원하고 있는 것인가?

첫째 단원(1-11) **눈과 마음이 원하는 것을 막지 않음**
둘째 단원(12-17) **지혜자와 우매자가 일반이라**
셋째 단원(18-23) **자신의 수고를 한함**

주제(主題) : 모든 수고가 바람을 잡으려는 것같이 헛되다

㉠ 먼저 2장을 23절까지로 한정한 것에 대해서 말씀을 드려야만 하겠습니다. 전도서를 보면 명암(明暗)이 교차되어 있습니다. 즉, 어둠과 밝음, 헛됨과 유익함이 교차되어 나오는데, 1:2-2:23절까지는 헛됨을 말하는 대목이고, 24절부터는 "…하는 것보다 나은 것이 없나니 이것도 본즉 하나님의 손에서 나는 것이로다"(24) 하고, 유익(有益)을 말씀하는 대목이 시작되기 때문입니다.

㉡ 전도자는 1:3절에서, "사람이 해 아래서 수고하는 모든 수고가 자기에게 무엇이 유익한고" 하고 제기한 문제를 계속 추구해 나가고 있습니다. 이는 피전도자들로 하여금 자신들의 삶을 돌아보게 하기 위해

서입니다. 다시 말하면, “생각하고, 고민하고, 절망하게” 하기 위해서입니다. 왜냐하면 기만을 당하면서 살아가면서도 이를 모르고 있기 때문입니다. 누구에게 속고 있는가? 자신입니다. 대중(大衆)입니다. 궁극적으로 사탄에게 속고 있는 것입니다. 그래서 각성(覺醒)을 시키려는 것입니다.

ⓒ 복음 전도는 먼저 “절망”(絕望)하게 하는 일부터 합니다. 바울 되기 전의 “사울”은 자신만만하고, 의기양양하고, 안하무인과 같은 사람이었습니다. 주님은 그토록 교만한 사울의 입에서, “오호라 나는 곤고한 사람이로다”(롬 7:24) 하고 비명을 지르게 하고, “죄인 중에 내가 괴수니라”(딤전 1:15) 하고 절망하게 만드셨습니다. 자력구원의 불가능성을 깨닫고 인정하는 것보다 더한 “절망”은 없습니다. 이것이 부서지고 깨어지는 과정입니다. 하나님은 자신을 포기하고 절망할 때에 비로소 시작(始作)을 하십니다.

ⓓ 어찌하여 복음을 받아드리지 않는가? 절망(絕望)을 모르고, 자신이 얼마나 비참(悲慘)한 존재인가를 모르기 때문입니다. 그래서 자신은 복음이 필요 없는 사람인 줄로 착각을 하고 있기 때문입니다. 그래서 바울은 로마서에서 “죄론”을 먼저 말씀하고 있는 것입니다. 다윗은 자신이 “죄악 중에 출생하였고, 모친이 죄 중에 나를 잉태하였나이다”(시 51:5) 하고 절규합니다. 그런데 오늘의 잘못된 전도방법은, “하나님은 당신을 사랑합니다. 당신은 사랑받기 위해서 태어났습니다” 하고 사탕발림을 합니다. 상대방을 “공주병”에 걸리도록 만듭니다. 그래서 자아가 죽지 않은 자기중심적(自己中心的)이고 이기적인 사이비 그리스도인들만을 양산합니다.

ⓔ 지금 전도자는 자신이 경험해본 것, 또는 저들이 추구하는 것들을 일일이 들어가면서 이것이 얼마나 허망(虛妄)한 일인가를 말해주고 있는 것입니다. 그러므로 본 문단 안에는, “해 아래”라는 말이 6번(11,

17, 18, 19, 20, 22), "헛되다" 하는 말이 또한 6번(11, 15, 17, 19, 21, 23) 등장합니다. 이를 종합하면 "해 아래서 행하는 모든 일이 헛되다"는 말입니다. 그냥 헛된 것이 아니라, "바람을 잡으려는 것"(11, 17)과 같이 헛된 일이라는 것입니다. 이런 맥락에서 본 문단 안에는 전도서에 43회나 등장하는 "하나님"이 한 번도 거론되고 있지 아니합니다. 그야말로 캄캄한 절망인 것입니다.

첫째 단원(1-11) 눈과 마음이 원하는 것을 막지 않음

"나는 내 마음에 이르기를 자, 내가 시험적으로 너를 즐겁게 하리니 너는 낙을 누리라 하였으나 본즉 이것도 헛되도다 내가 웃음을 논하여 이르기를 미친 것이라 하였고 희락을 논하여 이르기를 저가 무엇을 하는가 하였노라"(1-2) 합니다. ㉮ "너를 즐겁게 하리니", ㉯ "너는 낙을 누리라" 합니다. ㉰ 그런데 이런 쾌락주의의 시험은, "미친 것"(2)이라는 결론에 도달하게 되었다는 것입니다. 이것은 명제(命題)입니다. 3절 이하는 이에 대한 상론입니다.

① "내 마음에 궁구하기를 내가 어떻게 하여야 내 마음에 지혜로 다스림을 받으면서 술로 내 육신을 즐겁게 할까 또 어떻게 하여야 어리석음을 취하여서 천하 인생의 종신토록 생활함에 어떤 것이 쾌락인지 알까 하여"(3), 이 말의 관건은 "천하 인생"이란 말에 있습니다. 이제 말하려는 바가 솔로몬 자신만의 욕망이 아니라 천하(天下) 인생(人生)이 추구하는 바라는 뜻인데, 우선적으로 "술로 육신을 즐겁게" 하려고 시도해 보았다는 것입니다.

② 그리고 "나의 사업(事業)을 크게 하였노라"(4상) 합니다.

㉠ "내가 나를 위하여 집들을 지으며 포도원을 심으며 여러 동산과

과원을 만들고 그 가운데 각종 과목을 심었으며 수목을 기르는 삼림에 물주기 위하여 못을 팠으며"(4하-6),

ⓛ "노비는 사기도 하였고 집에서 나게도 하였으며 나보다 먼저 예루살렘에 있던 모든 자보다도 소와 양떼의 소유를 많게 하였으며"(7),

ⓒ "은금과 왕들의 보배와 여러 도의 보배를 쌓고 또 노래하는 남녀와 인생들의 기뻐하는 처와 첩들을 많이 두었노라 내가 이같이 창성하여 나보다 먼저 예루살렘에 있던 모든 자보다 지나고 내 지혜도 내게 여전하여"(8-9),

③ 한마디로, "무엇이든지 내 눈이 원하는 것을 내가 금하지 아니하며 무엇이든지 내 마음이 즐거워하는 것을 내가 막지 아니하였으니 이는 나의 모든 수고를 내 마음이 기뻐하였음이라 이것이 나의 모든 수고로 말미암아 얻은 분복이로다"(10) 합니다.

㉠ "천하 인생" 가운데 이렇게 해본 사람이 몇이나 될 것인가?

㉮ 그의 신분은 대왕(大王) 다윗의 아들이요,

㉯ 지위와 권세는 왕이요,

㉰ 부귀영화는, "무엇이든지 눈이 원하고, 마음에 하고 싶은 것은 금한 것"이 없다는 것입니다.

ⓛ 그러니까 사람들이 추구하는 "은금, 저택, 과원, 재물, 영화, 명예, 처첩, 쾌락, 권세" 등 마음이 원하는 것은 무엇이나 다 누려보았다는 것입니다. 무엇을 위해서였는가? "너를 즐겁게 하리니 너는 낙을 누리라"(1) 한 행복을 위해서 말입니다.

④ 그런데 "그 후에 본즉 내 손으로 한 모든 일과 수고한 모든 수고가 다 헛되어 바람을 잡으려는 것이며 해 아래서 무익(無益)한 것이로다"(11) 하는 결론에 도달하게 되었다는 것입니다.

㉠ 달리 말하면 심령에 만족과 평안이 없더라는 뜻입니다. 이는 어찌 보면 대단히 충격적인 말입니다. 왜냐하면 사람들은 이를 인생의 목

적인양 추구하면서, 이것만 획득하면 성공하는 것이요, 행복할 줄로 여기고 있는데, "그 후에 본즉 내 손으로 한 모든 일과 수고한 모든 수고가 다 헛되어 바람을 잡으려는 것"과 같았다고 진술하고 있으니 어찌 놀라지 않을 수가 있겠는가? 이것이 "눈과 마음이 원하는 것을 막지 않았다"는 시험결과입니다. 이렇게 말함으로 전도자는 우리를 어디로 인도하려는 것인가?

둘째 단원(12–17) **지혜자와 우매자가 일반이라**

그런데 전도자의 번뇌는 여기서 끝이는 것이 아니라, "내가 돌이켜 지혜와 망령됨과 어리석음을 보았나니 왕의 뒤에 오는 자는 무슨 일을 행할꼬 행한지 오랜 일일 뿐이리라"(12) 하고 새로운 주제로 옮겨갑니다. "그래서 내가 지혜와 미치는 것과 어리석음이 무엇인지 다시 생각하게 되었다"(현대인의 성경)는 것입니다.

⑤ "내가 보건대 지혜가 우매보다 뛰어남이 빛이 어두움보다 뛰어남 같도다"(13) 합니다. 이 뜻은 "지혜"가 "우매"보다 우월하다는 것은 분명하다는 것입니다.

㉠ 그리하여 "지혜자는 눈이 밝고 우매자는 어두움에 다니거니와 (어찌하여) 이들의 당하는 일이 일반"(一般)이란 말인가(14) 하는 갈등을 하게 됩니다.

⑥ 그래서 "심중(心中)에 이르기를 우매자의 당한 것을 나도 당하리니 내가 어찌하여 지혜가 더하였던고 이에 내가 심중에 이르기를 이것도 헛되도다"(15), 즉 우매자가 당하는 것을 지혜자도 당한다면 지혜를 얻으려고 노력한 것이 무슨 유익이 있느냐? 그래서 "헛되도다" 하는 것입니다.

㉠ "지혜자나 우매자나 영원토록 기억함을 얻지 못하나니 후일에는 다 잊어버린 지 오랠 것임이라 오호라 지혜자의 죽음이 우매자의 죽음과 일반이로다"(16) 하고 탄식을 합니다.

⑦ "이러므로 내가 사는 것을 한(恨)하였노니 이는 해 아래서 하는 일이 내게 괴로움이요 다 헛되어 바람을 잡으려는 것임이로다"(17) 하는 결론에 이르게 됩니다.

㉠ 여기 놓쳐서는 아니 될 중요한 요점이 있습니다. 그것은 본 문단에 6번(11, 17, 18, 19, 20, 22)이나 강조되어 있는 "해 아래"라는 말입니다. "지혜자와 우매자"가 일반이고 동일한 것 같은 것은 "해 아래"서 뿐이라는 말씀입니다. "그러므로 너희가 그리스도와 함께 다시 살리심을 받았으면 위엣 것을 찾으라 거기는 그리스도께서 하나님 우편에 앉아 계시느니라"(골 3:1) 한, 하늘 위에서는 일반이 아닙니다. 마지막이 다른 것입니다. 이렇게 말함으로 전도자는 우리를 어디로 인도하려는 것인가?

셋째 단원(18-23) 자신의 수고를 한함

전도자의 번뇌는 여기서 멈추는 것이 아니라, "내가 해 아래서 나의 수고한 모든 수고를 한하였노니"(18상) 하고 새로운 문제로 나아갑니다. 전도자는 자신이 죽은 후에 그토록 노심초사하고 일궈놓은 산업이 어떻게 될 것인가를 생각합니다. 이것이 "이는 내 뒤를 이을 자에게 끼치게 됨이라"(18하)는 뜻입니다.

⑧ "그 사람이 지혜자 일지, 우매자 일지야 누가 알랴마는 내가 해 아래서 내 지혜를 나타내어 수고한 모든 결과를 저가 다 관리(管理)하리니 이것도 헛되도다"(19) 합니다.

㉠ 이런 번뇌는 현실로 나타나 솔로몬이 죽은 후에 통일왕국은 분열왕국이 되고 말았던 것입니다. "이러므로 내가 해 아래서 수고한 모든 수고에 대하여 도리어 마음으로 실망(失望)케 하였도다"(20) 하는 것입니다.

⑨ "어떤 사람은 그 지혜와 지식과 재주를 써서 수고하였어도 그 얻은 것을 수고하지 아니한 자에게 업으로 끼치리니 이것도 헛된 것이라 큰 해로다"(21) 합니다. 뒤를 이을 자가 지혜자라 할지라도 자수성가(自手成家)한 사람만큼의 애착이 있을 것인가? 불로소득(不勞所得)으로 얻은 유산은 얼마 지탱하지 못하는 것을 보게 됩니다. 그래서 "이것도 헛된 것이라 큰 해로다" 하는 것입니다.

㉠ "사람이 해 아래서 수고하는 모든 수고와 마음에 애쓰는 것으로 소득이 무엇이랴"(22) 하는데, 이는 둘째 단원의 결론이라 할 수가 있습니다.

⑩ 그런 후에 "일평생(一平生)에 근심하며 수고하는 것이 슬픔뿐이라 그 마음이 밤에도 쉬지 못하나니 이것도 헛되도다"(23) 하고, "자, 내가 시험적으로 너를 즐겁게 하리니"(1) 하고 시작한, 본 문단(1-23)은 "헛되다"는 결론으로 끝이고 있습니다.

㉠ 어떻습니까? "전도자가 가로되 헛되고 헛되며 헛되고 헛되니 모든 것이 헛되도다"(1:2) 한 전도자의 말에 공감(共感)하게 되었습니까? 그러면 헛되지 않은 것이 무엇이며, 해답이 무엇이란 말인가? 전도자는 우리를 어디로 인도하려는 것인가?

⑪ 묵상해보겠습니다.

㉠ 눈과 마음이 원하는 것을 막지 않았다는 진술과 결과에 대해서,

㉡ 하늘 아래서 지혜자와 우매자가 일반이라는 의미에 대해서,

㉢ 본 문단에서 강조하는 "해 아래와, 헛되다"에 대해서.

전도서 2:24절-3장 개관도표

주제 : 사람에게 영원을 사모하는 마음을 주신 하나님

심령의 낙을 주심

2:24-26
24 사람이 먹고 마시며 수고하는 가운데서 **심령으로 낙을 누리게 하는 것보다 나은 것이 없나니 내가 이것도 본즉 하나님의 손에서 나는 것이로다**
25 먹고 즐거워하는 일에 누가 나보다 승하랴
26 ① **하나님이 그 기뻐하시는 자에게는 지혜와 지식과 희락을 주시나**
② **죄인에게는** 노고를 주시고 저로 모아 쌓게 하사
하나님을 기뻐하는 자에게 주게 하시나니 이것도 헛되어 바람을 잡으려는 것이로다

범사에 때가 있고 목적이 있다

3:1-15
1 **천하에 범사가 기한이 있고 모든 목적이 이룰 때가 있나니**
2 ③ **날 때**가 있고 **죽을 때**가 있으며 **심을 때**가 있고 심은 것을 **뽑을 때**가 있으며
3 **죽일 때**가 있고 **치료 시킬 때**가 있으며 **헐 때**가 있고 **세울 때**가 있으며
4 **울 때**가 있고 **웃을 때**가 있으며 **슬퍼할 때**가 있고 **춤출 때**가 있으며
5 돌을 던져 **버릴 때**가 있고 돌을 **거둘 때**가 있으며 **안을 때**가 있고 안는 일을 **멀리 할 때**가 있으며
6 **찾을 때**가 있고 **잃을 때**가 있으며 **지킬 때**가 있고 **버릴 때**가 있으며
7 **찢을 때**가 있고 **꿰맬 때**가 있으며 **잠잠할 때**가 있고 **말할 때**가 있으며
8 ④ **사랑할 때**가 있고 **미워할 때**가 있으며 **전쟁할 때**가 있고 **평화할 때**가 있느니라

9 일하는 자가 그 수고로 말미암아 무슨 이익이 있으랴
10 **하나님이 인생들에게 노고를 주사** 애쓰게 하신 것을 내가 보았노라
11 **하나님이 모든 것을 지으시되** 때를 따라 아름답게 하셨고 ⑤ **또 사람에게 영원을 사모하는**
마음을 주셨느니라 그러나 **하나님의 하시는 일의 시종을** 사람으로 측량할 수 없게 하셨도다

12 사람이 사는 동안에 기뻐하며 선을 행하는 것보다 나은 것이 없는 줄을 내가 알았고
13 사람마다 먹고 마시는 것과 수고함으로 낙을 누리는 것이 ⑥ **하나님의 선물인 줄을 또한 알았도다**
14 무릇 **하나님의 행하시는 것은 영원히 있을 것이라** 더 할 수도 없고 덜 할 수도 없나니
⑦ **하나님이 이같이 행하심은 사람으로 그 앞에서 경외하게 하려 하심인 줄을 내가 알았도다**
15 이제 있는 것이 옛적에 있었고 장래에 있을 것도 옛적에 있었나니
하나님은 이미 지난 것을 다시 찾으시느니라

하나님이 심판하신다

16-22
16 내가 해 아래서 또 보건대 **재판하는 곳에 악이 있고 공의를 행하는 곳에도 악이 있도다**
17 내가 심중에 이르기를
⑧ **의인과 악인을 하나님이 심판하시리니 이는 모든 목적과** 모든 일이
이룰 때가 있음이라 하였으며
18, 내가 심중에 이르기를 **인생의 일에 대하여 하나님이 저희를 시험 하시리니**
저희로 자기가 짐승보다 다름이 없는 줄을 깨닫게 하려 하심이라 하였노라
19 인생에게 임하는 일이 짐승에게도 임하나니 이 둘에게 임하는 일이 일반이라 다 동일한
호흡이 있어서 이의 죽음 같이 저도 죽으니 사람이 짐승보다 뛰어남이 없음은 모든 것이 헛됨이로다
20 ⑨ **다 흙으로 말미암았으므로 다 흙으로 돌아가나니** 다 한 곳으로 가거니와
21 인생의 혼은 위로 올라가고 짐승의 혼은 아래 곧 땅으로 내려가는 줄을 누가 알랴
22 그러므로 내 소견에는 사람이 자기 일에 즐거워하는 것보다 나은 것이 없나니
이는 그의 분복이라 **그 신후사(身後事)를 보게 하려고 저를 도로 데리고 올 자가 누구이랴**

2:24절-3장

사람에게 영원을 사모하는 마음을 주신 하나님

[3:14]무릇 하나님의 행하시는 것은 영원히 있을 것이라 더 할 수도 없고 덜 할 수도 없나니 하나님이 이같이 행하심은 사람으로 그 앞에서 경외하게 하려 하심인 줄을 내가 알았도다.

본 문단에는 "하나님"이라는 칭호가 12번이나 등장합니다. 이는 무엇을 말해주느냐 하면 여기에 해답, 열쇠가 있음을 나타냅니다. 다시 말하면 하나님이 행해주시는데 소망이 있다는 말씀입니다. 2장 문단(2:1-23)에서 "해 아래서" 행하는 모든 수고가 바람을 잡으려는 것 같이 헛되다는 절망을 말한 전도자는, 이제 하나님 안에서 소망(所望)을 말씀하려는 것입니다.

선지자들은 한결같이 죄를 책망하고, 심판을 경고한 후에 위로와 소망을 말씀합니다. 그런데, "책망, 경고, 위로"가 확연하게 구분(區分)이 되어 있는 것이 아니라, 교차적(交叉的)으로 반복이 되고 있다는 점입니다. 즉 예루살렘의 멸망을 경고한 후에 회복하여주실 위로와 소망을 말씀하는가 하면, 또다시 맹렬한 심판경고가 나오곤 합니다. 이런 패턴은 전도서에서도 나타납니다. 이렇게 하시는 것은 인간의 완악함을 아시기 때문에 "내가 문 밖에 서서 두드리노니"(계 3:20) 함과 같이 반복적(反復的)으로 경계하는 것으로 여겨집니다. 그럼에도 불구하고 거짓된 인간은 끝내 돌이키지 않았다는 것이 구약역사가 증거해 주고 있는 바입니다.

도표를 보시면 첫째 단원은 "심령의 낙을 주시는 하나님"을 중심으로, ① "하나님이 기뻐하시는 자에게 지혜와 지식과 희락을 주시나", ② "죄인에게는 노고를 주신다" 합니다. 둘째 단원은 "범사에 때가 있고 목적이 있다"는 말씀을 중심으로, ③ "날 때가 있고 죽을 때가 있다" 하고, "때"를 29번이나 반복적으로 말씀하면서, ④ 마지막으로 "사랑할 때가 있고 미워할 때가 있다" 하면서, ⑤ "영원을 사모하는 마음을 주셨다", ⑥ 그러므로 "기뻐하며 선을 행하는 것이, 하나님의 선물"이라고 말씀하면서, ⑦ "하나님이 행하시는 것은 영원히 있을 것이요, 하나님 경외하게 하려 하심이라" 합니다. 셋째 단원은 "재판하는 곳에 악이 있다"를 중심으로 ⑧ "하나님이 심판하신다, 모든 것이 목적과 때가 있다" 말씀하면서, ⑨ "흙에서 왔다가 흙으로 돌아가나니"(20) 하고 마칩니다. 이를 세 단원으로 나누어 상고하겠습니다.

첫째 단원(2:24-26) **심령의 낙을 주시는 하나님**

둘째 단원(3:1-15) **범사에 때가 있고 목적이 있다**

셋째 단원(16-22) **하나님이 시험하시고 심판하신다**

주제(主題) : 사람에게 영원을 사모하는 마음을 주신 하나님

㉠ 성경은 분량이 많다 하여도, ㉮ 하나님께서 행해주신 일과, ㉯ 인간이 행해야할 일, 두 가지뿐입니다. 그런데 앞 문단에서는 인간이 해결을 해보려고 몸부림쳐 보았으나 바람을 잡으려는 것 같은 허사로 끝나고 말았습니다. 이제 전도자는 본 문단에서 "하나님"을 12번이나 집중적으로 거론하면서 하나님이 행해주시는 것을 증거합니다.

㉡ 이를 요약을 하면,

㉮ "심령의 낙을 주시는 하나님"(2:24).

㉯ "지혜와 지식과 희락을 주시는 하나님"(2:26).

㉰ "죄인에게 노고를 주시는 하나님"(2:26).

㉱ "영원을 사모하는 마음을 주시는 하나님"(3:11).

㉲ "먹고 마시는 것과 낙을 선물로 주시는 하나님"(3:13).

㉳ "하나님을 경외케 하시는 하나님"(3:14).

㉴ "옛적에 있었던 것을 다시 찾으시는 하나님"(3:15).

㉵ "심판하시는 하나님"(3:17).

㉶ "인생을 시험하시는 하나님"(3:18) 등으로 증거 되어 있습니다.

㉢ "사람에게 영원(永遠)을 사모하는 마음을 주셨다"는 것은 무엇을 의미하는가? 이 말씀 속에는 "타락과, 하나님과 분리됨과, 추방당함과, 본향을 잃어버렸다"는 실향민(失鄕民)이 되었다는 의미가 함의되어 있는 것입니다. 그래서 영원한 본향(本鄕)을 사모하게 되었다는 뜻입니다. 이점을 히브리서에서는, "이같이 말하는 자들은 본향 찾는 것을 나타냄이라 저희가 나온바 본향을 생각하였더면 돌아갈 기회가 있었으려니와 저희가 이제는 더 나은 본향을 사모하니 곧 하늘에 있는 것이라"(히 11:14-16) 하고 말씀합니다. 전도서는 본향을 잃어버린 실향민들에게 주어진 본향초청인 것입니다.

첫째 단원(2:24-26) **심령의 낙을 주시는 하나님**

"사람이 먹고 마시며 수고하는 가운데서 심령으로 낙을 누리게 하는 것보다 나은 것이 없나니"(24상) 합니다.

㉠ 여기 "심령(心靈)과, 낙"(樂)이란 주제가 등장하는데 대단히 중요한 문제입니다. 왜냐하면 지금까지 전도자가 갈구한 바가 다름 아닌 "심령의 낙"이었기 때문입니다. 2:10절에서 "무엇이든지 내 눈이 원하는 것을 내가 금하지 아니하며 무엇이든지 내 마음이 즐거워하는 것을 내가 막지 아니하였으나" 채워지지 않았다는 목마름이 육적인 목마름이겠는가? 바로 "심령의 갈증"이었던 것입니다. 그래서 "사람이 먹고 마시며 수고하는 가운데서 심령으로 낙을 누리게 하는 것보다 나은 것이 없나니" 하는 것입니다.

㉡ 전도자는 이 갈급함을 1:13절 이하에서, ㉮ "지혜를 써서" 채워보려 했으나, "지혜가 많으면 번뇌도 많으니 지식을 더하는 자는 근심을 더하느니라"(1:18) 하고 허사로 끝나고, ㉯ 2:1-10절에서는 "내 마음에 궁구하기를, 술로 내 육신을 즐겁게 할까? 어떤 것이 쾌락인지 알까"(2:3) 하고, 부귀영화로 채워보려 하였으나, "그 후에 본즉 내 손으로 한 모든 일과 수고한 모든 수고가 다 헛되어 바람을 잡으려는 것"(2:11)이라 했습니다. 그랬던 전도자가 2:24절에 이르러, "심령으로 낙을 누리는 것보다 나은 것이 없나니 내가 이것도 본즉 하나님의 손에서 나는 것이로다" 하고 말씀하고 있으니 놀랍고 반갑지 아니한가? 다시 강조합니다만, "하나님의 손"에서 나는 것이라 합니다.

① 26절에서도 "하나님이 그 기뻐하시는 자에게는 지혜와 지식과 희락을 주시나"(26상) 합니다.

㉠ 하나님은 기뻐하시는 자에게 세 가지 축복을 주신다고 말씀하는데,

㉮ "지혜"를 주시고,

㉯ "지식"을 주시고,

㉰ "희락(喜樂)을 주신다"(26) 하고 말씀합니다. "지혜와 지식"이 무엇인가? 하나님을 아는 것입니다. 하나님 경외입니다. "그리스도는 하나님의 능력이요 하나님의 지혜니라"(고전 1:24) 한 복음입니다. 그리고 "희락"(喜樂)을 주신다고 했으면 이는 세속적인 기쁨이 아니라 구원 얻은 자가 누리게 될 "심령의 기쁨"인 것입니다.

② 그러나 "죄인에게는 노고를 주신다"(26상) 합니다.

㉠ 주님은 말씀하십니다. "이 물을 먹는 자마다 다시 목마르려니와 내가 주는 물을 먹는 자는 영원히 목마르지 아니하리니 나의 주는 물은 그 속에서 영생하도록 솟아나는 샘물이 되리라"(요 4:13-14). 이는 인간의 자력으로 획득하는 것이 아니라, "하나님의 손에서 나는 것(24), 하나님이 주시는 것"(25)이라 말씀함을 유념하시기를 바랍니다. 이점을 다음 단원에서 더욱 밝히 깨닫게 될 것입니다.

둘째 단원(3:1–15) 범사에 때가 있고 목적이 있다

㉠ 둘째 단원의 핵심어는 "때"입니다. 무려 29번이나 강조되어 있습니다. "천하에 범사가 기한(期限)이 있고 모든 목적(目的)이 이룰 때가 있나니"(1) 하는 첫 말씀은 이어지는 2-11절에 대한 명제(命題)입니다. 전도자는 "모든 목적이 이룰 때가 있다"고 말씀하는데, 무엇을 말씀하려는 것인가? "무릇 하나님이 행하시는 것은 영원히 있을 것이라"(14) 한, 하나님의 구원계획에는 "목적과, 이룰 때가 있다"는 말을 하려는 것입니다.

㉡ 그렇습니다. 하나님이 행하시는 일은 "때가 찬 경륜" 가운데 행

하십니다. 이점을 사도 바울은, "곧 그 기쁘심을 따라 그리스도 안에서 때가 찬 경륜을 위하여 예정하신 것이라"(엡 1:9) 합니다. "경륜"(經綸)이란 계획한 일을 조직적으로 이루어나가는 것을 의미합니다. 하나님의 구원계획은 임기응변이나 즉흥적으로 하시는 일이 아닙니다. "때가 차매 하나님이 그 아들을 보내사 여자에게 나게"(갈 4:4) 하셨습니다. 그리고 "때가 찬 경륜" 가운데 심판주로 다시 오실 것입니다. 그러므로 본문에 열거한 29번의 "때"에 일일이 의미를 부여하지 않는다 하여도, 핵심적인 의도는 깨달아야만 하는 것입니다.

③ 첫 번으로, "날 때가 있고 죽을 때가 있으며, 심을 때가 있고 심은 것을 뽑을 때가 있다"(2) 하고 말씀합니다.

㉠ "날 때와 죽을 때, 심을 때와 뽑을 때", 모든 흥망성쇠는 그 과정(過程)에서 부침(浮沈)하는 것들입니다. "이는 만물이 주에게서 나오고 주로 말미암고 주에게로 돌아감이라"(롬 11:36) 한 의미와 상통하는 것으로, 하나님의 구원계획에는 시작과 끝이 있다는 뜻이 함의 되어 있습니다. 그래서 "모든 목적이 이룰 때가 있나니" 하는 것입니다.

㉡ "죽일 때가 있고 치료시킬 때가 있으며 헐 때가 있고 세울 때가 있으며"(3) 합니다. 이는 2절에서 "날 때, 죽을 때가 있다"는 것과는 다른 이미지입니다. 2절의 "죽을 때"라는 표현에는 자연적인 섭리의 이미지가 있지만, 3절의 "죽일 때, 치료시킬 때"라는 표현에는 의지적(意志的)인 의미가 있기 때문입니다. 이점은 "헐 때가 있으며 세울 때가 있다"는 표현에도 그대로 나타납니다.

㉢ 이런 하나님의 의지는 구속사에 그대로 나타납니다. 사랑하는 아내와 같았던 예루살렘을 바벨론에게 멸망당하도록 내어주신 것은 다름 아닌 "죽일 때와, 헐 때"에 해당이 되는 것입니다만, 포로에서 남은 자를 귀환하게 하신 것은 "치료시킬 때와, 세울 때"였던 것입니다. 죽음과 훼파는 죄의 대가였으나 "치료와 회복"은 전적인 하나님의 은혜였던

것입니다.

㉣ 이런 맥락에서, "울 때가 있고 웃을 때가 있으며 슬퍼할 때가 있고 춤출 때가 있으며"(4) 한 의미도 구하여야 합니다. 지금은 인간 입장으로 보면, "울 때요, 슬퍼할 때", 즉 회개할 때입니다. 이점을 야고보서에서는, "슬퍼하며 애통하며 울지어다 너희 웃음을 애통으로, 너희 즐거움을 근심으로 바꿀지어다"(약 4:9) 합니다. 그러노라면, "웃을 때와, 춤출 때"를 맞이하게 될 것입니다.

④ 반면 "사랑할 때가 있고 미워할 때가 있으며 전쟁할 때가 있고 평화할 때가 있느니라"(8) 합니다.

㉠ 이 말씀을 하나님 입장으로 본다면 지금은 하나님의, "사랑할 때요, 평화할 때", 즉 "보라 지금은 은혜 받을만한 때요 보라 지금은 구원의 날이로다"(고후 6:2)가 되는 것입니다. 그러나 머지않아 "미워할 때, 전쟁할 때", 즉 하나님의 심판의 날이 오게 될 것입니다.

⑤ 이렇게 말씀한 후에, "하나님이 모든 것을 지으시되 때를 따라 아름답게 하셨고 또 사람에게 영원을 사모하는 마음을 주셨느니라 그러나 하나님의 하시는 일의 시종을 사람으로 측량할 수 없게 하셨도다"(11) 하고 말씀합니다.

㉠ 이 말씀은 세 마디로 되어 있는데, ㉮ "하나님이 모든 것을 지으시되 때를 따라 아름답게 하셨다"(11상), 즉 "하나님이 그 지으신 모든 것을 보시니 보시기에 심히 좋았더라"(창 1:31)였다는 것입니다. ㉯ 그런 아름다움이 범죄로 말미암아 분리(分離)가 되었으나 하나님은, "사람에게 영원을 사모하는 마음을 주셨다"는 것입니다. ㉰ "그러나 하나님의 하시는 일의 시종(始終)을 사람으로 측량할 수 없게 하셨도다" 합니다. 모세도 그의 마지막 설교에서, "그러나 깨닫는 마음과 보는 눈과 듣는 귀는 오늘까지 여호와께서 너희에게 주지 아니하셨느니라"(신 29:4) 합니다. 이처럼 "만세와 만대로부터 옴으로 감취었던 것인데 이제는 그

의 (신약의) 성도들에게 나타났다"(골 1:26) 하고 말씀합니다.

ⓛ 이점에서, "무엇이든지 내 눈이 원하는 것을 내가 금하지 아니하며 무엇이든지 내 마음이 즐거워하는 것을 내가 막지 아니하였다"(2:10) 한 전도자가 어찌하여, "해 아래서 하는 일이 내게 괴로움이요 다 헛되어 바람을 잡으려는 것임이로다"(2:17) 하고, 탄식하였는가 하는 원인(原因)을 알게 됩니다. 그것은 영혼의 갈증이 채워지지 않았기 때문입니다.

ⓒ 그래서 전도자는 "범사가 기한이 있고 모든 목적이 이룰 때가 있나니"(1) 하고, "때"를 말씀하는 것입니다. 이 말씀은 회의에 빠진 하박국 선지자에게, "이 묵시는 정한 때가 있나니 그 종말이 속히 이르겠고 결코 거짓되지 아니하리라 비록 더딜지라도 기다리라 지체되지 않고 정녕 응하리라"(합 2:3) 하고 말씀하심과 같은 의도입니다.

ⓡ 복음이 밝히 드러난 신약의 성도들에게도, "때와 기한은 너희의 알바 아니요"(행 1:7) 하고, "하나님의 하시는 일의 시종을 측량할 수 없게" 하셨습니다. 그러므로 믿음이란 "언약"을 믿는 것입니다. 그리고 언약을 믿는 사람은 기다리는 사람입니다. 구약의 성도들은 아브라함과 다윗에게 언약하신 초림의 메시아를 기다리고 있었습니다. 신약의 성도들은, "내가 너희를 위하여 처소를 예비하러 가노니 가서 너희를 위하여 처소를 예비하면 내가 다시 와서 너희를 내게로 영접하여 나 있는 곳에 너희도 있게 하리라"(요 14:3) 하신, 재림의 약속을 기다리는 사람들입니다.

⑥ 기다리는 동안, "사람이 사는 동안에 기뻐하며 선을 행하는 것보다 나은 것이 없는 줄을 내가 알았고"(12),

ⓖ "사람마다 먹고 마시는 것과 수고함으로 낙을 누리는 것이 하나님의 선물인 줄을 또한 알았도다"(13) 합니다. 12-13절 안에는, "기뻐하며, 낙을 누리는 것"이 있습니다. 하나님의 계획하신 "목적과, 이루실

때"가 있음을 믿는 자는 기뻐하며 즐거워할 수가 있다는 것입니다. 그래서 "하나님의 선물인 줄을 또한 알았도다"(13하) 하는 것입니다.

⑦ 이상에서 상고한 둘째 단원은, "무릇 하나님의 행하시는 것은 영원히 있을 것이라 더 할 수도 없고 덜 할 수도 없나니 하나님이 이같이 행하심은 사람으로 그 앞에서 경외하게 하려 하심인 줄을 내가 알았도다"(14) 하는 결론에 이르게 되는 것입니다.

㉠ 이는 세 마디로 되어 있습니다.

㉮ 첫째로, 구원계획을 이루어나가시는 불가항력적인 하나님의 주권(主權)이 나타나 있는데, "더 할 수도 없고 덜 할 수도 없나니" 합니다.

㉯ 둘째로, 반드시 이루어지리라는 확신(確信)이 있는데, "하나님의 행하시는 것은 영원히 있을 것이라"는 말씀에 나타납니다.

㉰ 그리고 셋째로, 이렇게 행하시는 목적이 있는데, "하나님을 경외하게 하려함이라" 합니다.

㉡ 계속해서 말씀하기를, "이제 있는 것이 옛적에 있었고 장래에 있을 것도 옛적에 있었나니 하나님은 이미 지난 것을 다시 찾으시느니라"(15) 하는데 무슨 뜻일까? "다시 찾으시느니라"는 표현은 분명 회복(恢復)을 의미합니다. 그렇다면, "하나님이 영원 전부터 거룩한 선지자의 입을 의탁하사 말씀하신바 만유를 회복하실 때까지는 하늘이 마땅히 그를 받아 두리라"(행 3:21) 한 그런 의미가 아니겠는가?

셋째 단원(16-22) 하나님이 시험하시고 심판하신다

셋째 단원은, "내가 해 아래서 또 보건대"(16상) 하고 시작이 됩니다. 여기에는 두 가지 요점이 있는데 첫째는, 새로운 주제로 전환을 하고 있음을 나타냅니다. 그러므로 앞의 단원의 밝은 색조와는 달리 "어두움"이 깔려 있습니다. 이점이, "또 보건대 재판하는 곳에 악이 있고 공의를 행하는 곳에도 악이 있도다"(16) 하고, 두 번이나 강조하고 있는 "악(惡)이 있다"는 말에 나타납니다. 둘째로, 이제 진술하고자 하는 내용은 "해 아래", 즉 불신 세상에서 일어나고 있는 상태라는 것입니다. 그러면 그것이 무엇인가?

⑧ "내가 해 아래서 또 보건대 재판하는 곳에 악이 있고 공의를 행하는 곳에도 악이 있도다"(16) 합니다. 이를 보면서 전도자는, "내가 심중(心中)에 이르기를 의인과 악인을 하나님이 심판하시리니"(17상) 하고, "하나님의 심판"(審判)을 생각했다는 것입니다.

㉠ 어찌하여 하나님의 심판, 즉 최후심판은 필연적(必然的)으로 있어야만 하는가? 첫째는, "재판하는 곳에 악이 있고 공의를 행하는 곳에도 악이 있도다", 즉 해 아래는 공의가 시행이 되지 않고 있기 때문에 공의로운 심판은 있어야만 한다는 것입니다. 이는 인간이 행하는 거짓됨을 나타냅니다. 그러므로 공의로 재판하실 이는 오직 하나님뿐이시라는 말씀입니다. 둘째는, 심판은 "이는 모든 목적과 모든 일이 이룰 때가 있음이라"(17하) 한 구원계획의 완성(完成)을 위해서 최후심판은 불가피한 것입니다.

㉡ 그리하여 "내가 심중에 이르기를 인생의 일에 대하여 하나님이 저희를 시험(試驗)하시리니"(18상) 하는 것입니다. 이점을 사도 바울은, "그 날이 공력을 밝히리니 이는 불로 나타내고 그 불이 각 사람의 공력이 어떠한 것을 시험할 것임이니라(고전 3:13), 이는 우리가 다 반드시 그리스도의 심판대 앞에 드러나 각각 선악 간에 그 몸으로 행한 것을 따라 받으려 함이라"(고후 5:10) 하고 말씀합니다.

㉢ 이런 문맥에서, "저희로 자기가 짐승보다 다름이 없는 줄을 깨닫게 하려 하심이라"(18하) 하고 말씀하는데 무슨 뜻인가? 인간의 행위로

는 그의 앞에 의롭다함을 얻을 육체가 없음을 나타냅니다. 이점을 욥기에서는, "그런즉 하나님 앞에서 사람이 어찌 의롭다 하며 부녀에게서 난 자가 어찌 깨끗하다 하랴, 하물며 벌레인 사람, 구더기인 인생이랴" (욥 25:4, 6) 합니다. 잊지 마시기를 바랍니다. 이는 "해 아래서" 살아가는 불신자들의 상태를 가리킨다는 점입니다.

㉣ 그래서 "짐승보다 다름이 없다"는 말이 나오자 전도자는, "인생(人生)에게 임하는 일이 짐승에게도 임하나니 이 둘에게 임하는 일이 일반(一般)이라 다 동일한 호흡이 있어서 이의 죽음 같이 저도 죽으니 사람이 짐승보다 뛰어남이 없음은 모든 것이 헛됨이로다"(19) 하고, 3장에 들어와서는 처음으로 또다시 "헛됨"을 끄집어냅니다. 다시 상기시킵니다만 이는 하나님과 단절된 상태의 삶에 대한 진술입니다. 인간이 "하나님 경외"를 떠나서라면 짐승보다 나을 것이 없음을 드러내기 위해서입니다. 이점이 아래 진술에도 그대로 나타납니다.

⑨ "다 흙으로 말미암았으므로 다 흙으로 돌아가나니 다 한 곳으로 가거니와 인생의 혼은 위로 올라가고 짐승의 혼은 아래 곧 땅으로 내려가는 줄을 누가 알랴"(20-21) 한 말씀은 이런 맥락에서 한 말입니다.

㉠ 거두절미하고 본다면 곡해하기 쉬운 말씀입니다. 그런데 전도자는 12:7절에서, "흙(인간의 육체)은 땅으로 돌아가고 신(영)은 그 주신 하나님께로 돌아가기 전에 기억하라" 하고 말씀합니다. 이로 보건대 전도자는 "영혼불멸"에 확고한 사람입니다. "하나님을 경외하는 것이 사람의 본분이라" 말씀하고, "선악 간에 심판하시리라"(12:13-14) 하고 경고하는 전도자가 "영혼불멸"을 믿지 않는 자라 할 수가 있는가?

㉡ 이런 맥락에서 "누가 알랴" 하는 말은, 전도자가 회의론자들의 입장에 서서 그들이 제기할 법한 가상(假想)의 질문을 대변하는 것으로 볼 수도 있습니다. 아무튼 21-22절은 주님께서 말씀하신 "부자와 거지 나사로"를 연상하게 합니다. 부자는, "내 형제 다섯이 있으니 (나사로를

보내서) 저희에게 증거하게 하여 저희로 이 고통 받는 곳에 오지 않게 하소서"(눅 16:28) 하고 간청합니다.

ⓒ 이점이 "그 신후사(身後事)를 보게 하려고 저를 도로 데리고 올 자가 누구이랴"(22하) 하는 의미이기도 합니다. 여기 두 가지 질문이 있습니다. "인생의 혼은 위로 올라가고 짐승의 혼은 아래 곧 땅으로 내려가는 줄을 누가 알랴" 하는 질문과, "그 신후사(身後事)를 보게 하려고 저를 도로 데리고 올 자가 누구이랴" 하는 질문입니다. 이에 대해 주님은 답변하십니다. "모세와 선지자들에게 듣지 아니하면 비록 죽은 자 가운데서 살아나는 자가 있을지라도 권함을 받지 아니하리라"(눅 16:31).

ⓓ 이 시대의 "모세와, 선지자, 그리고 전도자"는 우리들입니다. 하나님께서, "영원을 사모하는 마음을 주셨음"(11)에도 불구하고, 영혼문제는 무관히 여기고 "해 아래서 바람을 잡으려는 것과 같은 헛되고 헛된 일"만을 추구하는 자들에게, "하나님을 경외하고 그 명령을 지키는 것이 사람의 본분이라"고 전해주어야 할 전도자는 바로 형제인 것입니다. "누가 알랴"! 부자가 알았더라면, 그리고 그의 형제 다섯이 알았더라면, 그리고 지금 불신자들이 알았더라면 좋으련만.

⑩ 묵상해보겠습니다.

ⓐ 심령의 낙을 주시는 하나님에 대해서,

ⓑ 범사에 때가 있고 목적이 있다는 말씀에 대해서,

ⓒ 하나님이 시험하시고 심판하신다는 말씀에 대해서.

전도서 4장 개관도표

주제 : 위로자도, 붙들어줄 자도 없는 불쌍한 자들

위로자가 없다

1-3

1 **내가 돌이켜 해 아래서 행하는 모든 학대를 보았도다**

① **오호라 학대 받는 자가 눈물을 흘리되**
저희에게 위로자가 없도다

② 저희를 학대하는 자의 손에는 권세가 있으나
저희에게는 위로자가 없도다

2 ③ 그러므로 나는 살아 있는 산 자보다 죽은 지 오랜 죽은 자를 복되다 하였으며
3 이 둘보다도 출생하지 아니하여 **해 아래서 행하는 악을 보지 못한 자가 더욱 낫다 하였노라**

안식이 없다

4-8

4 **내가 또 본즉 사람이 모든 수고와 여러 가지 교묘한 일로 인하여**

④ **이웃에게 시기를 받으니** 이것도 헛되어 바람을 잡으려는 것이로다
5 우매자는 손을 거두고 자기 살을 먹느니라

6 ⑤ **한 손에만 가득하고 평온함이**
두 손에 가득하고 수고하며 바람을 잡으려는 것보다 나으니라

7 내가 또 돌이켜 해 아래서 헛된 것을 **보았도다**
8 ⑥ 어떤 사람은 아들도 없고 형제도 없으니 아무도 없이 **홀로 있으나**
수고하기를 마지아니하며 부를 눈에 족하게 여기지 아니하면서도 이르기를
내가 누구를 위하여 수고하고 내 심령으로 낙을 누리지 못하게 하는고 하나니
이것도 헛되어 무익한 노고로다

붙들어 줄 자가 없다

9-12

9 **두 사람이 한 사람보다 나음은** 저희가 수고함으로 좋은 상을 얻을 것임이라

10 ⑦ **혹시 저희가 넘어지면 하나가 그 동무를 붙들어 일으키려니와** 홀로 있어 넘어지고
붙들어 일으킬 자가 없는 자에게는 화가 있으리라

11 ⑧ **두 사람이 함께 누우면 따뜻하거니와** 한 사람이면 어찌 따뜻하랴
12 한 사람이면 패하겠거니와 두 사람이면 능히 당하나니
삼 겹줄은 쉽게 끊어지지 아니하느니라

권세도 헛되다

13-16

13 **가난하여도 지혜로운 소년은**
늙고 둔하여 간함을 받을 줄 모르는 왕보다 나으니

14 저는 그 나라에서 나면서 가난한 자로서 옥에서 나와서 ⑨ **왕이 되었음이니라**

15 내가 본즉 해 아래서 다니는 인생들이 왕의 버금으로 대신하여 일어난 소년과 함께 있으매
16 저의 치리를 받는 백성들이 무수하였을지라도

⑩ 후에 오는 자들은 **저를 기뻐하지 아니하리니**
이것도 헛되어 바람을 잡으려는 것이로다

4장

위로자도, 붙들어줄 자도 없는 불쌍한 자들

[1]내가 돌이켜 해 아래서 행하는 모든 학대를 보았도다 오호라 학대 받는 자가 눈물을 흘리되 저희에게 위로자가 없도다 저희를 학대하는 자의 손에는 권세가 있으나 저희에게는 위로자가 없도다.

4장은 도표에 표시된 대로 "내가 보았다"는 말이 3번(1, 4, 7) 나옵니다. 전도자는 무엇을 보았는가? 본장에는 "해 아래"라는 말이 4번(1, 3, 7, 15), 또한 "헛되다" 하는 말이 4번(4, 7, 8, 16) 등장합니다. 전도자는 "해 아래서 헛되이" 살아가고 있는 것을 본 것입니다. 그러니까 4장은 소망을 말하는 장이 아니라 "헛됨"을 말하는 장입니다. 그래서 "하나님"이 한 번도 등장하지 않습니다.

도표를 보시면 첫째 단원의 "학대를 보았다"를 중심으로, ① "눈물을 흘리되 위로자가 없도다", ② "권세자에게 학대를 당하되 위로자가 없도다" 하고, "위로자"가 없음을 거듭 탄식하면서, ③ 그런 처지라면 "산 자보다 죽은 자가 복되고, 출생하지 않은 자가 낫다" 하고 말합니다. 둘째 단원에는 "수고"라는 말이 4번이나 나오는데 "사람의 모든 수고"를 중심으로, ④ "이웃에게 시기를 받으니", ⑤ "두 손 가득하고 불화한 것보다, 한 손 가득하고 평온함이 낫다" 하면서, ⑥ "아무도 없이 홀로 있으면서 수고하는 자의 헛됨", 즉 안식이 없음을 말합니다. 셋째 단원에서는 "두 사람이 한 사람보다 낫다"를 중심으로, ⑦ "붙들어 일으킬 자가 없는 자에게 화가 있으리라", ⑧ "한 사람이면 패하지만, 두 사람이면 능히 당한다" 하고 말합니다. 넷째 단원은 "가난한 지혜로운 소년"을 중심으로, ⑨ 그가 "왕이 되어 많은 사람이 따르나", ⑩ "후에는 저를 기뻐하지 아니하리니 이것도 헛되다", 즉 "권게"도 헛되다 함으로 마칩니다. 전도자는 무엇을 말하려는 것인가?

첫째 단원(1–3) **위로자가 없다**
둘째 단원(4–8) **안식이 없다**
셋째 단원(9–12) **붙들어줄 자가 없다**
넷째 단원(13–16) **권세도 헛되다**

주제(主題) : 위로자도, 붙들어줄 자도 없는 불쌍한 자들

㉠ 4장의 음조는, "내가 돌이켜 해 아래서 행하는 모든 학대를 보았도다 오호라 학대 받는 자가 눈물을 흘리되 저희에게 위로자가 없도다 저희를 학대하는 자의 손에는 권세가 있으나 저희에게는 위로자가 없도다" 한 첫 절에 그대로 나타납니다. 어떤 말씀이 생각이 나는가?

㉡ "무리를 보시고 민망히(불쌍히) 여기시니 이는 저희가 목자 없는 양과 같이 고생하며 유리함이라"(마 9:36) 하신 주님의 말씀입니다. "전도자"는 참 목자요, 전도자이신 그리스도를 예표하는 자가 되어 "해 아

래서 목자 없는 양같이 고생"하는 자들을 바라보고 있는 것입니다. 그래서 "오호라 학대받는 자가 눈물을 흘리되 위로자가 없도다" 하는 것입니다.

ⓒ 하나님의 구원계획이란 "위로자"를 보내주시려는 것입니다. 노아가 태어날 당시 상황이 어떠했는가? "이름을 노아라 하여 가로되 여호와께서 땅을 저주하시므로 수고로이 일하는 우리를 이 아들이 안위(安慰)하리라 하였더라"(창 5:29) 합니다. 모세가 태어날 당시의 상황이 어떠했는가? "그(바로)가 우리 족속에게 궤계를 써서 조상들을 괴롭게 하여 그 어린아이들을 내어 버려 살지 못하게 하려 할새, 그 때에 모세가 났는데"(행 7:19-20) 합니다.

ⓓ 주님이 탄생하실 때의 상황이 어떠했는가? "예루살렘에 시므온이라 하는 사람이 있으니 이 사람이 의롭고 경건하여 이스라엘의 위로를 기다리는 자라"(눅 2:25) 합니다. 주님은 말씀하십니다. "수고하고 무거운 짐 진 자들아 다 내게로 오라 내가 너희를 쉬게 하리라"(마 11:28). 전도서의 "전도자"는 우리를 "위로자, 중보자, 안식을 주는 자"에게로 인도하는 몽학선생 역할을 하고 있는 것입니다.

ⓔ 하나님의 구원계획은 위로자도, 붙들어줄 자도 없는 처지에 있는 자들을 붙들어 일으킬 중보자를 보내시려는 것입니다. 그러므로 환난 중에 있는 욥도, "지금 나의 증인이 하늘에 계시고 나의 보인(保人)이 높은데 계시니라 나의 친구는 나를 조롱하나 내 눈은 하나님을 향하여 눈물을 흘리고"(욥 16:19-20) 하고, 중보자를 찾았던 것입니다.

첫째 단원(1-3) **위로자가 없다**

"내가 돌이켜 해 아래서 행하는 모든 학대를 보았도다"(1상), 이것이 전도자가 본 첫 번 광경입니다.

① "오호(嗚呼)라 학대 받는 자가 눈물을 흘리되 저희에게 위로자가 없도다"(1중), 이것이 첫 마디입니다.

㉠ 전도자가 이렇게 말씀하는 의도가 무엇인가? 우리를 위로자에게로 인도하려는 것입니다. 그러면 인류의 위로자가 누군가? "너희 하나님이 가라사대 너희는 위로하라 내 백성을 위로하라 너희는 정다이 예루살렘에 말하며 그것에게 외쳐 고하라 그 복역의 때가 끝났고 그 죄악의 사함을 입었느니라"(사 40:1-2) 하는, "죄 사함을 얻게 하실" 그리스도에게로 인도하려는 것입니다. 그래서 사도 베드로는, "너희가 전에는 양과 같이 길을 잃었더니 이제는 너희 영혼의 목자와 감독 되시는 이에게 돌아왔느니라"(벧전 2:25) 하고 말씀합니다.

㉡ "학대 받는 자가 눈물을 흘리되 저희에게 위로자가 없도다" 하는데, 계시록 7:17절을 보십시오. "이는 보좌 가운데 계신 어린양이 저희의 목자가 되사 생명수 샘으로 인도하시고 하나님께서 저희 눈에서 모든 눈물을 씻어주실 것임이러라" 하십니다.

② 전도자는 그냥 "위로자가 없도다" 하는 것이 아니라, "저희를 학대하는 자의 손에는 권세가 있으나 저희에게는 위로자가 없도다"(1하) 합니다. 그러면 저희를 학대하는 "권세자"는 누군가?

㉠ 전도서는 솔로몬 왕이 기록한 것입니다. 그러면 저희를 학대하는 "학대 자"가 솔로몬 왕이 아니라면 도대체 누구란 말인가? 하나님의 형상대로 지음을 받은 자들을 "학대하는 권세 있는 자"는 궁극적으로 "사망의 권세를 잡은 자 사탄"입니다. 성경에는 이에 대한 예표들이 있습니다. "블레셋 사람이 그(삼손)를 잡아 그 눈을 빼고 끌고 가사에 내려가 놋줄로 매고 그로 옥중에서 맷돌을 돌리게 하였더라"(삿 16:21), 이것이 타락하여 사탄의 노예가 된 자들의 비참한 모습입니다. "시드기야(유다의 마지막 왕)의 아들들을 저의 목전에서 죽이고 시드기야의 두

눈을 빼고 사슬로 결박하여 바벨론으로 끌어갔더라"(왕하 25:7), 이것이 사망에서 생명으로 옮겨지기 이전의 우리의 모습입니다.

㉢ 이점을 신약성경에서는, "또 죽기를 무서워하므로 일생에 매여 종노릇하는 모든 자들을 놓아 주려 하심이니"(히 2:14-15) 합니다. 그러나 그리스도 안에 있는 자들은 학대를 당하고 있는 자들이 아닙니다. "이는 그리스도 예수 안에 있는 생명의 성령의 법이 죄와 사망의 법에서 너를 해방하였으이라"(롬 8:2) 한 자유함을 얻은 자입니다.

㉣ 또한 그리스도인들은 위로자가 없는 사람들이 아닙니다. "또 다른 보혜사를 너희에게 주사 영원토록 너희와 함께 있게 하리니, 내가 너희를 고아와 같이 버려두지 아니하고 너희에게로 오리라"(요 14:16, 18) 하신 주 성령께서 우리의 위로자요, 조력자(助力者)가 되십니다.

③ 이를 본 전도자는, "그러므로 나는 살아 있는 산 자보다 죽은 지 오랜 죽은 자를 복되다 하였으며 이 둘보다도 출생하지 아니하여 해 아래서 행하는 악을 보지 못한 자가 더욱 낫다 하였노라"(2-3) 합니다.

㉠ 주님은 가룟 유다를 가리켜, "차라리 나지 않았더면 좋을 뻔하였도다" 하십니다. 이런 류의 사람이 어찌 가룟 유다 한 사람뿐이겠는가? 다시 상기시킵니다만 이는 "죽기를 무서워하므로 일생에 매여 종노릇하는 모든 자들"의 상태인 것입니다. 이렇게 된 원인은, "나의 깨달은 것이 이것이라 곧 하나님이 사람을 정직하게 지으셨으나 사람은 많은 꾀를 낸 것이니라"(7:29) 한 죄 값입니다. 그래서 "하나님을 경외하는 자는 이 모든 일에서 벗어날 것임이니라"(7:18) 하는 것입니다. 이것이 "위로자가 없다"는 의미입니다.

둘째 단원(4-8) **안식이 없다**

둘째 단원의 키워드는 4번(4, 6, 8, 8) 등장하는 "수고"입니다. 그러니까 바람을 잡으려는 것과 같은 헛된 수고만 있고, 안식이 없다는 말씀입니다.

④ "내가 또 본즉 사람이 모든 수고와 여러 가지 교묘한 일로 인하여 이웃에게 시기를 받으니"(4상) 합니다.

㉠ 전도자는 "또 본즉" 하고, 다른 장면을 보여주고 있는데 첫째는, "모든 수고"라 한, 수고로이 살아가는 모습입니다. 이는 "네가 얼굴에 땀이 흘려야 식물을 먹고 필경은 흙으로 돌아가리니"(창 3:19) 한 반역의 결과입니다. 둘째는, "여러 가지 교묘한 일로 인하여 이웃에게 시기를 받으니" 한 말씀인데, 이는 생존경쟁(生存競爭)을 위한 시기다툼을 나타냅니다. 그래서 "이것도 헛되어 바람을 잡으려는 것이로다"(4하) 하는 것입니다.

㉡ "우매자는 손을 거두고 자기 살을 먹느니라"(5) 한 뜻이 무엇인가? 이를 현대인의 성경은, "팔짱을 끼고(손을 거두고) 스스로 굶어죽는(자기 살을 먹는) 바보(우매자)"라고 의역하고 있습니다. 이처럼 게으른 자가 있는가 하면, 탐욕을 부리는 자도 있다는 것입니다.

⑤ 그래서 "한 손에만 가득하고 평온함이 두 손에 가득하고 수고하며 바람을 잡으려는 것보다 나으니라"(6) 하는 것입니다. 이런 뜻입니다. 두 손에 움켜쥐고 번민하는 것보다, 한 손에만 가지고 평온한 것이 낫다는 것입니다.

⑥ 전도자는, "내가 또 돌이켜 해 아래서 헛된 것을 보았도다"(7) 하고 또 다른 장면을 보여줍니다.

㉠ "어떤 사람은 아들도 없고 형제도 없으니 아무도 없이 홀로 있으나 수고하기를 마지아니하며 부(富)를 눈에 족(足)하게 여기지 아니하

는"(8상), 즉 자식도 형제도 없는 사람이 부에 집착하여 탐욕을 부리는 경우입니다.

ⓛ 그러면서 "이르기를 내가 누구를 위하여 수고하고 내 심령으로 낙을 누리지 못하게 하는고"(8중) 하고 말한다는 것입니다. 핵심은 수고만 있을 뿐 "심령의 낙"을 누리지 못한다는데 있습니다. 그래서 "이것도 헛되어 무익한 노고(勞苦)로다"(8하) 합니다. 그래서 본 단원의 공통점은 "안식이 없다"는 점입니다.

ⓒ 이스라엘 백성들에게 가나안 땅을 주신 것을 "안식을 주셨다"(수 21:44, 22:4) 하고 말씀합니다. 그런데 신약성경은 여호수아가 준 안식은 그림자요, "그런즉 안식할 때가 하나님의 백성들에게 남아 있도다"(히 4:8-9) 합니다. 이제 우리는 그리스도의 구속으로 말미암아 심령의 안식을 얻었습니다. 그러나 온전한 안식은 주님의 재림으로 완성이 될 것입니다. 2:24절을 보십시오. "심령으로 낙을 누리게 하는 것보다 나은 것이 없나니 내가 이것도 본즉 하나님의 손에서 나는 것이로다" 합니다. 전도자는 우리를 "심령의 낙"이 있는 곳으로 인도하려는 것입니다.

셋째 단원(9-12) **붙들어줄 자가 없다**

셋째 단원에는 "두 사람"이라는 말이 3번, "한 사람"이라는 말도 3번, "홀로 있어"까지 합치면 네 번 등장합니다. 이는 붙들어 줄 자가 있다는 것이 얼마나 복된가를 통해서, 하나님을 떠나 홀로 있다는 것이 얼마나 위태로운가를 깨닫게 하려는 것입니다. 그러므로 강조점은 "붙들어 일으킬 자가 없는 자에게는 화가 있으리라"는 말씀에 있습니다.

⑦ "두 사람이 한 사람보다 나음은 저희가 수고함으로 좋은 상을 얻을 것임이라"(9) 합니다. 이 말씀은 연합, 협력의 효율성을 나타내는 말

씀입니다.

㉠ 그런데 "혹시 저희가 넘어지면 하나가 그 동무를 붙들어 일으키려니와 홀로 있어 넘어지고 붙들어 일으킬 자가 없는 자에게는" 어떻게 되는가? "화가 있으리라"(10) 합니다. 성경이 말씀하는 "화와, 복"이라는 개념은 멸망과 구원을 가리키는 표현입니다. 한마디로 홀로 있으면 위험천만이라는 뜻입니다.

㉡ 인간이 어찌하여 이토록 외롭게 되었는가? 태초에 하나님은 사람을 고독자로 지으신 것이 아니라 두 관계성(關係性) 속에서 살아가도록 지으셨는데, "하나님과의 관계와, 사람 상호간의 관계"입니다. 이점이 "사람의 독처하는 것이 좋지 못하니 내가 그를 위하여 돕는 배필을 지으리라"(창 2:18) 한 말씀에 나타납니다. 그런데 본문 4절은 무엇이라 말씀하고 있는가? "사람이 모든 수고와 여러 가지 교묘한 일로 인하여 이웃에게 시기를 받으니", 즉 자기 중심이 되어서 만인이 만인에 대한 투쟁을 하는 그런 상황으로 고립이 된 것입니다. 이점을 시편에서는,

나는 광야의 당아새 같고
황폐한 곳의 부엉이같이 되었사오며
내가 밤을 새우니 지붕 위에 외로운
참새 같으니이다"(시 102:6-7) 합니다.

⑧ 그래서 전도자는, "두 사람이 함께 누우면 따뜻하거니와 한 사람이면 어찌 따뜻하랴 한 사람이면 패하겠거니와 두 사람이면 능히 당하나니"(11-12상) 하는 것입니다.

㉠ 홀로 있는 자의 위험을 10절에서는 "화가 있으리라" 말씀하고, 12절에서는 "패하겠거니와" 합니다. 그러므로 본 단원은 사랑노래를 부르듯 하는 말이 아니라, 사느냐 죽느냐 하는 생사(生死)가 걸려 있는 전

투적(戰鬪的)인 장면을 연상하게 합니다.

ⓛ 하나님은 아담 하와가 넘어진 그 현장에서 우리를 붙들어줄 "여자의 후손"을 보내주실 것을 약속하셨던 것입니다. 주님은 말씀하십니다. "나는 죄인을 부르러 왔노라(마 9:13), 잃어버린 자를 찾아 구원하려 함이니라(눅 19:10), 대속물로 주려함이니라"(마 20:28). "죄인, 잃어버린 자"란 넘어졌는데도 붙들어 줄 자가 없는 그런 자들을 가리킵니다. 주님은 그런 자의 중보자, 친구가 되어 주셨습니다. 그리하여 "사람이 친구를 위하여 목숨을 버리면 이에서 더 큰 사랑이 없나니"(요 15:13) 하고, 자기 목숨을 대속물로 주셨습니다. 그러므로 "이제 한 말에 중요한 것은 이러한 대제사장이 우리에게 있는 것이라"(히 8:1), 이런 중보자가 우리에게 있다는 것은 아주 중요한 일이라고 말씀합니다.

넷째 단원(13-16) **권세도 헛되다**

⑨ 넷째 단원의 키워드는 3번 등장하는 "왕"입니다. "가난하여도 지혜로운 소년은 늙고 둔하여 간함을 받을 줄 모르는 왕보다 나으니"(13) 합니다.

㉠ "지혜와 둔함, 소년과 늙음, 가난과 왕"이 대조가 되어 있는데, "늙고 둔한 왕"이 있습니다. 그리고 "가난하나 지혜로운 소년"이 있습니다. 그런데 백성들이 늙고 둔한 왕을 배척하고, "저는 그 나라에서 나면서 가난한 자로서 옥에서 나와서 왕이 되었음이니라"(14), 즉 "가난하여도 지혜로운 소년"을 왕으로 삼았다는 것입니다.

ⓛ 그리고 "내가 본즉 해 아래서 다니는 인생들이 왕의 버금으로 대신하여 일어난 소년과 함께 있으매"(15), 즉 그 젊고 지혜로운 왕을 따

랐다는 것입니다. 그런데 "저의 치리를 받는 백성들이 무수하였을지라도 후에 오는 자들은 저를 기뻐하지 아니하리니"(16상), 즉 한때 인기를 누리니 그도 또한 배척을 받게 되더라는 것입니다.

⑩ 그리하여 4장은, "이것도 헛되어 바람을 잡으려는 것이로다"(16하) 하고 마치고 있습니다. "권세나 영화도 헛되다"는 것입니다. 전도자는 무엇을 말씀하려는 것이며, 우리를 어디로 인도하려는 것인가?

㉠ 이점에서 전도서의 패턴을 상기할 필요가 있습니다. 전도자는 "해 아래서의 삶의 헛됨"과, "사람의 본분인 하나님 경외"를 교차적으로 진술함으로 독자들을 점차적으로 그리스도에게로 인도하는 몽학선생 역할을 하고 있다는 점입니다. 이를 요약하면,

㉮ 1:1-12절, "사람이 해 아래서 수고하는 모든 수고가 무엇이 유익한고"(1:3) 하고, 본질적인 의문을 제기한 후에,

㉯ 1:13-18절, "마음을 다하며 지혜를 써서 궁구"(1:13)해 보았으나 번뇌만 더할 뿐이요,

㉰ 2:1-23절, 부귀와 영화(2:10)로 갈증을 채워보려 했으나 "이것도 헛되도다" 하고는,

㉱ 2:24-3:22절에서, "하나님"을 12번이나 언급하면서 "심령의 낙"이 하나님의 손에서 나는 것(2:24), 하나님의 선물(3:13)이라고 하나님께로 인도합니다. 그런가 하면 또다시,

㉲ 4장에서 해 아래서 벌어지는 장면들을 "보았다" 하는 말을 3번(1, 4, 7)이나 말하면서 "이것도 헛되어 바람을 잡으려는 것이로다"(4:16) 하고 헛됨을 말합니다.

㉡ 5장에서는 또다시 "하나님"을 11번이나 언급하면서, "오직 너는 하나님을 경외할지니라(5:7), 하나님의 선물이라"(5:19) 하고 하나님께로 인도함을 보게 될 것입니다.

⑪ 묵상해보겠습니다.

㉠ 눈물을 흘리되 위로자가 없도다 한, 위로자에 대해서,
㉡ 안식이 없다는 구속사적 의미에 대해서,
㉢ 홀로 있으면 "화를 당하고, 패하리라"는 의미에 대해서.

전도서 5장 개관도표

주제 : 오직 너는 하나님을 경외할 지어다

하나님 전에 들어갈 때에 (1-7)

1 **너는 하나님의 전에 들어갈 때에**
① **네 발을 삼갈지어다** 가까이 하여 **말씀을 듣는 것이**
우매자의 **제사 드리는 것보다 나으니** 저희는 악을 행하면서도 깨닫지 못함이니라
2 ② **너는 하나님 앞에서 함부로 입을 열지 말며** 급한 마음으로 말을 내지 말라
하나님은 하늘에 계시고 너는 땅에 있음이니라 그런즉 **마땅히 말을 적게 할 것이라**
3 일이 많으면 꿈이 생기고 **말이 많으면** 우매자의 소리가 나타나느니라
4 ③ **네가 하나님께 서원하였거든 갚기를 더디게 말라**
하나님은 우매자를 기뻐하지 아니하시나니 **서원한 것을 갚으라**
5 서원하고 갚지 아니하는 것보다 서원하지 아니하는 것이 나으니
6 네 입으로 네 육체를 범죄케 말라 사자 앞에서 내가 서원한 것이 실수라고 말하지 말라
어찌 하나님으로 네 말소리를 진노하사 네 손으로 한 것을 멸하시게 하랴
7 꿈이 많으면 헛된 것이 많고 ④ **말이 많아도 그러하니 오직 너는 하나님을 경외할지니라**

더 높은 자가 감찰하신다 (8-17)

8 너는 어느 도에서든지 **빈민을 학대하는 것과 공의를 박멸하는 것을 볼지라도**
그것을 이상히 여기지 말라
⑤ **높은 자보다 더 높은 자가 감찰하고** 그들보다 더 높은 자들이 있음이니라
9 땅의 이익은 뭇사람을 위하여 있나니 왕도 밭의 소산을 받느니라
10 ⑥ **은을 사랑하는 자는 은으로 만족함이 없고**
풍부를 사랑하는 자는 **소득으로 만족함이 없나니 이것도 헛되도다**
11 재산이 더하면 먹는 자도 더하나니 그 소유주가 눈으로 보는 외에 무엇이 유익하랴
12 노동자는 먹는 것이 많든지 적든지 잠을 달게 자거니와 부자는 배부름으로 자지 못하느니라
13 내가 해 아래서 큰 폐단 되는 것을 보았나니 곧
⑦ **소유주가 재물을 자기에게 해 되도록 지키는 것이라**
14 그 재물이 재난을 인하여 패하나니 비록 아들은 낳았으나 그 손에 아무 것도 없느니라
15 저가 모태에서 벌거벗고 나왔은즉 그 나온 대로 돌아가고
수고하여 얻은 것을 아무 것도 손에 가지고 가지 못하리니
16 이것도 폐단이라 어떻게 왔든지 그대로 가리니 **바람을 잡으려는 수고가 저에게 무엇이 유익하랴**
17 일평생을 어두운데서 먹으며 번뇌와 병과 분노가 저에게 있느니라

하나님의 선물 (18-20)

18 **사람이 하나님의 주신바** 그 일평생에 먹고 마시며 해 아래서 수고하는 모든 수고 중에서
⑧ **낙을 누리는 것이 선하고** 아름다움을 내가 보았나니
이것이 그의 분복이로다
19 어떤 사람에게든지 하나님이 재물과 **부요를 주사 능히 누리게 하시며**
⑨ **분복을 받아 수고함으로 즐거워하게 하신 것은 하나님의 선물이라**
20 저는 그 생명의 날을 깊이 관념치 아니하리니
이는 하나님이 저의 마음의 기뻐하는 것으로 응하심이니라

5장

오직 너는 하나님을 경외할 지어다

1너는 하나님의 전에 들어갈 때에 네 발을 삼갈지어다 가까이 하여 말씀을 듣는 것이 우매자의 제사 드리는 것보다 나으니 저희는 악을 행하면서도 깨닫지 못함이니라.

5장에는 "하나님"이 11번이나 등장합니다. 그런데 "하나님"이 첫째 단원과, 셋째 단원에만 집중이 되어 있고, 둘째 단원에는 단 한 번도 등장하지 않는 것을 대하게 됩니다. 그러므로 5장은, "밝음, 어두움, 밝음"의 구조(構造)입니다. 그러니까 전도자는 "긍정과, 부정"을 교차적으로 말씀하고 있는 것입니다. 중심점은 "오직 너는 하나님을 경외할지니라"(7)는 말씀에 있습니다.

도표를 보시면 첫째 단원의 "너는 하나님의 전에 들어갈 때에"를 중심으로, ① "네 발을 삼갈지어다" 하면서, ② "함부로 입을 열지 말라", ③ "네가 하나님께 서원했거든 갚기를 더디게 말라" 하면서, ④ "오직 너는 하나님을 경외하라" 합니다. 둘째 단원은 "학대와 공의를 박멸하는 것"을 중심으로, ⑤ "높은 자보다 더 높은 자가 감찰하신다" 하면서, ⑥ "은으로도, 소득으로도 만족이 없다", ⑦ "재물을 자기에게 해되도록 지키는" 자가 있다 합니다. 셋째 단원은 "하나님이 주신바"를 중심으로 ⑧ "낙을 누리는 것이 분복이라", ⑨ "하나님의 선물이라" 합니다.

첫째 단원(1-7) **하나님 전에 들어갈 때에**

둘째 단원(8-17) **더 높은 자가 감찰하신다**

셋째 단원(18-20) **하나님의 선물**

주제(主題) : 오직 너는 하나님을 경외할 지어다

㉠ 5장에서 우선적으로 주목하게 되는 것은 "너는 하나님의 전에 들어갈 때에"(1) 한, "너, 또는 네"라는 인칭대명사입니다. 9번이나 등장합니다. 이는 이제까지 주로 염두에 두고 말한 "해 아래" 있는 자와는 구별이 되는, 믿음의 아들(12:12)이나, 청년들(11:9)을 염두에 두고 하는 말인 것입니다. 그러므로 경계하는 내용도 "예배를 드릴 때 조심해야할 일, 경솔한 서원에 대한 경계" 등입니다.

㉡ 중심주제는 "오직 너는 하나님을 경외할지니라"(7하)는 말씀입니다. "너는 형식적인 예배 자가 되지 말라"는 경계입니다. 이점은 믿는 우리들에게 절실한 문제이기에 좀 더 심층적으로 살펴보아야만 합니다.

㉢ 전도서에는 "하나님 경외"가 모두 6번 등장하는데 이를 열거해보면,

㉮ "무릇 하나님의 행하시는 것은 영원히 있을 것이라, 이같이 행하심은 사람으로 그 앞에서 경외하게 하려 하심인줄을 내가 알았도다" (3:14).

㉯ "말이 많아도 그러하니 오직 너는 하나님을 경외하라"(5:7).

㉰ "하나님을 경외하는 자는 이 모든 일에서 벗어날 것임이니라"(7:18).

㉱ "하나님을 경외하여 그 앞에서 경외하는 자가 잘될 것이요"(8:12).

㉲ "악인은 잘되지 못하며 장수하지 못하고 그 날이 그림자와 같으리니 이는 하나님을 경외하지 아니함이니라"(8:13).

㉳ "일의 결국을 다 들었으니 하나님을 경외하고 그 명령을 지킬 지어다 이것이 사람의 본분이니라"(12:13).

ⓡ 이상에서 살펴본 대로 "하나님 경외"가 한 곳에 모여 있는 것이 아니라 3장부터 12장까지 분포되어 있습니다. 그리고 마지막 결론으로 "일의 결국을 다 들었으니 하나님을 경외하라" 합니다. 이는 무엇을 말해주고 있느냐 하면, 전도자는 독자들에게 "하나님을 경외하라"는 점을 점진적(漸進的)으로 인도하고 있음을 나타냅니다. 전도서를 상고할 때에 이 중심주제에 확고하게 서서 이에 근거하여 해석이 되어야 마땅합니다.

첫째 단원(1–7) 하나님 전에 들어갈 때에

① "너는 하나님의 전에 들어갈 때에"(1상), 참으로 중요한 주제입니다.

감사함으로 그 문에 들어가며
찬송함으로 그 궁전에 들어가서
그에게 감사하며
그 이름을 송축할 지어다 (시 100:4) 합니다.

㉠ 그러면 "너는 하나님의 전에 들어갈 때에"(1상), 어떤 점을 주의하라고 경계하고 있는가? 첫째는, "네 발을 삼갈지어다"(1상), 즉 신중히 하라 합니다. 이점이 신약의 성도들에게는 어떻게 적용이 되는가? 예배당에 들어갈 때에 네 발을 삼가라는 뜻은 아닐 것입니다. 그러므로 여기에는 교훈적인 의미만이 아니라, 하나님 존전에서 추방을 당한 아담의 후예들이 하나님 앞에 나아간다는 것이 어떻게 가능하여지는가를 인식하라는 신학적(神學的)인 의미가 있는 것입니다. 저는 지금 구약으로 구약을 해석하고 있는 것이 아니라, 복음이 밝히 드러난 신약으로 구약을 해석하고 있습니다.

㉡ 히브리서는 말씀합니다. 첫째는, "참마음과 온전한 믿음으로 하나님께 나아가자"(히 10:22) 합니다. "온전한 믿음"이란 어떤 믿음인가? 1500년 동안이나 열리지 않고 가로막고 있던 휘장이 언제 어떻게 해서 열리게 되었는가를 생각해보시기를 바랍니다. 주님께서 십자가상에서 "다 이루었다" 하고 선언하셨을 때에 비로소 열려졌습니다. "그 길은 우리를 위하여 휘장 가운데로 열어 놓으신 새롭고 산 길이요 휘장은 곧 저의 육체니라"(히 10:20) 합니다. 하나님께서 자기 아들의 대속을 통해서 열어 놓아주셨다는 것을 확신하는 것이 온전한 믿음입니다. 기도하고, 예배를 드린다는 것은 하나님께 나아가는 일입니다. 이때에 곧장 달려가지 말고 지옥을 가도 아랫목에 가야할 자신이 하나님 보좌 앞에 나아가는 것이 어떻게 가능하여졌는가를 묵상하는 것이 "발을 삼가는" 일입니다. 그러노라면 "주여! 감사합니다" 하는 감사가 나오게 될 것입니다.

㉢ 둘째는, "담대히 나아가라" 하십니다. "긍휼하심을 받고 때라 돕는 은혜를 얻기 위하여 은혜의 보좌 앞에 담대히 나아갈 것이니라"(히 4:16) 합니다. 이는 우리에게 무슨 자격이나 공로가 있기 때문이 아닙니다. "그러므로 형제들아 우리가 예수의 피를 힘입어 성소에 들어갈

담력을 얻었나니"(히 10:19) 한, "예수의 피"의 공로를 확신하는데서 오는 믿음의 담대함인 것입니다. 한걸음 더 나아가야만 합니다. "예수의 피를 힘입어" 라는 말이 무엇을 의미하는가에 확고해야하기 때문입니다. 로마서 5:9절에 그 답이 있습니다. "그러면 이제 우리가 그 피를 인하여 의롭다 하심을 얻었은즉" 합니다. 내 죄는 주님이 담당하시고 주님의 의를 나에게 덧입혀주신, 그 의(칭의)를 힘입어 담대히 나아갈 수가 있다는 말씀입니다. "우리가 그 안에서 그를 믿음으로 말미암아 담대함과 하나님께 당당히 나아감을 얻느니라"(엡 3:12) 합니다. "저는 기도를 못해요" 하는 사람이 있는데, 만일 담대히 나아가지 못한다면 그것은 겸손이 아니라 불신앙인 것입니다.

㉣ 좀 더 말씀을 드려야만 하겠습니다. "이는 저(그리스도)로 말미암아 우리 둘(유대인과 이방인)이 한 성령 안에서 아버지께 나아감을 얻게 하려 하심이라"(엡 2:18) 합니다. 이 한 절 안에는 삼위 하나님이 다 계시되어 있는데, ㉮ "이는 저로 말미암아", 즉 예수 그리스도의 십자가 공로로 말미암아, ㉯ "성령 안에서", 즉 마치 신부(新婦)를 아버지가 데리고 들어가듯이, ㉰ "아버지께 나아감을 얻게 되었다"는 것입니다. 이것이 그리스도의 구속으로 말미암아 가능하여진 은총입니다. 어리석은 질문을 드려보겠습니다. 휘장을 통과하여 지성소에 들어간다면 우리는 제사장인가? 아니면 대제사장인가? 그래서 히브리서 기자는, "그러므로 우리에게 큰 대제사장이 있으니 승천하신 자 곧 하나님의 아들 예수시라"(히 4:14), 즉 주님을 "큰 대제사장"이라 말씀하는 것입니다.

② 이런 의미가, "너는 하나님 앞에서 함부로 입을 열지 말며 급한 마음으로 (경솔히) 말을 내지 말라"(2상)는 말씀에 함의되어 있습니다.

㉠ 왜냐하면 "하나님은 하늘에 계시고 너는 땅에 있음이니라 그런즉 마땅히 말을 적게 할 것이라"(2하) 합니다.

ⓛ 그러면 어떻게 해야 하는가? "가까이 하여 말씀을 듣는 것이 우매자의 제사 드리는 것보다 나으니"(1중) 합니다. 문자적으로는 "말씀과, 제사"가 대조(對照)되어 있고, 의미로는 말씀을 "받는 것과, (제사를) 드리는 것"이 대조가 되어 있습니다. 우매한 인간은 하나님의 전에 들어갈 때에 무엇인가 드리고, 말을 많이 늘어놓아야 잘하는 것으로 여기는 경향이 있습니다. 그러나 먼저는 "받는" 것입니다. 그리하여 "순종이 제사보다 낫고"(삼상 15:22) 한 대로 "말씀을 받아 순종하는 것"을 기뻐하신다는 뜻입니다.

ⓒ 이점에서 유념해야할 점은, "저희는 악을 행하면서도 깨닫지 못함이니라"(1하) 한 말씀입니다. 악을 행하면서도 깨닫지 못한다니 무슨 뜻인가? 첫째는, 회개하지 않은 죄를 숨긴 체 형식적인 예배를 드리고 있다는 뜻일 겁니다. 그런데 여기에는 그 이상의 의미가 있습니다. 구약교회가 "깨닫지 못한" 치명적인 잘못이 무엇인지 아십니까? 의식적(儀式的)으로 제물은 열심히 드리면서도 실체가 되는 메시아언약을 망각하고 있었다는 점입니다. 그러면서도 이를 깨닫지 못했던 것입니다. 그래서 그들은 하나님도 섬기고 우상도 섬기는 혼합종교가 되고 말았던 것입니다. 그런 제사를 가리켜 이사야 선지자는, "드리는 예물은 돼지의 피와 다름이 없고 분향하는 것은 우상을 찬송함과 다름이 없다"(사 66:3) 하고 질타합니다.

ⓓ 하나님은 성막(聖幕)의 식양을 계시하시면서 지성소 (은혜의 보좌 앞)에 나아가는 때에 두 가지 일이 있게 된다고 약속하셨는데 첫째는, "거기서 내가 너와 만나고", 둘째는, "네게 명할 모든 일을 네게 이르리라"(출 25:22) 하셨습니다. 기도는, 그리고 예배는 하나님과의 만남이요, 명령을 받는 일입니다. 하루 일과를 시작하기 전, 오늘 해야 할 분부를 받고 준행하는 동행하는 삶을 살아가게 되시기를 기원합니다.

③ "네가 하나님께 서원하였거든 갚기를 더디게 말라 하나님은 우매

자를 기뻐하지 아니하시나니 서원한 것을 갚으라 서원하고 갚지 아니하는 것보다 서원하지 아니하는 것이 나으니"(4-5) 합니다.

㉠ 이 문맥에서 "서원"을 말씀하는 의도가 무엇인가? "일이 많으면 꿈이 생기고 말이 많으면 우매자의 소리가 나타나느니라"(3) 한, 하나님 앞에 경솔하게 말하는 것을 경계하기 위해서입니다. 그래서 "네 입으로 네 육체를 범죄케 말라 사자 앞에서 내가 서원한 것이 실수라고 말하지 말라 어찌 하나님으로 네 말소리를 진노하사 네 손으로 한 것을 멸하시게 하랴 꿈이 많으면 헛된 것이 많고 말이 많아도 그러하니"(6-7상) 하는 것입니다. 한마디로 하나님 앞에 경솔히 말하지 말라는 뜻입니다.

④ 그래서 "오직 너는 하나님을 경외할 지니라"(7하) 합니다.

㉠ 첫째 단원을 마치기 전에 다시 한 번 강조합니다. 형제여, 예배를 드릴 때에, 기도를 드릴 때에 두 가지를 잊지 마시기 바랍니다. 첫째는, 내가 지금 무엇을 하고 있는가? 즉 하나님 보좌 앞에 나아가고 있다는 점을 잊지 마십시다. 둘째는, 나 같은 죄인이 하나님 보좌 앞에 나아간다는 것이 어떻게 가능하여졌는가를 잊지를 마십시다. 기도제목이 아무리 급하고 중한 것이라 해도 먼저 이 두 가지 요점을 묵상하시기를 바랍니다. 그렇게 하노라면 감사가 나올 것입니다. 기도의 담력을 얻게 되고, 형제의 기도는 말을 하기도 전에 이미 상달이 된 것입니다. 이것이 "네 발을 삼갈지어다" 한 속에 함의된 의미입니다.

둘째 단원(8-17) 더 높은 자가 감찰하신다

⑤ "너는 어느 도에서든지 빈민을 학대(虐待)하는 것과 공의(公義)를 박멸하는 것을 볼지라도 그것을 이상히 여기지 말라"(8상) 합니다.

㉠ "빈민을 학대하는 것, 공의를 박멸하는 것"이라는 말씀을 문맥과,

또는 "너는" 하고, 지칭(指稱)하면서 말씀하는 것으로 볼 때에, 교회 밖에서 일어나는 일만으로는 여길 수가 없습니다. 그렇습니다. 당시의 이스라엘은 신정왕국이라 나라가 하나님의 교회였고, 오늘날 이런 일은 교회 내에서도 일어나고 있기 때문입니다.

㉡ "이상이 여기지 말라"는 말을 다른 역본에서는 "놀라지 말라" 하고 번역하고 있는데, 시험에 들지 말라는 경계로 볼 수도 있을 것입니다. 왜냐하면 교회 내에서 일어나는 부조리로 인하여 상처를 받게 되는 것은 주로 젊은 층들이기 때문입니다.

㉢ 그래서 "높은 자보다 더 높은 자가 감찰하고 그들보다 더 높은 자들이 있음이니라"(8하) 하는 것입니다. 그러면 모든 자들을 감찰(監察)하시는 지극히 높으신 분이 누구이겠습니까? 사도 바울은 상전들에게 공갈을 그치라 하면서, "이는 저희와 너희의 상전이 하늘에 계시고 그에게는 외모로 사람을 취하는 일이 없는 줄 너희가 앎이라"(엡 6:9) 합니다.

㉣ 이런 맥락에서 전도서에는 하나님의 "심판"이 강조되어 있습니다. ㉮ "공의를 행하는 곳에 악이 있도다" 하면서, "내가 심중에 이르기를 의인과 악인을 하나님이 심판하시리니 이는 모든 목적과 모든 일이 이룰 때가 있음이라"(3:17) 합니다. ㉯ "그러나 하나님이 이 모든 일로 인하여 너를 심판하실 줄을 알라"(11:9) 합니다. ㉰ 그리고 전도서는, "하나님은 모든 행위와 모든 은밀한 일을 선악간에 심판하시리라"(12:14) 하고 마치고 있습니다. 그러니 공의를 박멸하는 것을 볼지라도 너무 상심하지 말라는 것입니다.

㉤ "땅의 이익은 뭇사람을 위하여 있나니 왕도 밭의 소산을 받느니라"(9) 한 말씀은 무슨 뜻일까? "땅"은 심은 대로 소산을 냅니다. 왕이 심으면 더 내고, "빈민"(8)이 심으면 덜 내는 것이 아니라 땅이 만인 앞에 공평하다면, 하물며 하늘에 계신 하나님의 심판이 얼마나 공평할 것

인가!

⑥ "은을 사랑하는 자는 은으로 만족함이 없고 풍부를 사랑하는 자는 소득으로 만족함이 없나니 이것도 헛되도다"(10), "만족함이 없다"는 말을 거듭하면서,

㉠ "재산이 더하면 먹는 자도 더하나니 그 소유주가 눈으로 보는 외에 무엇이 유익하랴"(11), 즉 재산이 늘면 지출도 늘게 된다는 것입니다. 그러면서, "노동자는 먹는 것이 많든지 적든지 잠을 달게 자거니와 부자는 배부름으로 자지 못하느니라"(12) 합니다. 말씀하려는 의도는, "은으로도 만족이 없고, 소득으로도 만족이 없다"는 말씀을 하려는 것입니다.

⑦ 이점이 이어지는 말에도 나타나는데, "내가 해 아래서 큰 폐단 되는 것을 보았나니 곧 소유주가 재물을 자기에게 해(害) 되도록 지키는 것이라"(13) 합니다.

㉠ 평생 모은 것을 올바로 사용해보지도 못하고 한 순간에 날린다는 점에서 "해되게 지키는 것"이 되는데 이점이, "그 재물이 재난(災難)을 인하여 패하나니 비록 아들은 낳았으나 그 손에 아무 것도 없느니라"(14), 즉 물려줄 것이 없다는 말씀에 나타납니다.

㉡ 또한 "저가 모태에서 벌거벗고 나왔은즉 그 나온 대로 돌아가고 수고하여 얻은 것을 아무 것도 손에 가지고 가지 못하리니 이것도 폐단이라 어떻게 왔든지 그대로 가리니 바람을 잡으려는 수고가 저에게 무엇이 유익하랴"(15-16) 합니다.

㉢ "일평생을 어두운 데서 먹으며 번뇌와 병과 분노가 저에게 있느니라"(17) 합니다. 앞에서 지적한 대로 둘째 단원에는 "하나님"이라는 말이 없습니다. 그 대신, "헛되다(10), 해 아래(13), 바람을 잡으려는 것(16), 번뇌와 병과 분노"(17) 등이 등장하는데, 이는 하나님과 분리된 삶의 특성들입니다. 하나님 없는 부자의 말로가 어떠한가? "하나님은

이르시되 어리석은 자여 오늘 밤에 네 영혼을 도로 찾으리니 그러면 네 예비한 것이 뉘 것이 되겠느냐"(눅 12:20) 하십니다.

셋째 단원(18-20) 하나님의 선물

셋째 단원에는 세 절 속에 "하나님"이 4번이나 등장합니다. 그러므로 셋째 단원은 하나님이 없는 둘째 단원과 대조되는 입장에서 한 말입니다.

⑧ "사람이 하나님의 주신바 그 일평생에 먹고 마시며 해 아래서 수고하는 모든 수고 중에서 낙을 누리는 것이 선하고 아름다움을 내가 보았나니 이것이 그의 분복(分福)이로다"(18) 합니다.

㉠ 전도자는 염세주의자가 아닙니다. 같은 "해 아래"에서, 같은 수고를 하지만 하나님 없는 17절의 "일평생"(一平生)과, 하나님을 경외하는 18절의 "일평생"이 어떻게 다른가를 주목해보시기를 바랍니다. 17절의 일평생은, "어두움, 번뇌, 병, 분노"의 연속인 반면, "하나님이 주신바 일평생"은, "먹고 마시며, 낙을 누리는 것이 선하고 아름다움을 내가 보았나니 이것이 그의 분복이로다"(18) 합니다. 3:22절에서도, "사람이 자기 일에 즐거워하는 것보다 나은 것이 없나니 이는 그의 분복이라" 했습니다. "분복"(分福)이란, 하나님이 주시는 대로 욕심 부리지 않고 자족하는 삶을 가리킵니다.

⑨ 이점이 "어떤 사람에게든지 하나님이 재물과 부요를 주사 능히 누리게 하시며 분복을 받아 수고함으로 즐거워하게 하신 것은 하나님의 선물이라"(19) 한 뜻이기도 합니다.

㉠ 13절의 사람은 "재물을 해되도록 지키나", 18-19절의 사람은 하나님이 주신 재물과 부요를, "능히 누리게" 하신다고 말씀합니다. 형제

도 하나님이 주신 분복을 능히 누리시게 되기를 바랍니다. 그래서 "저는 그 생명의 날을 깊이 관념치 아니하리니 이는 하나님이 저의 마음의 기뻐하는 것으로 응하심이니라"(20) 합니다. "관념치 아니 한다"는 말은, 모든 염려를 하나님께 맡기고 걱정 없이 살아간다는 뜻입니다. 이처럼 5장은, "맑음, 흐림, 맑음"이라는 구도로 되어 있습니다. 전도자는 이렇게 함으로 우리를 그리스도께 인도하는 몽학선생 역할을 하고 있는 것입니다.

⑩ 묵상해보겠습니다.

㉠ "하나님의 전에 들어갈 때"의 영광스러움과 조심해야할 점에 대해서,

㉡ "높은 자보다 더 높은 자가 감찰하신다"는 점에 대해서,

㉢ 하나님이 주시는 "분복"을 누리는 삶에 대해서.

전도서 6장 개관도표

주제 : 자기보다 강한 자와 다툴 수 없다

구분	절	내용
해 아래서 추구하는 헛된 꿈	1-6	
	1	**내가 해 아래서 한 가지 폐단 있는 것을 보았나니** 이는 사람에게 중한 것이라
	2	① 어떤 사람은 그 심령의 모든 소원에 부족함이 없어 **재물과 부요와 존귀를 하나님께 받았으나**
		② **능히 누리게 하심을 얻지 못하였으므로** 다른 사람이 누리나니 이것도 헛되어 악한 병이로다
	3	③ 사람이 비록 일백 자녀를 낳고 또 **장수하여 사는 날이 많을지라도**
		④ **그 심령에 낙이 족하지 못하고** 또 그 몸이 매장되지 못하면 나는 이르기를 낙태된 자가 저보다 낫다 하노니
	4	낙태된 자는 헛되이 왔다가 어두운 중에 가매 그 이름이 어두움에 덮이니 햇빛을 보지 못하고
	5	알지 못하나 이가 저보다 평안함이라
	6	⑤ 저가 비록 천년의 갑절을 산다 할지라도 **낙을 누리지 못하면** 마침내 다 한곳으로 돌아가는 것뿐이 아니냐
먹기 위해 사는 사람들	7-9	
	7	⑥ **사람의 수고는 다 그 입을 위함이나** 그 식욕은 차지 아니하느니라
	8	⑦ **지혜자가 우매자보다 나은 것이 무엇이뇨** 인생 앞에서 행할 줄을 아는 가난한 자는 무엇이 유익한고
	9	눈으로 보는 것이 심령의 공상보다 나으나 이것도 헛되어 바람을 잡으려는 것이로다
미리 알고 미리 정하심	10-12	
	10	⑧ **이미 있는 무엇이든지 오래 전부터 그 이름이 칭한바 되었으며 사람이 무엇인지도 이미 안바 되었나니**
		자기보다 강한 자와 능히 다툴 수 없느니라
	11	⑨ **헛된 것을 더하게 하는** 많은 일이 있나니 사람에게 무엇이 유익하랴
	12	헛된 생명의 모든 날을 그림자 같이 보내는 일평생에 사람에게 무엇이 낙인지 누가 알며 그 신후에 해 아래서 무슨 일이 있을 것을 누가 능히 그에게 고하리요

6장

자기보다 강한 자와 다툴 수 없다

10이미 있는 무엇이든지 오래 전부터 그 이름이 칭한바 되었으며 사람이 무엇인지도 이미 안바 되었나니 자기보다 강한 자와 능히 다툴 수 없느니라.

6장에는 "하나님"이 한 번 등장하는데, "하나님께 받았으나 능히 누리지 못한다" 하고 부정적인 의미로 등장합니다. 이를 "하나님이 능히 누리게 하신다" 한 5:19절과 대조해 본다면, 6장은 "헛되고 헛됨"을 진술하는 "어두움"의 장입니다. 그러므로 본장의 내용은 하나님과 단절 된 불신자들의 상태를 말해주는 것으로, 전체 열 두절 안에 "헛되다"는 말이 5번이나 등장합니다.

도표를 보시면 "해 아래 폐단 있는 것을 보았다"를 중심으로, ① "어떤 사람은 재물과 존귀를 받았으나", ② "누리게 하심을 얻지 못하였으니" 헛되다 말합니다. ③ "사람이 비록 일백 자녀를 낳고 장수한다 해도", ④ "심령의 낙"이 없다면 낙태된 자보다 나은 것이 무엇이며, ⑤

"천년의 갑절을 산다 해도" 심령의 낙을 누리지 못하면 한 곳으로 돌아가는 것뿐이고, ⑥ 사람의 수고가 다 "입을 위한", 즉 먹기 위해 사는데, 식욕은 차지 아니하고, ⑦ 그러니 "지혜자가 우매자보다 나은 것이 무엇이뇨" 합니다. 셋째 단원에서는 "자기보다 강한 자와 다툴 수 없다"를 중심으로, ⑧ 사람의 일이 "오래 전에 아는 바 되었다" 하면서, ⑨ 그런데 "헛된 것을 더하게 하는 많은 일이 있다", 즉 제멋대로 해보려 한다는 것입니다.

첫째 단원(1–6) **해 아래서 추구하는 헛된 꿈**
둘째 단원(7–9) **먹기 위해 사는 사람들**
셋째 단원(10–12) **미리 알고 미리 정하심**

주제(主題) : 자기보다 강한 자와 다툴 수 없다

㉠ 6장은 열 두절에 불과하지만 그 안에는 6번의 의문(疑問)이 나옵니다.

㉮ 천 년의 갑절을 산다 할지라도, 낙을 누리지 못한다면 다 한 곳으로 돌아가는 것뿐이 아니냐?(6).

㉯ 지혜자가 우매자보다 나은 것이 무엇이뇨?(8상).

㉰ 인생 앞에서 행할 줄을 아는 가난한 자는 무엇이 유익한가?(8하).

㉱ 헛된 것을 더하게 하는 많은 일이 있나니 사람에게 무엇이 유익하랴?(11).

㉲ 그림자같이 보내는 일평생에 사람에게 무엇이 낙인지 누가 알며?(12상),

㉳ 죽은 후에 무슨 일이 있을 것을 누가 능히 그에게 고하리요?(12

하).

㉡ 답변은, "나은 것이 없다, 유익이 없다, 아무도 모른다, 고할 자가 없다"는 부정적인 대답입니다. 그러면 전도자가 이런 의문을 제기하는 의도가 무엇인가? 하나님을 떠난 삶이란 아무런 목적도 의미도 유익도 없음을 말해주기 위해서입니다.

㉢ 이런 맥락에서 6정의 중심점은, "자기보다 강한 자와 능히 다툴 수 없다"(10하)는데 있습니다. 어떻게 하는 것이 "다투는" 것인가? 항복하지 않고, "다만 네 고집과 회개치 아니한 마음을 따라 진노의 날 곧 하나님의 의로우신 판단이 나타나는 그 날에 임할 진노를 네게 쌓는도다"(롬 2:5) 하는, 이것이 다투는 것입니다. 주님은 박해자 사울에게, "가시 채를 뒷발질하기가 네게 고생이니라"(행 26:14), 즉 하나님을 대항해보았자 너만 손해라는 말씀입니다.

첫째 단원(1-6) 해 아래서 추구하는 헛된 꿈

"내가 해 아래서 한 가지 폐단 있는 것을 보았나니 이는 사람에게 중한 것이라"(1), 즉 일반적으로 벌어지고 있는 일이라는 것입니다. 그것이 무엇인가?

① "어떤 사람은 그 심령의 모든 소원에 부족함이 없어 재물과 부요와 존귀를 하나님께 받았으나"(2상) 합니다. 그런 사람들이 우리 주변에는 있습니다.

② 그런데 "능히 누리게 하심을 얻지 못하였으므로 다른 사람이 누리나니"(2중), 즉 "예고도 없이 덮친 불치의 병, 뜻하지 않은 재난" 등으로 인하여 누리지 못하는 경우가 비일비재(非一非再) 합니다. "이것도 헛되어 악한 병이로다"(2하) 합니다. 이래도 여기에 집착을 하겠느냐는

것입니다.

㉠ 한 가지 주목하게 되는 것은, "하나님께 받았으나" 한 말입니다. 이로 보건대 이처럼 물질에 집착을 하는 자란 반드시 불신자만이 아니라는 점이 암시되어 있다는 점입니다.

③ "사람이 비록 일백 자녀를 낳고 또 장수하여 사는 날이 많을지라도"(3상) 합니다. 2절에서는 부귀영화를 꼽았으나, 3절에서는 "장수"(長壽)를 거론합니다. 고대 이스라엘에서는 "자녀를 많이 두고, 장수"하는 것을 최대의 축복으로 여겼습니다.

④ 그러나 "그 심령에 낙이 족하지 못하고 또 그 몸이 매장되지 못하면"(3중), 또한 매장되지 못하는 것을 최대의 저주로 여겼고, 더욱이나 "심령의 낙"이 없다면 장수하는 것이 도리어 고통이 될 것입니다. 그래서 "나는 이르기를 낙태된 자가 저보다 낫다 하노니"(3하) 하는 것입니다.

㉠ "낙태된 자는 헛되이 왔다가 어두운 중에 가매 그 이름이 어두움에 덮이니 햇빛을 보지 못하고 알지 못하나"(4-5상), 즉 "이름 한 자 남기지 못한 채 어두움 속에서 살아지므로 빛도 보지 못하고 자기가 존재한 것도 알지 못하지만", "이가 저보다 평안함이라"(5하) 합니다.

⑤ "저가 비록 천년의 갑절을 산다 할지라도 낙을 누리지 못하면 마침내 다 한곳으로 돌아가는 것뿐이 아니냐"(6), 그것이 무슨 유익이 있겠느냐는 것입니다.

㉠ "일백 자녀를 낳고 장수할지라도(3), 비록 천년의 갑절을 산다 할지라도"(6) 하는 표현은 사람들이 꿈꾸는 최대한의 행복을 말하는 과장법입니다. 그 꿈이 현실로 이루어졌다 해도, 심령의 낙을 누리지 못한다면 헛된 것뿐임을 강조하기 위해서입니다. 이것이 "해 아래서" 살아가는 사람들의 일반적인 헛된 꿈이라는 것입니다.

둘째 단원(7-9) 먹기 위해 사는 사람들

⑥ "사람의 수고는 다 그 입을 위함이나 그 식욕은 차지 아니 하느니라"(7) 합니다.

㉠ "다 그 입을 위함"이라는 말은 "먹기 위해 산다"는 뜻이기도 합니다. 그래서 사도 바울은, "저희의 신은 배요 그 영광은 저희의 부끄러움에 있고 땅에 일을 생각하는 자라"(빌 3:19) 합니다. 그러나 그리스도인들은, "먹든지 마시든지 무엇을 하든지 다 하나님의 영광을 위하여"(고전 10:31) 사는 사람들입니다. 그러나 "그 식욕은 차지 아니 한다"는 말은 "심령의 낙", 즉 만족함이 없다는 것입니다.

⑦ 이렇게 말씀한 후에, "지혜자가 우매자보다 나은 것이 무엇이뇨"(8상) 하고, "식욕"(食慾)이라는 물질 욕구에서, "지혜"라는 정신적인 욕구로 옮겨갑니다. 여기서 말하는 "지혜"는 하나님의 지혜가 아니라 "이 세상 지혜"(고전 2:6)를 가리킵니다. 요즘 공부는 가히 전투적이라 할 만큼 치열합니다. 그러면 왜 공부를 하는가? 불신자란 "먹기 위해서 공부하는 사람들"이라 말할 수가 있습니다. 왜냐하면 창조주 하나님을 인정하지 않게 되면 피조물인 자신의 존재이유도 없는 것이 되기 때문입니다.

㉠ "인생 앞에서 행할 줄을 아는 가난한 자는 무엇이 유익한고"(8하), 즉 "가난한 자가 처세술을 잘 안다고 해서 무슨 소득이 있겠느냐"(현대인의 성경)는 것입니다. 그래서 "눈으로 보는 것이 심령의 공상(空想)보다 나으나 이것도 헛되어 바람을 잡으려는 것이로다"(9) 하고, "먹기 위해 사는 것, 먹기 위해서 공부하는 것"도 "헛되어 바람을 잡으려는 것이로다" 하고 마칩니다. 전도자는 우리를 어디로 인도하려는 것인가?

셋째 단원(10-12) 미리 알고 미리 정하심

⑧ "이미 있는 무엇이든지 오래 전부터 그 이름이 칭한바 되었으며 사람이 무엇인지도 이미 안바 되었나니"(10상) 합니다.

㉠ "오래 전부터 그 이름이 칭한바 되었다, 이미 안바 되었나니"란 이런 뜻입니다.

주께서 내 장부를 지으시며 나의 모태에서 나를 조직하셨나이다
내가 주께 감사하옴은 나를 지으심이 신묘막측 하심이라
주의 행사가 기이함을 내 영혼이 잘 아나이다

내 형질이 이루기 전에 주의 눈이 보셨으며
나를 위하여 정한 날이 하나도 되기 전에
주의 책에 다 기록이 되었나이다
하나님이여 주의 생각이 내게 어찌 그리 보배로우신지요
그 수가 어찌 그리 많은지요 (시 139:13-14, 16-17).

⑨ 이런 문맥에서 "자기보다 강한 자와 능히 다툴 수 없느니라"(10하) 합니다. "자기보다 강한 자"란 하나님을 가리킵니다. 피조물이 창조주 하나님과 "능히 다툴 수가" 있단 말인가? "이 사람아 네가 뉘기에 감히 하나님을 힐문하느뇨 지음을 받은 물건이 지은 자에게 어찌 나를 이같이 만들었느냐 말하겠느뇨"(롬 9:20). 그럼에도 불구하고, "헛된 것을 더하게 하는 많은 일이 있나니", 즉 자기보다 강한 자와 다투는 일을 자행하고 있다는 것입니다. 그것이 "사람에게 무엇이 유익하랴"(11) 합니다.

㉠ "헛된 생명의 모든 날을 그림자 같이 보내는 일평생"(12상)이라

합니다. 이는 6장의 결론이라 할 수가 있는데, 하나님과 단절된 생명이란, 마치 소나무줄기에서 끊어진 가지가 한동안 푸른빛을 유지한다 하여도 "실상은 죽은 것"과 같은 것입니다. 그러면서 존재이유도 목적도 없이 "먹기 위해 살다가" 죽는 삶이란, "그림자 같이 보내는 일평생"과 같은 것이라는 말입니다.

㉡ 그래서 "사람에게 무엇이 낙인지 누가 알며 그 신후(身後)에 해 아래서 무슨 일이 있을 것을 누가 능히 그에게 고하리요"(12하) 합니다. "밝음의 장이 아닌 흐림의 장"인 6장은 ㉮ "무엇이 낙인지 누가 알며? 죽은 후의 일을 누가 능히 고하리요?" 하는 질문으로 끝을 맺고 있는데, 이렇게 하므로 우리를 어디로 인도하려는 것인가?

⑩ 묵상해보겠습니다.

㉠ "일백 자녀를 낳고, 천년의 갑절을 산다" 해도 어떻다고 말하는가?

㉡ "자기보다 강한 자와 다툰다"는 의미에 대해서,

㉢ 6장에 등장하는 6번의 질문에 대해서.

전도서 7장 개관도표

주제 : 하나님을 경외하는 자는 생명을 보존하리라

산 자가 이것에 유심하리로다

1-10

1 ① **아름다운 이름이 보배로운 기름보다 낫고 죽는 날이 출생하는 날보다 나으며**
2 **초상집에 가는 것이 잔치 집에 가는 것보다 나으니**

모든 사람의 결국이 이와 같이 됨이라 산 자가 이것에 유심하리로다

3 ② **슬픔이 웃음보다** 나음은 얼굴에 근심함으로 마음이 좋게 됨이니라
4 **지혜자의 마음은 초상집에** 있으되 **우매자의 마음은 연락하는 집에 있느니라**
5 ③ **사람이 지혜자의 책망을 듣는 것이** 우매자의 노래를 듣는 것보다 나으니라
6 우매자의 웃음소리는 솥 밑에서 가시나무의 타는 소리 같으니 이것도 헛되니라
7 탐학이 지혜자를 우매하게 하고 뇌물이 사람의 명철을 망케 하느니라

8 **일의 끝이 시작보다** 낫고 **참는 마음이 교만한 마음보다** 나으니
9 급한 마음으로 노를 발하지 말라 노는 우매자의 품에 머무름이니라
10 **옛날이 오늘보다** 나은 것이 어찜이냐 하지 말라 이렇게 묻는 것이 지혜가 아니니라

곤고한 날에는 생각하라

11-18

11 **지혜는 유업 같이 아름답고** 햇빛을 보는 자에게 유익하도다
12 지혜도 **보호하는 것이** 되고 돈도 **보호하는 것이 되나**
④ **지식이 더욱 아름다움은 지혜는 지혜 얻은 자의 생명을 보존함이니라**

13 **하나님의 행하시는 일을 보라** 하나님이 굽게 하신 것을 누가 능히 곧게 하겠느냐
14 **형통한 날에는 기뻐하고 곤고한 날에는 생각하라**
하나님이 이 두 가지를 병행하게 하사 사람으로 그 장래 일을 능히 헤아려 알지 못하게 하셨느니라

15 내가 내 헛된 날에 이 모든 일을 본즉 자기의 의로운 중에서 멸망하는 의인이 있고
자기의 악행 중에서 장수하는 악인이 있으니
16 지나치게 의인이 되지 말며 지나치게 지혜자도 되지 말라 어찌하여 **스스로 패망케 하겠느냐**
17 지나치게 악인이 되지 말며 우매자도 되지 말라 어찌하여 기한 전에 **죽으려느냐**

18 ⑤ **너는 이것을 잡으며 저것을 놓지 마는 것이 좋으니**
하나님을 경외하는 자는 이 모든 일에서 벗어날 것임이니라

많은 꾀를 낸 인간

19-29

19 **지혜가 지혜자로 성읍 가운데 열 유사보다 능력이 있게 하느니라**
20 ⑥ **선을 행하고 죄를 범치 아니하는 의인은 세상에 아주 없느니라**
21 무릇 사람의 말을 들으려고 마음을 두지 말라 염려컨대 네 종이 너를 저주하는 것을 들으리라
22 너도 가끔 사람을 저주한 것을 네 마음이 아느니라
23 **내가 이 모든 것을 지혜로 시험하며** 스스로 이르기를 내가 **지혜자가 되리라 하였으나 지혜가 나를 멀리하였도다**

24 무릇 된 것이 멀고 깊고 깊도다 누가 능히 통달하랴
25 ⑦ **내가 돌이켜 전심으로 지혜와 명철을 살피고 궁구하여**
악한 것이 어리석은 것이요 어리석은 것이 미친 것인 줄을 알고자 하였더니

26 **내가 깨달은즉 마음이 올무와 그물 같고 손이 포승 같은 여인은 사망보다 독한 자라**
⑧ **하나님을 기뻐하는 자는 저를 피하려니와 죄인은 저에게 잡히리로다**

27 전도자가 가로되 **내가 낱낱이 살펴 그 이치를 궁구하여 이것을 깨달았노라**
28 내 마음에 찾아도 아직 얻지 못한 것이 이것이라 일천 남자 중에서 하나를 얻었거니와
일천 여인 중에서는 하나도 얻지 못하였느니라

29 나의 깨달은 것이 이것이라 곧 **하나님이 사람을 정직하게 지으셨으나 사람은 많은 꾀를 낸 것이니라**

7장

하나님을 경외하는 자는 생명을 보존하리라

[18]너는 이것을 잡으며 저것을 놓지 마는 것이 좋으니 하나님을 경외하는 자는 이 모든 일에서 벗어날 것임이니라.

7장에는 "하나님"이 6번(13, 13, 14, 18, 26, 29) 등장합니다. 그러니까 "밝음"의 장이요, 이는 6장에서 제기한 의문(疑問)들에 대한 "해답"(解答)이라 할 수가 있습니다. 누가 해답을 주는가? 7장 이하에는 "지혜"가 24번, 지혜자"가 15번이나 집중되어 있습니다. 7장에만 "지혜"가 11번, "지혜자"가 5번 등장하는데 이는 1-2장에서 말한 세상적인 지혜와 구별되는 하나님께로부터 임한 지혜라는 점이 다릅니다. 그래서 "궁구(25, 27), 깨달음"(27, 29)이라는 말이 자주 나옵니다. 이는 무엇을 말해주고 있느냐 하면 앞에서 제기한 의문들에 대한 해답을 지혜자가 대답하고 있음을 나타냅니다. 그러므로 우리도 궁극적인 해답을 들을 수 있어야만 합니다.

도표를 보시면 첫째 단원은 "모든 사람의 결국이 이와 같이 됨이라"를 중심으로, ① "죽는 날이 출생하는 날보다 나으며", ② "슬픔이 웃음보다 낫고", ③ "책망이 노래를 듣는 것보다 나으니라" 합니다. 이것이 해답입니다. 둘째 단원은 "형통한 날과 곤고한 날, 두 가지를 병행케 하셨다"를 중심으로, ④ "지혜는, 생명을 보존함이니라", ⑤ "이것을 잡으며 저것을 놓지 말라", 즉 균형을 유지하라 합니다. 셋째 단원은 "하나님이 사람을 정직하게 지으셨다"를 중심으로, ⑥ "죄를 범치 아니하는 의인은 없다", ⑦ "전심으로 지혜를 궁구"한 결과, ⑧ "마음이 올무와 포승 같은 여인이 있는데 하나님을 기뻐하는 자는 피하리라" 합니다. 이것이 무슨 뜻일까?

첫째 단원(1-10) **산 자가 이것에 유심하리로다**
둘째 단원(11-18) **곤고한 날에는 생각하라**
셋째 단원(19-29) **많은 꾀를 낸 거짓된 인간**

주제(主題) : 하나님을 경외하는 자는 생명을 보존하리라

㉠ 우선적으로 7장의 제목(題目)이, "하나님을 경외하는 자는 생명을 보존하리라"는 것이 어떻게 가능한가부터 말씀드려야만 하겠습니다. 18절에는 "하나님을 경외하는 자"가 있고, 12절에서는 "생명을 보존(保存)함이니라" 합니다. 그런데 12절 안에는 "보호, 보존"이라는 말이 3번이나 강조되어 있습니다. 이는 생명을 빼앗으려는 자가 있음을 나타냅니다. 그래서 "하나님을 경외하는 자는 이 모든 일에서 벗어날 것임이니라(18), 하나님을 기뻐하는 자는 저를 피하리라"(26) 하는 것입니다. 이런 맥락에서, "하나님을 경외하는 자만이 생명을 보존하게 된다"는 제목이 가능해지는 것입니다.

㉡ 이를 문맥적으로 보면 6장에서는, "무엇이 유익한고?(6:8, 11), 무엇이 낙인지 누가 알며, 누가 능히 그에게 고하리요"(6:12) 하고 의문을 제기했는데, 7장에서는 "내가 전심으로 살피고 궁구(窮究)하여(25), 내가 낱낱이 살펴 그 이치를 궁구하여 이것을 깨달았노라"(27) 합니다. 그리하여 "아름다운 이름이 보배로운 기름보다 낫다"(1), 즉 "…이 …보다 낫다" 하는 패턴을 8번이나 반복함으로 6장에서 제기(提起)하였던 의문에 대한 답변을 하고 있는 셈입니다.

㉢ 그리고 결론은, "나의 깨달은 것이 이것이라 곧 하나님이 사람을 정직(正直)하게 지으셨으나 사람은 많은 꾀를 낸 것이라"(29) 하고, 타락하게 된 원인(原因)을 말해줍니다. 본장은 이를 염두에 두고 해석되어야만 합니다. 그러면 그 해답이 무엇인가?

첫째 단원(1-10) 산 자가 이것에 유심하리로다

① "아름다운 이름이 보배로운 기름보다 낫고 죽는 날이 출생하는 날보다 나으며"(1) 합니다.

㉠ 8번이나 등장하는, "…이 …보다 낫다"는 첫 번째는, "아름다운 이름이 보배로운 기름보다 낫고"(1상) 합니다. "이름과, 기름"이 대조되어 있는데, "이름"은 그 사람의 인격(人格) 자체를 가리키고, "기름"은 그 사람의 소유(所有)를 나타냅니다. 이점을 주님의 말씀을 통해서 명백히 깨달을 수가 있는데, "삼가 모든 탐심을 물리치라 사람의 생명이 그 소유의 넉넉한데 있지 아니 하니라"(눅 12:15) 하십니다. "소유냐? 존재냐?" 하고 고민을 하는데, "아름다운 이름이 보배로운 기름보다 낫다", 즉 소유보다 영원한 생명이 귀중하다는 말씀입니다. 이것이 해답입니다.

㉡ 두 번째로 "…이 …보다 낫다"는 주제는, "죽는 날이 출생하는 날보다 나으며"(1) 합니다. 이는 역설(逆說)이라 할 수가 있는데, 그러므로 아무 죽음이나 다 낫다는 것이 아닙니다. "아름다운 이름", 즉 "그 이름이 생명책에 있느니라"(빌 4:3) 한 사람에게만 해당이 되는 말씀입니다. "누구든지 생명책에 기록되지 못한 자는 불못에 던지우더라"(계 20:15) 한 사람에게는 죽는 날이 더욱 비참해질 것입니다. 여기에 해답이 있습니다.

㉢ 셋째로, "초상집에 가는 것이 잔치 집에 가는 것보다 나으니"(2상) 합니다. 왜냐하면, "모든 사람의 결국이 이와 같이 됨이라 산 자가 이것에 유심(留心)하리로다"(2하), 즉 "죽음"이란 남의 이야기가 아니라, 불원간 자신에게 닥칠 일이라는 점에서 유심해야한다는 것입니다. 그렇다면 "사람의 본분"(本分)이 무엇인가 하는 본질적인 문제를 심각하게 생각해 보아야 한다는 말씀입니다. 이것이 "유심하리로다"의 뜻입니다.

② 넷째로 "슬픔이 웃음보다 나음은 얼굴에 근심함으로 마음이 좋게 됨이니라"(3) 합니다. 전도자는 동일한 주제를 여러 각도에서 조명을 하고 있는데,

㉠ 여기서 말하는 "슬픔"은 죄에 대한 애통을 가리키고, "웃음"은 헛되고 헛된 연락(宴樂)의 웃음을 가리킵니다. 그러므로 신약성경에서도, "슬퍼하며 애통하며 울지어다 너희 웃음을 애통으로, 너희 즐거움을 근심으로 바꿀지어다"(약 4:9) 하고 말씀합니다. 이것이 해답입니다.

③ 그래서 다섯째로, "사람이 지혜자의 책망을 듣는 것이 우매자의 노래를 듣는 것보다 나으니라"(5) 하는 것입니다. "지혜자의 책망을 듣는", 여기에 해답이 있다는 말입니다.

㉠ 전도서에는 "지혜, 지혜자"라는 말이 합해서 40회 정도 나옵니다. 그런데 두 종류로 나누어지는데, "지혜가 많으면 번뇌도 많으니"(1:18) 한 세상적인 지혜와, "지혜자의 책망, 지혜는 유업같이 아름답다,

생명을 보호하는 지혜, 지혜가 능력이 있다"(7:5, 11, 19) 한 하나님의 지혜입니다. 7장에 등장하는 "지혜"는 하나님으로 말미암은 지혜입니다. 이 "지혜"에 해답이 있다는 것입니다.

ⓛ "우매자의 웃음소리는 솥 밑에서 가시나무의 타는 소리 같으니 이것도 헛되니라"(6) 합니다. 가시나무 타는 소리를 들어본 적이 있으십니까? "탁 탁 탁" 하는 소리를 냅니다. 무의미한 헛된 소리라는 것입니다.

ⓒ 여섯째로, "일의 끝이 시작보다 낫고"(8상) 합니다. "일의 끝"이란 결과(結果)를 가리킵니다. 사도 바울은, "너희 속에 착한 일을 시작하신 이가 그리스도 예수의 날까지 이루실 줄을 우리가 확신하노라"(빌 1:6) 합니다. 그 날에 우리의 모습이 얼마나 아름다울 것인가? 그러므로 모든 "끝이 시작보다 나은 것"은 아닙니다. 로마서 6장에는, "그 마지막은 사망(死亡)임이니라" 한, 마지막도 있기 때문입니다. 여기에 해답이 있는 것입니다.

ⓔ 그러므로 일곱 번째로, "참는 마음이 교만한 마음보다 나으니"(8하) 한, "끝까지 참는 자"에게만이 시작보다 끝이 낫다는 뜻이 됩니다. 어찌하여 "교만"을 거론하는가? "교만은 넘어짐의 앞잡이"이기 때문입니다. 넘어지고 낙오자가 된다면 끝이 도리어 나쁠 수도 있는 것입니다.

ⓜ 여덟 번째로, "옛날이 오늘보다 나은 것이 어찜이냐 하지 말라"(10상) 하는데 무슨 뜻인가? 8-10절은, "급한 마음으로 노를 발하지 말라 노는 우매자의 품에 머무름이니라"(9) 한, "참음"과 관련이 있는 말씀입니다. 참을성이 없는 사람은, "옛날은 좋았는데 오늘날은 왜 이리 고생스러우냐" 하고, "오늘"을 불평하기 마련입니다. 그래서 "이렇게 묻는 것이 지혜가 아니니라"(10하), 즉 어리석은 자의 말이라는 것입니다. 전도자가 "…이 …보다 낫다" 하고 말하는 8번 중에 7번은 해답이고, 한 번은 경고인 셈입니다.

둘째 단원(11-18) 곤고한 날에는 생각하라

전도자의 답변은 계속됩니다. 첫째 단원이 비유를 들어서 한 답변이라면, 둘째와 셋째 단원은 "지혜"를 통한 답변입니다.

④ "지혜는 유업 같이 아름답고 햇빛을 보는 자에게 유익하도다"(11) 하고, "지혜"의 유효(有效)성을 말씀합니다.

㉠ "지혜는 유업 같이 아름답다" 하는 "지혜"는, "지혜가 제일이니 지혜를 얻으라, 그를 높이라 그리하면 그가 너를 높이 들리라 만일 그를 품으면 그가 너를 영화롭게 하리라 그가 아름다운 관을 네 머리에 두겠고 영화로운 면류관을 네게 주리라"(잠 4:7-9) 한 하나님께로 말미암은 지혜입니다. "유업같이 아름답다"하는데, "그러므로 네가 이후로는 종이 아니요 아들이니 아들이면 하나님으로 말미암아 유업을 이을 자니라"(갈 4:7) 합니다. 지혜가 얼마나 아름다운가?

㉡ "지혜도 보호하는 것이 되고 돈도 보호하는 것이 되나 지식이 더욱 아름다움은 지혜는 지혜 얻은 자의 생명을 보존함이니라"(12) 합니다. "지혜와, 돈"을 대조(對照)하면서, "보호"(保護)라는 말을 거듭 말하고 있는데, "너는 지혜와, 돈" 중에 어느 것을 보호하려느냐? 즉 가치를 두겠느냐 하고 묻고 있는 셈입니다. 지혜를 보호하면, "지혜는 지혜 얻은 자의 생명을 보존(保存)함이니라", 즉 생명을 보존해준다니 "지혜를 얻는 것"이 해답이 아니겠는가?

㉢ "하나님의 행하시는 일을 보라 하나님이 굽게 하신 것을 누가 능히 곧게 하겠느냐 형통(亨通)한 날에는 기뻐하고 곤고(困苦)한 날에는 생각하라"(13-14상) 합니다. "굽게 하신 것"이라함은, 좋은 것은 아닐 것입니다. 그러므로 이를 이어지는 "곤고한 날"과 결부시켜 생각한다면, 하나님의 징계로 볼 수가 있습니다. 그런데 "누가 능히 곧게 하겠느냐" 한 것은, 누가 거역할 수가 있단 말이냐 하는 뜻입니다. 다윗은 징벌을

받을 때에, "내가 잠잠하고 입을 열지 아니 하옴은 주께서 이를 행하신 연고니이다"(시 39:9) 합니다.

사람이 여호와의 구원을 바라고 잠잠히 기다림이 좋도다
사람이 젊었을 때에 멍에를 메는 것이 좋으니
혼자 앉아서 잠잠할 것은 주께서 그것을 메우셨음이라
입을 티끌에 댈 지어다 혹시 소망이 있을 지로다

때리는 자에게 뺨을 향하여 수욕으로 배불릴 지어다
이는 주께서 영원토록 버리지 않으실 것임이며
저가 비록 근심케 하시나 그 풍부한 자비대로 긍휼히 여기실 것임이라
주께서 인생으로 고생하며 근심하게 하심이 본심이 아니시로다 (애 3:26-33).

㉣ 그래서 "형통(亨通)한 날에는 기뻐하고 곤고(困苦)한 날에는 생각하라"(14상) 하는 것입니다. ㉮ "형통한 날에는 기뻐하라"는 말을 감사하라 해도 옳을 것입니다. 그리고 "곤고한 날에는 생각하라" 한 뜻은, "슬픔이 웃음보다 낫다(3), 지혜자의 마음은 초상집에 있다"(4) 한 것과 상통하는 뜻입니다. 잔치 집에는 먹고 마시고 "가시나무 타는 소리" 같은 말이나 오고가지만, 초상집에는 "망자(亡者)와, 산 자" 사이에 들리는 소리는 없으나 이에 유심하여, 인생의 본분이 무엇인가를 깊이 생각하게 될 것이기 때문입니다.

㉤ "하나님이 이 두 가지(형통과, 곤고)를 병행하게 하사 사람으로 그 장래 일을 능히 헤아려 알지 못하게 하셨느니라"(14하) 합니다. 이는 ㉮ 우리를 겸비케 하는 뜻이 있습니다. ㉯ 그리고 "고난당한 것이

내게 유익이라 이로 인하여 내가 주의 율례를 배우게 되었나이다"(시 119:71) 한, 우리를 훈련하시는 의미가 있습니다.

ⓑ "내가 내 헛된 날에 이 모든 일을 본즉 자기의 의로운 중에서 멸망하는 의인이 있고 자기의 악행 중에서 장수하는 악인이 있으니"(15) 하는데 이 대목은 통찰력이 필요합니다. 해석하는 열쇠는, "내 헛된 날에 이 모든 일을 본즉"(15상) 한 전제(前提)입니다. 이제 말하려는 것은, "헛된 날", 즉 해 아래서 벌어지는 일이라는 것입니다. "지나치게 의인이 되지 말며 지나치게 지혜자도 되지 말라"(16상) 합니다.

ⓢ 먼저 확고해야할 점은 전도자는, "선을 행하고 죄를 범치 아니하는 의인은 세상에 아주 없느니라"(20) 하고 단언하고 있다는 점입니다. 그러면 ㉮ "지나친 의인, 지나친 지혜자"란 어떤 자인가? "나는 다른 사람들 곧 토색, 불의, 간음을 하는 자들과 같지 아니하고 이 세리와도 같지 아니함을 감사하나이다"(눅 18:11) 한, 외식(外飾)하는 자들을 가리킬 것입니다. 이점을 "어찌하여 스스로 패망케 하겠느냐"(16하) 한 말씀이 뒷받침해줍니다.

ⓞ 그러면 "지나치게 악인이 되지 말며 우매자도 되지 말라"(17상) 한 뜻은 무엇일까? 악을 행하되 요령껏 적당히 하라는 말인가? 16절과 17절은 상반(相反)된 경우입니다. 그렇다면 16절이 되지도 못하고 된척 하는 자에 대한 경계라면, 17절은 정죄(定罪)감에 사로잡혀 무기력한 자에 대한 경계로 볼 수가 있습니다. 예를 들면 로마서 7장의 사람을 가리킨다는 말씀입니다. 그래서 "어찌하여 기한 전에 죽으려느냐"(17하) 하는 것입니다. 그를 향해서 사도 바울은, "그리므로 이제 그리스도 예수 안에 있는 자에게는 결코 정죄함이 없나니"(롬 8:1) 하고 선언합니다. "의인인척 하는 사람과, 지나친 정죄감"은 "스스로 패망케 하고, 죽으려는" 양극단(兩極端)인 것입니다.

⑤ 18절은 이 대목에 대한 결론인데, "너는 이것을 잡으며 저것을 놓

지 마는 것이 좋으니 하나님을 경외하는 자는 이 모든 일에서 벗어날 것임이니라"(18) 합니다.

㉠ 이는 두 마디로 되어 있는데 첫째는, ㉮ "이것을 잡으며 저것을 놓지 마는 것이 좋으니", 즉 균형(均衡)과 조화(調和)를 이루라 합니다. 신앙생활 중 어려운 일 가운데 하나가 "칭의와 성화, 믿음과 행함, 가정과 교회, 기도와 실천" 등 균형(均衡)과 조화(調和)를 이루는 일입니다. ㉯ 둘째는, "이 모든 일에서 벗어날 것임이니라", 즉 자유자가 되라는 것입니다.

㉡ 그리스도의 구속은 우리들에게 엄청난 자유(自由)함을 주셨습니다. 그럼에도 불구하고 오늘의 그리스도인들은 이러저러한 멍에에 시달려서 기쁨과 감사와 감격을 누리지 못하고 있는 실정입니다. 그리스도인들에게 멍에가 있다면 "오직 사랑으로 서로 종노릇 하라"(갈 5:13) 한 사랑의 멍에가 있을 뿐입니다. 그러므로 본 단원은 성숙한 자가 되라는 말씀입니다. 이것이 해답입니다.

셋째 단원(19-29) **많은 꾀를 낸 거짓된 인간**

본 단원은 "하나님이 사람을 정직하게 지으셨으나 사람은 많은 꾀를 낸 것이니라"(29) 한 말씀에 의해서 해석이 되어야만 합니다. 이는 인간의 타락을 가리킵니다.

⑥ 그래서 "선을 행하고 죄를 범치 아니하는 의인은 세상에 아주 없느니라"(20) 하는 것입니다.

㉠ "무릇 사람의 말을 들으려고 마음을 두지 말라 염려컨대 네 종이 너를 저주하는 것을 들으리라 너도 가끔 사람을 저주한 것을 네 마음이 아느니라"(21-22) 합니다. "사람은 다 거짓되다"(롬 3:4)는 말입니다.

㉡ 그래서 "내가 이 모든 것을 지혜로 시험하며 스스로 이르기를 내가 지혜자가 되리라 하였으나 지혜가 나를 멀리 하였도다 무릇 된 것이 멀고 깊고 깊도다 누가 능히 통달하랴"(23-24) 합니다. 여기서 지혜자의 고뇌(苦惱)를 보게 되는데 이점이 이어지는 말씀에 나타납니다.

⑦ "내가 돌이켜 전심으로 지혜와 명철을 살피고 궁구하여 악한 것이 어리석은 것이요 어리석은 것이 미친 것인 줄을 알고자 하였더니"(25) 하고, 해답을 얻기 위해서 "살피고 궁구"하는 것을 보게 됩니다.

⑧ 그런 후에, "내가 깨달은즉 마음이 올무와 그물 같고 손이 포승 같은 여인은 사망보다 독한 자라"(26상) 합니다.

㉠ 이 지점에서 어떤 "여인"을 가리켜, "마음이 올무 같다, 그물 같다, 포승 같다, 사망보다 독한 자라" 하면서, "내 마음에 찾아도 아직 얻지 못한 것이 이것이라 일천 남자 중에서 하나를 얻었거니와 일천 여인 중에서는 하나도 얻지 못하였느니라"(28) 한 것을 보면 이는, "아담이 꾀임을 보지 아니하고 여자가 꾀임을 보아 죄에 빠졌음이니라"(딤전 2:14) 한 최초의 타락을 염두에 두고 한 말일 것입니다.

㉡ 이점이 "나의 깨달은 것이 이것이라 곧 하나님이 사람을 정직하게 지으셨으나 사람은 많은 꾀를 낸 것이니라"(29) 한 말씀이 뒷받침해줍니다. 그렇다면 "마음이 올무 같다, 그물 같다, 포승 같다, 사망보다 독한 자라" 한 "여인"은 일반적인 악처(惡妻)를 가리키는 것이 아니라, 같은 솔로몬의 저서인 잠언서에 10번이나 등장하여 "아들"을 유혹하고 있는 "음녀"에 대한 묘사로 봄이 옳을 것입니다. 어느 악처(惡妻)를 가리키는 것이라면, "전도자가 가로되 내가 낱낱이 살펴 그 이치를 궁구하여 이것을 깨달았노라"(27) 하는, 심각한 연구가 필요치가 않았을 것입니다.

㉢ 그래서 "하나님을 기뻐하는 자는 저를 피하려니와"(26하) 말씀하고, 18절에서는 "하나님을 경외하는 자는 벗어날 것이라" 말씀하는 것

입니다. 이것이 해답입니다. 그러나 "죄인은 저에게 잡히리로다"(26하) 합니다. "피하는 자와, 잡히는 자"가 있다 말씀하는데 이것이 "지혜는 지혜를 얻은 자의 생명(生命)을 보존(保存)함이니라"(12) 한 의미요, "지혜가 열 유사보다 능력(能力)이 있게 한다"(19) 한 능력인 것입니다.

㉣ 7장은 "나의 깨달은 것이 이것이라 곧 하나님이 사람을 정직하게 지으셨으나 사람은 많은 꾀를 낸 것이니라"(29) 하고 마치고 있는데, 전도자는 창세기 1-3장을 궁구한 것이 분명합니다.

㉮ 하나님은 사람을 정직하게 지으셨습니다.

㉯ 그러나 아담 하와는 "올무와, 포승과, 사망보다 독한" 음녀에게 미혹을 받아,

㉰ "많은 꾀를 내어",

㉱ "저에게 잡히게"(26하) 되었던 것입니다.

㉲ 이는 "남자가 꾀임을 보지 아니하고 여자가 꾀임을 보아" 일어났습니다. 인생의 일평생이 어찌하여 "헛되고 헛되어 모든 것이 헛되게 되었는가" 하는 원인(原因)을 규명하는 말씀인 것입니다. 이처럼 넘어진 자들을 "붙들어 일으킬 자"는 곧 그리스도입니다.

⑨ 묵상해보겠습니다.

㉠ 8번의 "…이 …보다 낫다"는 의미에 대해서,

㉡ 신앙생활에 있어서 균형과 조화의 어려움에 대해서,

㉢ 전도자가 깨달았다는 26-29절의 의미와 해답에 대해서.

전도서 8장 개관도표

주제 : 하나님을 경외하는 자가 잘 될 것이라

왕의 명령을 지키라

1-8

1 **지혜자와 같은 자 누구며**
사리의 해석을 아는 자 누구냐
① **사람의 지혜는** 그 사람의 **얼굴에 광채가 나게 하나니**
그 얼굴의 사나운 것이 변하느니라

2 **내가 권하노니 왕의 명령을 지키라**
이미 하나님을 가리켜 맹세하였음이니라

3 왕 앞에서 물러가기를 급거히 말며 악한 것을 일삼지 말라
② **왕은 그 하고자 하는 것을 다 행함이니라**
4, 왕의 말은 권능이 있나니 누가 이르기를
왕께서 무엇을 하시나이까 할 수 있으랴

5 ③ **무릇 명령을 지키는 자는 화를 모르리라**
지혜자의 마음은 시기와 판단을 분변하나니

6 무론 무슨 일에든지 시기와 판단이 있으므로
사람에게 임하는 **화가 심함이니라**

7 ④ **사람이 장래 일을 알지 못하나니**

8 **장래 일을 가르칠 자가 누구이랴**
생기를 주장하여 생기로 머므르게 할 사람도 없고
죽는 날을 주장할 자도 없고 전쟁할 때에 모면할
자도 없으며 악이 행악자를 건져낼 수도 없느니라

악인은 잘 되지 못하리라

9-13

9 내가 이런 것들을 다 보고 마음을 다하여
⑤ **해 아래서 행하는 모든 일을 살핀즉**
사람이 사람을 주장하여 해롭게 하는 때가 있으며

10 내가 본즉 **악인은** 장사지낸바 되어 무덤에 들어갔고
선을 행한 자는 거룩한 곳에서 떠나 성읍 사람의 잊어버린바 되었으니 이것도 헛되도다

11 ⑥ **악한 일에 징벌이 속히 실행되지 않으므로** 인생들이 악을 행하기에 마음이 담대하도다

12 죄인이 백번 악을 행하고도 장수하거니와
내가 정녕히 아노니 **하나님을 경외하여 그 앞에서 경외하는 자가 잘 될것이요**

13 ⑦ **악인은 잘 되지 못하며 장수하지 못하고**
그 날이 그림자와 같으리니 **이는 하나님 앞에 경외하지 아니함이니라**

하나님이 살게 하시는 날 동안

14-17

14 ⑧ **세상에 행하는 헛된 일이 있나니** 곧 악인의 행위대로 받는 의인도 있고
의인의 행위대로 받는 악인도 있는 것이라
내가 이르노니 이것도 헛되도다

15 ⑨ **이에 내가 희락을 칭찬하노니** 이는 사람이 먹고 마시고 즐거워하는 것보다
해 아래서 나은 것이 없음이라 **하나님이 사람으로 해 아래서 살게 하신 날 동안**
수고하는 중에 이것이 항상 함께 있을 것이니라

16 내가 마음을 다하여 지혜를 알고자 하며 세상에서 하는 노고를 보고자 하는 동시에
(밤낮으로 자지 못하는 자도 있도다)

17 ⑩ **하나님의 모든 행사를 살펴보니** 해 아래서 하시는 일을 사람이 능히 깨달을 수 없도다
사람이 아무리 애써 궁구할지라도 능히 깨닫지 못하나니
비록 지혜자가 아노라 할지라도 능히 깨닫지 못하리로다

8장

하나님을 경외하는 자가 잘 될 것이라

[12]죄인이 백번 악을 행하고도 장수하거니와 내가 정녕히 아노니 하나님을 경외하여 그 앞에서 경외하는 자가 잘 될 것이요.

8장에는 "하나님"이 5번 등장하는데, "해 아래서" 살아가는 "헛된 날" 동안은, 경건하게 살고자 하는 자가 핍박을 당하는 경우가 있다(9) 하면서, 그러나 "하나님을 경외하는 자가 잘될 것이요, 하나님을 경외하지 않는 악인은 잘되지 못하리라" 합니다.

도표를 보시면 첫째 단원은 "왕의 명령을 지키라"를 중심으로, ① "지혜는 얼굴에 광채가 나게 한다", ② "왕은 하고자 하는 것을 다 행함이라", ③ 그러므로 "왕의 명령을 지키는 자는 화를 모르리라", ④ 그런데 "장래 일을 가르칠 자가 누구이랴" 합니다. 둘째 단원은 "악인은 잘되지 못하리라"는 말씀을 중심으로, ⑤ "사람이 사람을 주장하여 해롭게 하는 때가 있으며", ⑥ "징벌이 속히 실행이 되지 않음으로 악을 행하기에 담대하나", ⑦ "하나님 경외하는 자는 잘되고, 악인은 잘되지 못하리라" 합니다. 그리고 셋째 단원에서는 ⑧ "세상에는 헛된 일이 있다" 하면서, ⑨ "하나님이 살게 하시는 날 동안, 희락보다 나은 것이 없다" 하면서, ⑩ "하나님의 모든 행사를 능히 깨달을 수 없다" 하고 마칩니다.

첫째 단원(1-8) **왕의 명령을 지키라**
둘째 단원(9-13) **악인은 잘되지 못하리라**
셋째 단원(14-17) **하나님이 살게 하시는 날 동안**

주제(主題) : 하나님을 경외하는 자가 잘 될 것이라

㉠ 도표 작성의 유익이 무엇인가? 한 장(章)을 몇 개의 문단(文段)으로 나누는 이유는, 첫째로 대의(大意)를 파악하기 위해서입니다. 그리하여 둘째는, 곁길로 빠지지 않게 하기 위해서입니다. "나무는 보고 숲은 보지를 못한다"는 말은 성경연구에 있어서도 길잡이가 됩니다. 그리하여 본문을 봉독해놓고는 중심주제는 놓치고 지엽(枝葉)으로 빠지는 경우가 허다합니다. 그래서 호랑이를 그리려다가 고양이를 그리는 격이 되고 마는 것입니다.

㉡ 그러므로 도표를 작성하여 주제와 문단의 제목을 정할 때에 유념해야할 점은, 전체 주제와 각 단원의 제목이 연결되도록 해야 한다는 점입니다. 이는 용이한 일이 아닙니다. 본장의 개관도표를 예로 들면, 주제인 "하나님을 경외하는 자가 잘 될 것이라"를 중심으로, 하나님을 경외하는 것은 "왕의 명령을 지키는 것이다"(첫째 단원). 하나님을 경외하지 않는 "악인은 잘되지 못하리라"(둘째 단원). 하나님을 경외하는 자는 "하나님이 살게 하시는 날 동안"(셋째 단원)을 어떻게 살아야 하는가? 이것이 8장을 통해서 말씀하려는 대의입니다.

첫째 단원(1-8) 왕의 명령을 지키라

"지혜자와 같은 자 누구며 사리(事理)의 해석(解釋)을 아는 자 누구냐"(1상) 합니다. 이는 "누가 지혜가 있어 이런 일을 깨달으며 누가 총명이 있어 이런 일을 알겠느냐 여호와의 도는 정직하니 의인이라야 그 도에 행하리라 그러나 죄인은 그 도에 거쳐 넘어지리라"(호 14:9) 한 그런 뜻입니다. 이 서론은 이제 말씀하려는 바가 "사리의 해석", 즉 인생 문제에 대한 해답을 말해주려는 것임을 나타냅니다.

① 첫 말씀이, "사람의 지혜는 그 사람의 얼굴에 광채가 나게 하나니 그 얼굴의 사나운 것이 변하느니라"(1하) 하고 "지혜"를 얻은 자의 변화된 모습을 말합니다.

㉠ 참으로 사모할 말씀입니다. 잠언에서는 "지혜가 네 마음에 들어가며 지식이 네 영혼에 즐겁게 될 것이요"(잠 2:10) 하고, "영혼이 즐겁게 된다" 말씀하는데, 본문은 "그 사람의 얼굴에 광채가 나게 하나니" 합니다. 내적(內的)으로 영혼이 즐거우면, 외적(外的)으로 평화로운 모습이 나타난다는 뜻입니다. 나이 40이 되면 자기 얼굴에 책임을 져야 한다는 말이 있는데, 살아온 흔적이 얼굴에 나타나기 때문일 것입니다. 스데반 집사가 순교를 당할 당시에, "공회 중에 앉은 사람들이 다 스데반을 주목하여 보니 그 얼굴이 천사의 얼굴과 같더라"(행 6:15) 합니다.

② 이렇게 말씀한 후에, "내가 권하노니 왕의 명령을 지키라 이미 하나님을 가리켜 맹세하였음이니라 왕 앞에서 물러가기를 급거히 말며 악한 것을 일삼지 말라 왕은 그 하고자 하는 것을 다 행함이니라"(2-3) 합니다.

㉠ 무슨 뜻인가? 본문의 왕은 신정왕국의 "왕"을 가리킵니다. 이점이 하나님 앞에 서약을 하고 기름부음을 받았음을 뜻하는, "이미 하나님을 가리켜 맹세하였음이니라"(2하) 한 점이 뒷받침해줍니다. 그렇다

면 본문이 말하는 왕은 메시아에 대한 예표가 됩니다. 이점이 계속되는 진술에 더욱 드러납니다.

㉮ "왕의 명령을 지키라", 우리의 왕은 하나님 곧 그리스도이십니다.

㉯ "왕 앞에서 물러가기를 급거히 말며", 즉 자기 맡은 직무, 제 위치를 이탈하지 말라 합니다.

㉰ "악한 것을 일삼지 말라" 즉, 불의한 일, 특히 반역을 일삼지 말라는 경계입니다.

㉱ "왕은 그 하고자 하는 것을 다 행함이니라"(2-3), 즉 무소불위(無所不爲)하시다는 것입니다.

㉲ 그리고 "왕의 말은 권능이 있나니"(4상) 합니다.

㉳ 그러므로 "누가 이르기를 왕께서 무엇을 하시나이까 할 수 있으랴"(4하) 합니다. 이점을 욥기에서는, "하나님이 빼앗으시면 누가 막을 수 있으며 무엇을 하시나이까 누가 물을 수 있으랴"(욥 9:12) 합니다. 이는 하나님의 지적인 주권, 즉 하나님의 뜻을 거역할 수 없다는 의미입니다.

③ 그리하여 "무릇 명령을 지키는 자는 화를 모르리라"(5상) 합니다. 이는 2-4절에서 말씀한 왕의 명령을 가리킵니다.

㉠ 메시아의 예표로 세움을 받는 왕들이, "공평과 정의"(사 9:7)로 다스린다면, 왕의 명령은 곧 하나님의 명령과 같은 것이기에, "명령을 지키는 자는 화를 모르리라" 하는 것입니다.

㉡ "지혜자의 마음은 시기와 판단을 분변하나니 무론 무슨 일에든지 시기와 판단이 있으므로 사람에게 임하는 화가 심함이니라"(5하-6) 합니다. 5-6절에는 각각 "시기와 판단"이라는 말이 있는데, 지혜자와 미련한 자의 특성이 무엇인가? "시기(時期)와 판단을 분변하나니" 한, 분별력의 차이라 할 수가 있습니다. 이어지는 말씀을 보십시오.

④ "사람이 장래 일을 알지 못하나니 장래 일을 가르칠 자가 누구이랴"(7) 합니다.

㉠ "지혜와 분별력"이 없게 되면 하루살이 같은 삶을 영위하게 됩니다. 그러면 장래 일을 가르칠 자는 지혜자라는 말이 됩니다. 전도자는 지금 지혜자가 되어서, "일의 결국을 다 들었으니 하나님을 경외하라"(12:13)는 권면을 하려는 것입니다. 이점을 11절에서는 "악한 일에 징벌(懲罰)이 속히 실행되지 않으므로 인생들이 악을 행하기에 마음이 담대하도다" 합니다. 그러니까 원시(遠視)치 못하는 근시안(近視眼)이기 때문에 악을 행하기에 담대하다는 것입니다.

㉡ 8절은 장래 일을 알지 못하는 무지한 자들의 무능(無能)을 말씀함인데, "생기를 주장하여 생기로 머므르게 할 사람도 없고 죽는 날을 주장할 자도 없고 전쟁할 때에 모면할 자도 없으며 악이 행악자를 건져낼 수도 없느니라"(8) 하고, 할 수 "없다"는 말을 4번이나 강조합니다. 지금 전도자는 지혜자가 되어서 우리에게 "장래 일을" 가르쳐주려는 것입니다. 그러므로 "왕의 명령 곧 하나님의 명령을 지키라, 화를 모르리라" 하는 것입니다.

둘째 단원(9-13) **악인은 잘되지 못하리라**

둘째 단원에는 "악인과, 경건한 자"가 대조가 되어 있습니다. 그런데 악인이 득세하고 선인이 고통을 당한다는 것입니다.

⑤ "내가 이런 것들을 다 보고 마음을 다하여 해 아래서 행하는 모든 일을 살핀즉 사람이 사람을 주장하여 해롭게 하는 때가 있으며"(9) 합니다.

㉠ 9절은 첫째 단원과, 둘째 단원의 교량 역할을 하는데, "이런 것

들을 다 보고"는 첫째 단원을 가리키고, "모든 일을 살핀즉"은 둘째 단원에서 전개될 일을 가리킵니다. 그리고 "사람이 사람을 주장하여 해롭게 하는 때가 있다" 한 것은, 박해와 억압을 가리킵니다. 이것이 하나님을 떠난 인간이 "해 아래서" 연출하고 있는 세상사라는 것입니다.

㉡ "내가 본즉 악인은 장사지낸바 되어 무덤에 들어갔고 선을 행한 자는 거룩한 곳에서 떠나 성읍 사람의 잊어버린바 되었으니"(10상) 합니다. 악인이 "장사지낸바 되었다"는 뜻은 "부자도 죽어 장사되매"(눅 16:22) 한 명예로운 장례를 가리킵니다. 이와는 대조적으로 선인이 "거룩한 곳에서 떠나" 한 것은 박해를 받고 죽임을 당했다는 뜻이 암시되어 있는데 이점이, "성읍 사람의 잊어버린바 되었다"는 표현에 나타납니다. 그래서 전도자는 "이것도 헛되도다"(10하) 하는 것입니다.

⑥ 왜 이런 일이 있게 되느냐 하면, "악한 일에 징벌이 속히 실행되지 않으므로 인생들이 악을 행하기에 마음이 담대하도다"(11) 합니다.

㉠ 그래서 "죄인이 백번 악을 행하고도 장수하거니와 내가 정녕히 아노니"(12상) 하고 전도자는 말합니다.

⑦ "하나님을 경외하여 그 앞에서 경외하는 자가 잘 될 것이요"(12하) 합니다. 5절의 표현대로 하면 "화를 모르리라" 하는 것입니다. 이는 현제가 아닌 "장래 일"을 말하고 있는 것입니다.

㉠ 그러나 "악인은 잘 되지 못하며 장수하지 못하고 그 날이 그림자와 같으리니 이는 하나님 앞에 경외하지 아니 함이니라"(13) 합니다. 6절의 표현대로 하면 "화가 심함이니라"가 되는 것입니다. 전도자는 인생의 과정(過程)을 말하고 있는 것이 아니라 마지막이 다르다고 말씀하고 있는 것입니다. 이점을 신약성경에서는, "이는 그 마지막이 사망임이니라, 이 마지막은 영생이니라"(롬 6:21, 22) 하고 말씀합니다. 이것이 "악인은 잘되지 못하리라"는 뜻입니다.

셋째 단원(14-17) 오묘한 하나님의 섭리

셋째 단원은 "하나님이 해 아래서 살게 하시는 날 동안"(15중), 하나님을 경외하는 자들은 어떻게 살아야 하는가를 말씀함에 있습니다.

⑧ "세상에 행하는 헛된 일이 있나니 곧 악인의 행위대로 받는 의인도 있고 의인의 행위대로 받는 악인도 있는 것이라"(14상) 합니다. 그러니까 이 세상에서는 "의인과, 악인"에 대한 보상이 뒤바뀌어 있다는 것입니다.

㉠ 그래서 "내가 이르노니 이것도 헛되도다"(14하) 하는 것입니다. 그러나 주님은 말씀하십니다. "인자를 인하여 사람들이 너희를 미워하며 멀리하고 욕하고 너희 이름을 악하다 하여 버릴 때에는 너희에게 복이 있도다 그 날에 기뻐하고 뛰놀라 하늘에서 너희 상이 큼이라 저희 조상들이 선지자들에게 이와 같이 하였느니라"(눅 6:22-23) 하십니다.

⑨ 이런 의미가, "이에 내가 희락(喜樂)을 칭찬하노니 이는 사람이 먹고 마시고 즐거워하는 것보다 해 아래서 나은 것이 없음이라"(15상) 한 말씀에 함의되어 있습니다.

㉠ 여기서 말하는 "희락"은 세상적인 쾌락이 아니라, "하나님이 그 기뻐하시는 자에게는 지혜와 지식과 희락을 주시나"(2:26) 한, 하나님으로부터 임하는 기쁨을 가리킵니다. 이점을 3:12-13절에서는, "사람이 사는 동안에, 수고함으로 낙을 누리는 것이 하나님의 선물인줄을 또한 알았도다" 말씀하고, 5:18절에서는, "사람이 하나님이 주신바 그 일평생에 먹고 마시며 해 아래서 수고하는 모든 수고 중에서 낙을 누리는 것이 선하고 아름다움을 내가 보았나니" 합니다.

㉡ 이점을 본문에서도, "하나님이 사람으로 해 아래서 살게 하신 날 동안 수고하는 중에 이것이 항상 함께 있을 것이니라"(15하) 하고 말씀합니다. "항상 함께 있을 것이라" 말씀하는데, 하나님을 경외하는 자들

에게는 환난만이 있는 것이 아닙니다. 이점을 사도 바울은, "그리스도의 고난이 우리에게 넘친 것같이 우리의 위로도 그리스도로 말미암아 넘치는도다"(고후 1:5) 하고, 내적인 위로와 희락도 넘친다고 말씀합니다.

㉢ 단 명심해야할 점이 있습니다. 그것은 "희락"을 말씀할 때마다 "수고"도 함께 말씀하고 있다는 점입니다. 기쁨과 즐거움과 위로는 아무에게나 주어지는 것이 아닙니다. "그러므로 내 사랑하는 형제들아 견고하며 흔들리지 말며 항상 주의 일에 더욱 힘쓰는 자들이 되라 이는 너희 수고가 주안에서 헛되지 않은 줄을 앎이니라"(고전 16:58) 한, 수고하는 자에게 주어진다는 점입니다.

㉣ "하나님이 해 아래서 살게 하시는 날 동안"을 어떻게 살아가야만 하는가? 이 점을 신약성경에서는 "항상 기뻐하라, 쉬지 말고 기도하라, 범사에 감사하라 이는 그리스도 예수 안에서 너희를 향하신 하나님의 뜻이니라"(살전 5:16-18) 합니다.

⑩ 전도자는 8장을, "내가 마음을 다하여 지혜를 알고자 하며 세상에서 하는 노고를 보고자 하는 동시에 (밤낮으로 자지 못하는 자도 있도다) 하나님의 모든 행사를 살펴보니 해 아래서 하시는 일을 사람이 능히 깨달을 수 없도다 사람이 아무리 애써 궁구할지라도 능히 깨닫지 못하나니 비록 지혜자가 아노라 할지라도 능히 깨닫지 못하리로다"(16-17) 하고 끝맺고 있습니다.

㉠ 핵심은 "하나님의 모든 행사를 살펴보니" 한, "하나님의 행사"에 있습니다. 구원계획은 하나님의 행사입니다. "하시는 일을 사람이 능히 깨달을 수 없도다, 비록 지혜자가 아노라 할지라도 능히 깨닫지 못하리로다" 하고 "깨닫지 못한다"는 말을 세 번이나 강조하고 있습니다. 이것이 진정한 "지혜자"의 고백입니다. 사도 바울도 영광스러운 로마서의 교리부분을 마치면서 고백하기에 이른 것은, "깊도다 하나님의 지혜와

지식의 부요함이여 그의 판단은 측량치 못할 것이며 그의 길은 찾지 못할 것이로다"(롬 11:33) 합니다. 이 주제는 9장에도 이어지고 있습니다. 전도자는 우리를 어디로 인도하려는 것인가?

⑪ 묵상해보겠습니다.

㉠ 지혜자는 시기와 판단을 분변한다는 점에 대해서,

㉡ 사람이 사람을 주장하여 해롭게 한다는 의미에 대해서,

㉢ 악인이 잘되지 못하리라는 점에 대해서.

전도서 9장 개관도표

주제 : 인간의 행하는 일이 하나님의 손에 있다

소망은 미래에 속한 것이다	1-6 1 내가 마음을 다하여 이 모든 일을 궁구하며 살펴본즉 **의인과 지혜자나 그들의 행하는 일이나 다 하나님의 손에 있으니** 사랑을 받을는지 미움을 받을는지 사람이 알지 못하는 것은 **모두 그 미래임이니라** 2 ① **모든 사람에게 임하는 모든 것이 일반이라** 의인과 악인이며 선하고 깨끗한 자와 깨끗지 않은 자며 제사를 드리는 자와 제사를 드리지 아니하는 자의 결국이 일반이니 선인과 죄인이며 맹세하는 자와 맹세하기를 무서워하는 자가 일반이로다 3 모든 사람의 결국이 일반인 그것은 해 아래서 모든 일 중에 악한 것이니 ② **곧 인생의 마음에 악이 가득하여 평생에 미친 마음을 품다가** 후에는 죽은 자에게로 돌아가는 것이라 4 ③ **모든 산 자 중에 참예한 자가 소망이 있음은** 산 개가 죽은 사자보다 나음이니라 5 무릇 산 자는 죽을 줄을 알되 죽은 자는 아무 것도 모르며 다시는 상도 받지 못하는 것은 그 이름이 잊어버린바 됨이라 6 그 사랑함과 미워함과 시기함이 없어진지 오래니 해 아래서 행하는 모든 일에 저희가 다시는 영영히 분복이 없느니라
하나님이 기쁘게 받으셨다	7-12 7 ④ **너는 가서 기쁨으로 네 식물을 먹고 즐거운 마음으로 네 포도주를 마실지어다** 이는 **하나님이 너의 하는 일을 벌써 기쁘게 받으셨음이니라** 8 네 의복을 항상 희게 하며 네 머리에 향 기름을 그치지 않게 할지니라 9 네 헛된 평생의 모든 날 곧 하나님이 해 아래서 네게 주신 모든 헛된 날에 **사랑하는 아내와 함께 즐겁게 살찌어다** 이는 네가 일평생에 해 아래서 수고하고 얻은 분복이니라 10 ⑤ **무릇 네 손이 일을 당하는 대로 힘을 다하여 할지어다** 네가 장차 들어갈 음부에는 일도 없고 계획도 없고 지식도 없고 지혜도 없음이니라 11 ⑥ 내가 돌이켜 해 아래서 보니 **빠른 경주자라고 선착하는 것이 아니며** **유력자**라고 전쟁에 승리하는 것이 아니며 **지혜자**라고 식물을 얻는 것이 아니며 **명철자**라고 재물을 얻는 것이 아니며 **기능자**라고 은총을 입는 것이 아니니 이는 **시기와 우연이 이 모든 자에게 임함이라** 12 **대저 사람은 자기의 시기를 알지 못하나니** 물고기가 재앙의 그물에 걸리고 새가 올무에 걸림 같이 ⑦ **인생도 재앙의 날이 홀연히 임하면 거기 걸리느니라**
멸시와 배척을 당하는 지혜	13-18 13 내가 또 해 아래서 **지혜를 보고 크게 여긴 것이 이러하니** 14 곧 어떤 작고 인구가 많지 않은 성읍에 큰 임금이 와서 에워싸고 큰 흉벽을 쌓고 치고자 할 때에 15 ⑧ **그 성읍 가운데 가난한 지혜자가 있어서 그 지혜로 그 성읍을 건진 것이라** 그러나 이 가난한 자를 기억하는 사람이 없었도다 16 그러므로 내가 이르기를 ⑨ **지혜가 힘보다 낫다마는 가난한 자의 지혜가 멸시를 받고** **그 말이 신청되지 아니한다 하였노라** 17 ⑩ **종용히 들리는 지혜자의 말이 우매자의 어른의 호령보다 나으니라** 18 **지혜가 병기보다 나으니라** 그러나 한 죄인이 많은 선을 패궤케 하느니라

9장

인간의 행하는 일이 하나님의 손에 있다

> [1]내가 마음을 다하여 이 모든 일을 궁구하며 살펴본즉 의인과 지혜자나 그들의 행하는 일이나 다 하나님의 손에 있으니 사랑을 받을는지 미움을 받을는지 사람이 알지 못하는 것은 모두 그 미래임이니라.

전도자는 8장 마지막 절에서, "하나님의 모든 행사를 살펴보니 해 아래서 하시는 일을 사람이 능히 깨달을 수 없도다"(8:17) 하고 마쳤는데, 9장은, "내가 마음을 다하여 이 모든 일을 궁구하며 살펴본즉"(1상) 하고 시작이 됩니다. 이런 맥락에서 본장은 8장의 계속이라 할 수가 있습니다. 9장에는 "하나님"이 두 번 등장합니다. 본장을 문자만을 본다면 곡해할 수가 있습니다. 그러므로 "그들이 행하는 일이 하나님의 손에 있다(1), 하나님이 너의 하는 일을 벌써 기쁘게 받으셨음이니라"(7) 하는 확고한 말씀에 근거하여 해석이 되어야 하는 것입니다.

도표를 보시면 첫째 단원은, "다 하나님의 손에 있다"를 중심으로, ①

"의인과 악인에게 임하는 것이 일반인 것 같아", ② "인생의 마음에 악이 가득하나", ③ 그러나 "산 자에게는 소망이 있다" 합니다. 둘째 단원은 "하나님이 너의 하는 일을 벌써 기쁘게 받으셨다"를 중심으로, ④ "기쁘게 즐겁게 살아가라", ⑤ "네 손이 일을 당하는 대로 힘을 다하라", ⑥ 그러나 인간의 힘으로 되는 것이 아니라 "시기와 기회(우연)가 있는데", ⑦ "인생도 재앙의 날이 홀연히 임하면 거기 걸리게 된다" 하고 말합니다. 셋째 단원은 "지혜가 크다"를 중심으로, ⑧ "가난한 지혜자가 성읍을 구원했는데 그를 기억하는 자가 없다", ⑨ "지혜자의 말이 멸시를 당하고 믿지 않는다", ⑩ 결론적으로 "지혜가 병기보다 나으니라 그러나 한 죄인이 많은 선을 패궤케 한다" 하고 마치고 있습니다.

첫째 단원(1-6) **소망은 미래에 속한다**
둘째 단원(7-12) **하나님이 기쁘게 받으셨다**
셋째 단원(13-18) **지혜가 멸시를 받고 배척을 당한다**

주제(主題) : 인간의 행하는 일이 하나님의 손에 있다

㉠ 9장에는 "지혜"가 5번, "지혜자"가 4번 등장하는데 이를 문맥적으로 보면, 8:1절에서, "지혜자와 같은 자 누구며 사리(事理)의 해석(解釋)을 아는 자 누구냐" 한, "사리의 해석"에 대한 계속입니다. 9장은 "내가 마음을 다하여 이모든 일을 궁구하며 살폈다"(1)는 말로 시작이 되는데, 그러니까 지혜자가 깨달은 "사리의 해석"을 말해주겠다는 문맥인 것입니다. 그러므로 우리들도 9장을 통해서 이치를 깨달아야만 하는 것입니다.

㉡ 전체 주제와 각 단원의 제목을 결부시켜 대의를 파악해보면, "인간의 행하는 일이 하나님 손에 있다"(전체주제), 그런데 이 땅에서는

"의인과, 악인"이 일반인 것 같으나, "소망은 미래에 속한다"(첫째 단원), "너의 하는 일을 하나님이 벌써 기쁘게 받으셨으니"(둘째 단원), 기뻐하며 즐거움으로 살아라. 그리하여 "지혜가 병기보다 낫다"(셋째 단원)는 결론에 이르게 됩니다.

첫째 단원(1-6) 소망은 미래에 속한다

첫째 단원의 중심점은 "다 하나님의 손에 있다"는데 있습니다. 그래서 "내가 마음을 다하여 이 모든 일을 궁구하며 살펴본즉 의인과 지혜자나 그들의 행하는 일이나 다 하나님의 손에 있으니"(1상) 합니다. 그런데 "사랑을 받을는지 미움을 받을는지 사람이 알지 못하는 것은 모두 그 미래(未來)임이니라"(1하) 합니다. 핵심은 "일반"(一般)이라는 말인데, 모두 4번 등장합니다. "의인과 악인이며 모든 사람에게 임하는 모든 것이 일반이라"는 것입니다. 그러나 "미래임이니라", 즉 미래에는 일반이 아니라 갈라지게 된다는 것입니다.

① "모든 사람에게 임하는 모든 것이 일반이라 의인과 악인이며 선하고 깨끗한 자와 깨끗지 않은 자며 제사를 드리는 자와 제사를 드리지 아니하는 자의 결국이 일반이니 선인과 죄인이며 맹세하는 자와 맹세하기를 무서워하는 자가 일반이로다"(2) 합니다.

㉠ 이는 현재도 경험하는 바인데, 불신자에게 임한 일이 믿는 사람에게도 임합니다. 그런데 이는 "해 아래서"(3상) 일반일 뿐, 신자와 불신자의 종말이 어떻게 될 것인가 하는 것은 "모두 그 미래임이니라"(1하), 즉 미래에 속한 일이라는 것입니다.

② "모든 사람의 결국이 일반인 그것은 해 아래서 모든 일 중에 악한 것이니 곧 인생의 마음에 악이 가득하여 평생에 미친 마음을 품다가 후

에는 죽은 자에게로 돌아가는 것이라"(3) 합니다.

㉠ 무슨 뜻인가? 8:11절에서, "악한 일에 징벌이 속히 실행되지 않으므로 인생들이 악을 행하기에 마음이 담대하도다" 한 것과 뜻을 같이 합니다. 즉 불신자에게 임한 것이, 하나님을 경외하는 자에게도 임하고, 그리하여 모든 재난이 일반인 것처럼 여겨지니까 구태여 하나님을 경외하려하지 않고, "인생의 마음에 악이 가득하여 평생에 미친 마음을 품다가 후에는 죽은 자에게로 돌아간다"(3)는 것입니다.

③ 그러나 "모든 산 자 중에 참예한 자가 소망이 있음은"(4상) 하고, 소망(所望)을 말씀합니다.

㉠ 그래도 "산 자"에게는 돌이킬 소망이 아직 남아있다는 말입니다. 그러니까 죽은 후에는 소망이 없다, 즉 죽은 후에는 회개할 기회도 끊어지고 만다는 뜻입니다. 그러므로 살아 있는 동안에, "일의 결국을 다 들었으니 하나님을 경외하라"는 그런 뜻입니다. 그래서 "산 개가 죽은 사자보다 나음이니라"(4하) 하는 것입니다. 그래서 3장에서는, "천하에 범사가 기한이 있고 모든 목적이 이룰 때가 있나니 날 때가 있고 죽을 때가 있으며 심을 때가 있고 심은 것을 뽑을 때가 있으며"(3:1-2) 하고, "때"를 29번이나 강조했던 것입니다. 그러니까 회개에도 때가 있다는 것입니다.

㉡ 이점이, "무릇 산 자는 죽을 줄을 알되 죽은 자는 아무 것도 모르며 다시는 상도 받지 못하는 것은 그 이름이 잊어버린바 됨이라 그 사랑함과 미워함과 시기함이 없어진지 오래니 해 아래서 행하는 모든 일에 저희가 다시는 영영(永永)히 분복이 없느니라"(5-6) 한 의미입니다. 하나님은 말씀하십니다. "너희는 여호와를 만날 만한 때에 찾으라 가까이 계실 때에 그를 부르라 악인은 그 길을, 불의한 자는 그 생각을 버리고 여호와께로 돌아오라 그리하면 긍휼히 여기시리라 우리 하나님께로 나아오라 그가 널리 용서하시리라"(사 55:6-7).

㉢ 신약성경은 말씀합니다. "우리가 소망으로 구원을 얻었으매 보이는 소망이 소망이 아니니 보는 것을 누가 바라리요 만일 보지 못하는 것을 바라면 참음으로 기다릴 지니라"(롬 8:24-25). 그래서 "소망은 미래에 속한다" 하는 것입니다.

둘째 단원(7-12) 하나님이 기쁘게 받으셨다

첫째 단원이 불신자들에 대한 경계라면, 둘째 단원은 믿는 자들에게 하는 격려라 할 수가 있습니다. 그래서 "기쁨, 즐거움, 포도주(7), 흰 의복, 머리에 향(8), 사랑하는 아내와 함께 하는 즐거움"(9) 등이 있습니다. 이는 "하나님이 해 아래서 네게 주신 모든 날"(9중) 동안을 어떻게 살아야 할 것인가? 이에 대한 지혜자의 권면입니다.

④ "너는 가서 기쁨으로 네 식물을 먹고 즐거운 마음으로 네 포도주를 마실 지어다 이는 하나님이 너의 하는 일을 벌써 기쁘게 받으셨음이니라"(7) 합니다.

㉠ 전도서에는 이와 유사한 말씀이 자주(2:24, 3:12-13, 5:18, 8:15) 나옵니다. 이를 표면만을 본다면 쾌락주의로 곡해할 우려도 있습니다. 그런데 또 다른 극단이 있는데, "혼인을 금하고 식물을 폐하라"(딤전 4:3) 하는 금욕주의입니다. 쾌락주의와, 금욕주의의 양극단(兩極端)을 피하는 길은, "하나님의 손에서 나는 것이라(2:24), 하나님의 선물(3:13), 하나님의 분복"(5:18)이라 한 하나님중심으로 행하는 일입니다. 그러므로 본문을 해석할 때에도, "하나님이 너의 하는 일을 벌써 기쁘게 받으셨음이니라"(7하) 한 말씀에 의하여 지배를 받아야 하는 것입니다. 본문은 아무에게나 주어진 말씀이 아닙니다. 하나님이 벌써 기쁘게 받으신 자들, 하나님과 올바른 관계를 유지하고 있는 자들에게 주어진 말씀

입니다.

ⓛ 우리는 첫째 단원에서, "모든 사람에게 임하는 모든 것이 의인과 악인이 일반이라"(2) 한 말씀을 대한 바가 있습니다. 이런 나그네와 행인 같은 세상을 어떻게 살아가야 하는가? 전도자는 이에 대한 지혜를 말씀하고 있는 것입니다. "하나님을 경외하는 자"란, 감정이 없는 목석(木石)과 같은 사람들이 아닙니다. 무표정하고 매력이 없는 박제(剝製)된 인간이 아닙니다. 지정의적인 인격체를 가리킵니다.

㉮ "네 의복을 항상 희게 하며",

㉯ "네 머리에 향 기름을 그치지 않게 할지니라"(8), 얼마나 매력적인 사람인가!

㉰ "네 헛된 평생의 모든 날 곧 하나님이 해 아래서 네게 주신 모든 헛된 날에 사랑하는 아내와 함께 즐겁게 살찌어다"(9상) 합니다. 얼마나 자상한 남편이며 아버지 상인가!

㉱ "이는 네가 일평생에 해 아래서 수고하고 얻은 분복이니라"(9하), 얼마나 복받은 사람인가!

⑤ 그런데 이어지는 말씀을 보십시오. "무릇 네 손이 일을 당하는 대로 힘을 다하여 할 지어다"(10상) 합니다.

㉠ 위에서 말씀한 행복은 "네 손이 일을 당하는 대로 힘을 다하여" 수고하는 자들에게 주어지는 축복임을 명심해야만 합니다. 2:24절과, 5:18절과, 8:15절에도, "낙과, 수고"가 함께 나옵니다. 이점이 "하나님이 너의 하는 일을 벌써 기쁘게 받으셨음이니라"(7) 한 의미이기도 합니다. 기쁨과 즐거움은 땀을 흘린 후에야 주어지는 행복입니다.

ⓛ 어찌하여 힘을 다하여 수고해야만 하는가? "네가 장차 들어갈 음부에는 일도 없고 계획도 없고 지식도 없고 지혜도 없기"(10하) 때문이라는 것입니다. 구약에서 말하는 음부개념은 내세(來世)를 가리키는 것이 아니라, "다 흙으로 말미암았으므로 다 흙으로 돌아가나니"(3:20) 한

무덤을 가리키는 말입니다. 그러므로 "지식도 없고 지혜도 없다"는 말은 복음을 들을 길도 없고 회개하기에는 이미 늦은 때라는 의미가 함의되어 있습니다.

⑥ 11절은, "내가 돌이켜 해 아래서 보니" 하고 시작이 됩니다. 이는 또 다른 주제(主題)로 넘어가고 있음을 나타냅니다. 그것이 무엇인가? "빠른 경주자라고 선착하는 것이 아니며 유력자라고 전쟁에 승리하는 것이 아니며 지혜자라고 식물을 얻는 것이 아니며 명철자라고 재물을 얻는 것이 아니며 기능자라고 은총을 입는 것이 아니니"(11상) 합니다.

㉠ 무슨 뜻인가? "그들의 행하는 일이 다 하나님의 주권적인 손에 있다"(1중)는 뜻입니다. 이는 사도바울이 "그런즉 원하는 자로 말미암음도 아니요 달음박질하는 자로 말미암음도 아니요 오직 긍휼히 여기시는 하나님으로 말미암음이니라"(롬 9:16) 한 것과 상통합니다. 그리고 "이는 시기와 우연이 이 모든 자에게 임함이라"(11하) 한 말은, 8:6절에서 "무론 무슨 일에든지 시기와 판단(判斷)이 있으므로 사람에게 임하는 화가 심함이니라" 한 것과 맥을 같이 하는 것입니다. 그렇다면 "시기"는 하나님의 때가 있다는 말이요, "우연"이란 말을 개정역에서는 "기회"로 번역하고 있는데, 하나님의 판단, 즉 주권에 속하는 것이라는 뜻이 됩니다.

⑦ 그래서 "대저 사람은 자기의 시기를 알지 못하나니 물고기가 재앙의 그물에 걸리고 새가 올무에 걸림 같이 인생도 재앙의 날이 홀연히 임하면 거기 걸리느니라"(12) 하는 것입니다.

㉠ "재앙의 날이 홀연히 임한다"는 뜻이 무엇인가? "뜻밖에 그 날이 덫과 같이 너희에게 임하리라 이 날은 온 지구상에 거하는 모든 사람에게 임하리라"(눅 21:34-35) 하신 심판의 날인 것입니다. 이런 맥락에서 전도자도, "이러므로 너희는 장차 올 이 모든 일을 능히 피하고 인자 앞에 서도록 항상 기도하며 깨어 있으라"(눅 21:36)는 말을 하고 있는 셈

입니다. 그래서 다음 단원에서는 한 사례(事例)를 들어서 설명을 하는 것입니다.

셋째 단원(13-18) 지혜가 멸시를 받고 배척을 당한다

셋째 단원의 핵심어는 "지혜"입니다. 여섯 절 안에 7번이나 등장합니다.

"내가 또 해 아래서 지혜를 보고 크게 여긴 것이 이러하니"(13) 합니다. 본 단원은 "지혜가 어째서 큰가" 하는 해설인 셈입니다.

⑧ "곧 어떤 작고 인구가 많지 않은 성읍에 큰 임금이 와서 에워싸고 큰 흉벽을 쌓고 치고자 할 때에"(14),

㉠ "인구가 많지 않은 작은 성읍과, 큰 임금"이 대조가 되어 있는데, 이는 "우리를 치러 오는 이 큰 무리를 우리가 대적할 능력이 없고 어떻게 할 줄도 알지 못한다"(대하 20:12)는 경우입니다. 그런데 "그 성읍 가운데 가난한 지혜자가 있어서 그 지혜로 그 성읍을 건진 것이라"(15상) 합니다.

㉡ "가난한 지혜자"란 하나님을 경외하는 자를 가리키는 말입니다. 하나님의 백성들은 이 땅이 행인과 나그네와 같기 때문에 시편에서는 "가난한 자"라 합니다. 사무엘하 20:16-22절을 보면 실제로 "가난한 지혜자", 그것도 연약한 여인이 온 성읍의 멸망을 막은 일이 있습니다. "그러나 이 가난한 자를 기억하는 사람이 없었도다"(15하) 합니다. 기억만 안하는 것이 아닙니다.

⑨ "그러므로 내가 이르기를 지혜가 힘보다 낫다마는 가난한 자의 지혜가 멸시를 받고 그 말이 신청되지 아니 한다"(16) 하고, "멸시를 받고 배척을 당한다"고 말씀합니다.

㉡ 이 말씀을 하는 전도자는 우리를 어디로 인도하려는 것인가? "지

혜가 힘보다 낫다" 한다면 지혜에는 성읍을, 그리고 우리를 구원할 능력이 있다는 뜻이 됩니다. 신약성경은 증거합니다. "그리스도는 하나님의 능력이요 지혜니라"(고전 1:24). 그리고 "십자가의 도가 멸망하는 자들에게는 미련한 것이요 구원을 얻는 우리에게는 하나님의 능력이라"(고전 1:18). 우리 주님은 진정한 "가난한 지혜자"이셨습니다. 그리고 "영원부터 만물을 창조하신 하나님 속에 감취었던 지혜"(엡 3:9)로 온 인류를 구원하신 능력자이십니다.

⑩ 그래서 "종용히 들리는 지혜자의 말이 우매자의 어른의 호령보다 나으니라"(17) 하는 것입니다.

㉠ 본 단원을 요약을 하면,

㉮ 14절에는 폭군과 같은 큰 임금의 침략이 있습니다.

㉯ 그런데 15절은 이 성을 구원한 자는 백마를 탄 장수가 아니라, 나귀새끼를 타고 입성함과 같은 "가난한 지혜자"였다고 말씀합니다.

㉰ 그래서 16절 상반 절은 지혜가 힘보다 낫다고 말씀합니다.

㉱ 그리고 17절은, 우매자의 호령보다 조용히 들리는 지혜자의 말이 능력이 있다고 말씀합니다.

㉲ 또한 18절에서는 지혜가 병기보다 나으니라 합니다.

㉳ 그러나 16절 하반 절은 "가난한 자의 지혜가 멸시를 받고 그 말이 신청(信聽)되지 아니 한다" 말씀합니다.

㉴ 그리고 9장은 "한 죄인이 많은 선을 패궤케 하느니라"(18) 하고 마칩니다. 과연 많은 선을 파괴하려는 "한 죄인"은 누구란 말인가?

⑪ 묵상해보겠습니다.

㉠ 소망은 미래에 속한다는 뜻에 대해서,

㉡ 하나님이 벌써 기쁘게 받으셨다, 기뻐하고 즐거워하라는 의미에 대해서,

㉢ 지혜가 멸시를 받고 배척을 당한다는 의미에 대서.

전도서 10장 개관도표

주제 : 우매 자가 되지 말고 지혜 자가 되라

도표 1

절	지혜자의 특성	우매자의 특성
1절		죽은 파리가 향기름으로 악취가 나게 하는 것 같이 적은 **우매가** 지혜와 존귀로 패하게 하느니라
2절	**지혜자**의 마음은 오른 편에 있고	**우매자**의 마음은 왼편에 있느니라
3절		**우매자**는 길에 행할 때에도 지혜가 결핍하여 각 사람에게 자기의 우매한 것을 말하느니라
10절	무딘 철 연장 날을 갈지 아니하면 힘이 더 드느니라 오직 **지혜**는 성공하기에 유익하니라	
11절	방술을 베풀기 전에 뱀에게 물렸으면	술객은 무용하니라
12절	**지혜자**의 입의 말은 은혜로우나	**우매자**의 입술은 자기를 삼키나니
13절		그 입의 말의 시작은 **우매**요 끝은 광패니라
14절		**우매자**는 말을 많이 하거니와 사람이 장래 일을 알지 못하나니 신후사를 알게 할 자가 누구이냐
15절		**우매자**들의 수고는 제각기 곤하게 할 뿐이라 저희는 성읍에 들어갈 줄도 알지 못함이니라

도표 2

절	지혜로운 지도자	우매한 지도자
4절	**주권자가 네게 분을 일으키거든** 너는 네 자리를 떠나지 말라 공순이 큰 허물을 경하게 하느니라	
5절		내가 해 아래서 한 가지 폐단 곧 **주권자에게서 나는 허물**인 듯한 것을 보았노니
6절		**우매자가** 크게 높은 지위를 얻고 부자가 낮은 지위에 앉는도다
7절		또 보았노니 종들은 말을 타고 방백들은 종처럼 땅에 걸어 다니는도다
8절		함정을 파는 자는 거기 빠질 것이요 담을 허는 자는 뱀에게 물리리라
9절		돌을 떠내는 자는 그로 인하여 상할 것이요 나무를 쪼개는 자는 그로 인하여 위험을 당하리라
16절		**왕은 어리고** **대신들은 아침에 연락하는 이 나라여 화가 있도다**
17절	**왕은 귀족의 아들이요** 대신들은 취하려함이 아니라 기력을 보하려고 마땅한 때에 먹는 **이 나라여 복이 있도다**	
18절		**게으른즉** 석가래가 퇴락하고 손이 풀어진즉 집이 새느니라
19절		잔치는 희락을 위하여 베푸는 것이요 포도주는 생명을 기쁘게 하는 것이나 돈은 범사에 응용되느니라
20절	심중에라도 **왕을** 저주하지 말며 침방에서라도 부자를 저주하지 말라	공중의 새가 그 소리를 전하고 날짐승이 그 일을 전파할 것임이니라

10장

우매 자가 되지 말고 지혜 자가 되라

[1]죽은 파리가 향 기름으로 악취가 나게 하는 것 같이 적은 우매가 지혜와 존귀로 패하게 하느니라.

10-11장은 서술적인 진술이기보다는 잠언과 같은 경구(警句)로 되어 있습니다. 그래서 도표를 주제별로 작성을 하였습니다. 본문에는 "지혜"가 5번, "우매"가 9번 등장합니다. 솔로몬은 잠언에서, "여호와를 경외하는 것이 지식의 근본이어늘 미련한 자는 지혜와 훈계를 멸시하느니라"(잠 1:7) 했는데, 본장에서도 "우매자가 되지 말고 지혜 자가 되라"는 말씀을 하고 있는 것입니다.

그런데 도표에서 보는 바대로 지혜자에 대한 권면보다는, "우매자"에 대한 경계가 배가 될 정도로 많은 것을 보게 됩니다. 이는 타락한 아담의 후예들은 그만큼 우매자가 될 가능성이 많기 때문일 것입니다. 그런데 여기에도 구분이 있습니다. 도표 1의 내용은 모든 사람을 위한 경계라면, 도표 2의 경계는 "주권자가 네게 분을 일으키거든(4), 주권자에게서 나는 허물"(5) 하고, 우매한 지도자가 되지 말고 지혜로운 지도자가 되라는 경계입니다. 지혜로운 지도자가 되고, 또한 지혜로운 지도자를 만난다는 것은 무엇에 비할 수 없는 축복인 것입니다.

도표 1. 지혜자의 특성과 우매자의 특성

① "죽은 파리가 향 기름으로 악취가 나게 하는 것 같이 적은 우매가 지혜와 존귀로 패하게 하느니라"(1) 합니다.

㉠ 이를 요절로 삼았는데 이 말씀 속에 10장을 통해서 하고자 하는 의미가 다 들어있다 해도 과언이 아닙니다. "지혜와, 우매"가 대조(對照)되어 있는데, 어느 편 능력이 더욱 강한가? 7:19절에서는 "지혜가 지혜자로 성읍 가운데 열 유사보다 능력이 있게 하느니라" 하고, "지혜"의 능력이 월등함을 말씀합니다.

㉡ 그런데 파괴력에 있어서는, "작은 우매가 지혜와 존귀로 패하게 하느니라"(1하) 합니다. 이는 "우매"의 영향력을 드러내는 말입니다. 바로 앞의 절인 9:18절에서도, "지혜가 병기보다 나으니라 그러나 한 죄인이 많은 선을 패궤케 하느니라" 한 것입니다. "많은 선과 한 죄, 작은 우매와 지혜"가 대조되어 있는데, 큰 지혜보다 작은 우매의 영향력이 더욱 치명적이라는 것입니다. 이점을 이해하기 쉽도록, "죽은 파리가 향 기름으로 악취가 나게 한다" 하고 비유를 들어 설명합니다. "향 기름"은 성전의 불을 켜는 기름인데 여기에 작은 파리 한 마리가 빠져 죽었다면 이를 사용할 수가 있단 말인가?

㉢ 이는 비유에 끝이는 것이 아니라, 구속사의 난제(難題)를 반영하는 것입니다. 흰옷을 더럽히는 것은 1초면 충분합니다. 그러나 이를 온

전하게 회복하는 것은 천배 만 배의 노력이 필요한 것입니다. 이것이 구원계획의 어려운 점입니다. 에덴에서의 순간적으로 일어난 한 범죄가 온 인류를 죄 아래, 심판 아래 있게 하였고, 이를 회복하기 위해서는 하나님의 아들이 대신 죽어야 하는 엄청난 십자가 사건이 있어야만 했다는 점을 생각한다면 실감이 날 것입니다.

㉣ 이토록 "우매가 지혜와 존귀로 패하게 하는" 일은 이제도 교회 내에서, 또는 성도들의 삶 가운데서 반복이 되고 있는 것입니다. 그리고 가공스러운 것은 지혜자의 열 마디 진실한 말은 듣지 않는 자들이, 우매자의 한 마디 유혹하는 말에는 홀딱 넘어간다는 점입니다. 이점을 9:16절에서는, "지혜가 힘보다 낫다마는 가난한 자의 지혜가 멸시를 받고 그 말이 신청(信聽)되지 아니 한다" 한 것입니다.

② "지혜자의 마음은 오른 편에 있고 우매자의 마음은 왼편에 있느니라"(2) 합니다.

㉠ 성경은 하나님의 구속사역을 "지존자의 오른손의 해"(시 77:10)라 표현하면서, "여호와의 오른손이 높이 들렸으며 여호와의 오른 손이 권능을 베푸시는도다"(시 118:16) 하고 말씀합니다. 또한 "오른 편과 왼편"이란 표현은 "나를 떠나라 네가 좌하면 나는 우하고, 네가 우하면 나는 좌하리라"(창 13:9) 함과 같이 반대를 나타내는데, 이를 1절과 결부시켜 생각한다면 세우려하시는 하나님의 진영과, 이를 대적하여 파괴하려는 반대자의 진영을 나타내는 것으로 볼 수도 있습니다.

③ "우매자는 길에 행할 때에도 지혜가 결핍하여 각 사람에게 자기의 우매한 것을 말하느니라"(3) 합니다. 이점을 잠언에서는 "지혜로운 자와 동행하면 지혜를 얻고 미련한 자와 사귀면 해를 받느니라"(잠 13:20) 합니다.

④ "무딘 철 연장 날을 갈지 아니하면 힘이 더 드느니라 오직 지혜는 성공하기에 유익하니라"(10) 합니다. 이는 "지혜"란 시간만 지나면 저절

로 주어지는 것이 아니라, ㉮ "무딘 철 연장 날"을 갈듯이 절차탁마(切磋琢磨)를 통해서 이루어지는 것이요, ㉯ "오직 지혜는 성공하기에 유익하니라" 한 것은, "주인의 쓰임에 합당하며 모든 선한 일에 예비함이 되리라"(딤후 2:21)는 뜻입니다.

⑤ "방술을 베풀기 전에 뱀에게 물렸으면 술객은 무용하니라"(11)는 뜻은 무엇인가? 평소에 지혜자의 말을 신청하지 않는다면, "뱀에게 물린 후"에는 이미 소용이 없음을 나타냅니다.

⑥ 이점이 이어지는 12-15절의 "지혜자의 말과, 우매자의 말"과 결부가 됩니다.

㉠ "지혜자의 입의 말은 은혜로우나 우매자의 입술은 자기를 삼키나니"(12),

㉡ "그 입의 말의 시작은 우매요 끝은 광패니라"(13).

㉢ "우매자는 말을 많이 하거니와 사람이 장래 일을 알지 못하나니 신후사를 알게 할 자가 누구이냐"(14) 합니다. "지혜자와, 우매자"의 특성이 무엇을 통해서 나타나는가? "말"로 나타난다는 것입니다. 그러므로 잠언 10:11절에서는 "의인의 입은 생명의 샘이라도 악인의 입은 독을 머금었느니라" 하는 것입니다.

㉣ "우매자들의 수고는 제각기 곤하게 할 뿐이라 저희는 성읍에 들어갈 줄도 알지 못함이니라"(15) 합니다. "성읍에 들어가는 길"은 어린아이라도 아는 바인데 이것조차도 모른다면 그는 소경이나 다를 바가 없고, 그런 자를 따른다면 함께 구렁텅이에 빠질 수밖에 없는 것입니다. 그러므로 문제의 심각성은, "도표 2"에서 살펴보게 될 "우매한 지도자"입니다.

도표 2. 지혜로운 지도자와 우매한 지도자

도표 2에는 "주권자, 왕"이라는 말이 자주 등장합니다. 그러므로 지도자와 결부된 잠언이라 할 수가 있는데, 이는 목회자에게 하는 경계로 적용이 된다 하겠습니다.

① "주권자가 네게 분을 일으키거든 너는 네 자리를 떠나지 말라 공순이 큰 허물을 경하게 하느니라"(4) 합니다.

㉠ 이는 "내 아들아 여호와의 징계를 경히 여기지 말라 그 꾸지람을 싫어하지 말라"(잠 3:11), 즉 공손히 받으라는 그런 뜻입니다. 8:3절에서 "왕 앞에서 물러가기를 급거히 말며" 한 것과 맥을 같이 합니다. 다윗은 시편에서, "의인이 나를 칠지라도 은혜로 여기며 책망할지라도 머리의 기름같이 여겨서 내 머리가 이를 거절치 아니 할지라 저희의 재난 중에라도 내가 항상 기도하리로다"(141:5) 말씀하는데 이것이 겸손(공순)한 마음입니다. 이 말씀은 "주여 옳소이다마는 개들도 제 주인의 상에서 떨어지는 부스러기를 먹나이다"(마 15:27) 한, 가나안 여자의 고백을 연상하게 합니다.

② 그런데 문제는 우매한 자가 주권자가 되는 경우입니다. "내가 해 아래서 한 가지 폐단 곧 주권자에게서 나는 허물인 듯한 것을 보았노니 우매자가 크게 높은 지위를 얻고 부자가 낮은 지위에 앉는도다"(5-6) 합니다.

㉠ "우매자가 높은 지위"에 앉게 되면 어떻게 되는가? 지혜로 다스리는 것이 아니라 권력을 휘두르는 폭군이 되는 것입니다. 그래서 "주권자에게서 나는 허물인 듯한 것을 보았다" 하는 것입니다. 섬기라고 주신 직분을 마치 계급이나 권세처럼 여긴다면 이런 폐단은 교회 내에서도 일어나게 되는 것입니다. 이점을 예레미야 선지자는, "이 땅에 기괴하고 놀라운 일이 있도다 선지자들은 거짓을 예언하며 제사장들은 자

기 권력으로 다스리며 내 백성은 그것을 좋게 여기니 그 결국에는 너희가 어찌 하려느냐"(렘 5:30-31) 하고 탄식합니다.

③ "또 보았노니 종들은 말을 타고 방백들은 종처럼 땅에 걸어 다니는도다"(7) 합니다.

㉠ 이 말씀도 6절과 결부되는 것인데, "말"은 애굽에서 수입해오는 희귀한 것으로, "종과, 말"은 격이 맞지 않는 것입니다. 그러니까 종이 말을 탔다는 것은 미련한 자가 높은 지위에 앉았다는 것을 상징적으로 나타낸 것입니다. 이점을 잠언에서는, "미련한 자에게는 영예가 적당치 아니하니 마치 여름에 눈 오는 것과 추수 때에 비오는 것 같으니라"(잠 26:1), 즉 도리어 일을 망친다고 말씀합니다.

④ "함정을 파는 자는 거기 빠질 것이요 담을 허는 자는 뱀에게 물리리라 돌을 떠내는 자는 그로 인하여 상할 것이요 나무를 쪼개는 자는 그로 인하여 위험을 당하리라"(8-9) 합니다.

㉠ "함정을 파는 것, 담을 허는 것, 돌을 떠내는 것, 나무를 쪼개는 것"이라는 표현은 모두가 파괴적인 것을 나타냅니다. 결국 자기가 당하게 된다는 경계입니다.

⑤ 16절과, 17절에는 각각 "왕"이 있는데 대조적인 왕입니다.

㉠ 16절의 "왕은 어리고 대신들은 아침에 연락하는 이 나라여 화가 있도다"(16) 합니다. "어리다" 하는 것은 나이가 적다는 뜻이기보다는 영적미숙을 나타내고, "아침부터 열락 한다"는 것은 타락을 의미합니다. 그러니까 16절의 나라는 우매한 왕과 아첨하는 간신들이 아침부터 연락을 하는 광경인데, 그래서 "화가 있도다" 하는 것입니다.

㉡ 이에 반해 17절의 "왕은 귀족의 아들이요 대신들은 취(醉)하려함이 아니라 기력을 보하려고 마땅한 때에 먹는 이 나라여 복이 있도다"(17) 합니다. "귀족의 아들"이란, 하나님께로 말미암아 세움을 입은 왕이란 뜻입니다. 형제를 "왕 같은 제사장"을 삼아주셨는데 이보다 더한

"귀족"이 어디 있겠는가? 그러므로 17절의 나라는 지혜로운 왕과 충성스러운 신하들이 "기력을 보하려고", 즉 힘을 얻기 위해서 마땅한 때에 먹는 경우입니다. 그래서 "이 나라여 복이 있도다" 하는 것입니다.

㉢ 이것이 우리와 무관한 말씀이 아닙니다. 마태복음 24장은 종말적인 경계인데, "충성되고 지혜 있는 종과, 악한 종", 두 부류의 종을 들어 경계하십니다. "그 집 사람을 맡아 때를 따라 양식을 나눠주는" 충성된 종에게는, "주인이 올 때에 그 종의 이렇게 하는 것을 보면 그 종이 복이 있으리로다"(마 24:46) 하십니다. 반면 "만일 악한 종이 마음에 생각하기를 주인이 더디 오리라 하여 동무들을 때리며 술친구들로 더불어 먹고 마시게 되면 생각지 않은 날 알지 못하는 시간에 그 종의 주인이 이르러 엄히 때리고 외식하는 자의 받는 율에 처하리니"(마 24:48-50) 하십니다. 우리에게 위임하여주신 하나님의 나라(교회)를 어떤 나라처럼 섬기고 있는가를 비춰보게 합니다.

⑥ "게으른즉 석가래가 퇴락하고 손이 풀어진즉 집이 새느니라 잔치는 희락을 위하여 베푸는 것이요 포도주는 생명을 기쁘게 하는 것이나 돈은 범사에 응용되느니라"(18-19) 합니다.

㉠ 이를 문맥적으로 보면 16절에서 말씀한 "화가 있도다"에 대한 해설이라 할 수가 있습니다. "게을러서 석가래가 퇴락하고, 집이 새는데도", 희락을 위하여 잔치만을 일삼고 있다면 그 나라는 망하고 말 것입니다.

⑦ 그리고 10장은, "심중에라도 왕을 저주하지 말며 침방에서라도 부자(대신들)를 저주하지 말라 공중의 새가 그 소리를 전하고 날짐승이 그 일을 전파할 것임이니라"(20) 하고 마치고 있는데, 여기서 "왕과 대신들"은 하나님이 세우신 지도자들을 가리킵니다.

㉠ 이점을 신약성경에서는, "인간에 세운 모든 제도를 주를 위하여 순복하되 혹은 위에 있는 왕이나 혹은 악행 하는 자를 징벌하고 선행하

는 자를 포장하기 위하여 그의 보낸 방백에게 하라"(벧전 2:13-14) 합니다. 본장을 한마디로 요약을 한다면, "우매 자가 되지 말고 지혜 자가 되라", 한걸음 더 나아가 지혜로운 지도자가 되라는 말씀입니다. 왜냐하면 백성들의 행, 불행이 지도자에게 달려있기 때문입니다.

⑧ 묵상해보겠습니다.

㉠ 죽은 파리에 대한 예화의 의미에 대해서,

㉡ 지혜자와 우매자의 "말"의 특성에 대해서,

㉢ 16-17절에 나타난 두 왕국에 대해서.

전도서 11:1-12:7절 개관도표

주제 : 성취하시는 하나님, 심판하시는 하나님

던지라 주라 뿌리라

11:1-6

1 ① **너는 네 식물을 물 위에 던지라 여러 날 후에 도로 찾으리라**
2 일곱에게나 여덟에게 **나눠줄 지어다 무슨 재앙이 땅에 임할는지 네가 알지 못함이니라**
3 **구름에 비가 가득하면 땅에 쏟아지며**
나무가 남으로나 북으로나 쓰러지면 그 쓰러진 곳에 그냥 있으리라
4 ② **풍세를 살펴보는 자는 파종하지 아니할 것이요** 구름을 바라보는 자는 거두지 아니하리라
5 바람의 길이 어떠함과 아이 밴 자의 태에서 뼈가 어떻게 자라는 것을 네가 알지 못함 같이
만사를 성취하시는 하나님의 일을 네가 알지 못하느니라
6 ③ **너는 아침에 씨를 뿌리고 저녁에도 손을 거두지 말라**
이것이 잘 될는지, 저것이 잘 될는지, 혹 둘이 다 잘 될는지 알지 못함이니라

기뻐하고 즐거워하라

7-10

7 ④ **빛은 실로 아름다운 것이라 눈으로 해를 보는 것이 즐거운 일이로다**
8 **사람이 여러 해를 살면 항상 즐거워할지로다**
그러나 캄캄한 날이 많으리니 그 날을 생각할지로다 장래 일은 다 헛되도다
9 ⑤ **청년이여 네 어린 때를 즐거워하며** 네 청년의 날을 마음에 **기뻐하여**
마음에 원하는 길과 네 눈이 보는 대로 좇아 **행하라**
그러나 하나님이 이 모든 일로 인하여 너를 심판하실 줄 알라
10 ⑥ 그런즉 **근심으로 네 마음에서 떠나게 하며 악으로 네 몸에서 물러가게 하라**
어릴 때와 청년의 때가 다 헛되니라

곤고한 날이 이르기 전에 하라

12:1-7

1 **너는 청년의 때 곧 곤고한 날이 이르기 전, 너의 창조자를 기억하라** 나는 아무 낙이 없다고 할 해가 가깝기 전에
2 **해와 빛과 달과 별들이 어둡기 전에**, 비 뒤에 구름이 다시 일어나기 전에 그리하라
3 ⑦ **그런 날에는 집을 지키는 자들이 떨 것이며** 힘 있는 자들이 구부러질 것이며
맷돌질 하는 자들이 적으므로 그칠 것이며 창들로 내어다 보는 자가 어두워질 것이며
4 길거리 문들이 닫혀질 것이며 맷돌 소리가 적어질 것이며 새의 소리를 인하여 일어날 것이며
음악하는 여자들은 다 쇠하여질 것이며
5 그런 자들은 높은 곳을 두려워할 것이며 길에서는 놀랄 것이며 살구나무가 꽃이 필 것이며
메뚜기도 짐이 될 것이며 원욕이 그치리니
⑧ **이는 사람이 자기 영원한 집으로 돌아가고** 조문자들이 거리로 왕래하게 됨이라
6 은줄이 풀리고 금 그릇이 깨어지고 항아리가 샘 곁에서 깨어지고 바퀴가 우물 위에서 깨어지고
7 흙은 여전히 땅으로 돌아가고 ⑨ **신은 그 주신 하나님께로 돌아가기 전에 기억하라**

11:1-12:7절

성취하시는 하나님, 심판하시는 하나님

> 11:9청년이여 네 어린 때를 즐거워하며 네 청년의 날을 마음에 기뻐하여 마음에 원하는 길과 네 눈이 보는 대로 좇아 행하라 그러나 하나님이 이 모든 일로 인하여 너를 심판하실 줄 알라.

전도자는 설교를 마무리 하려고 합니다. 이제 남은 것은 다음에 상고하게 될 결론(12:8-14)뿐입니다. 본 문단에는 "하나님"이 3번 등장하는데, "만사를 성취하시는 하나님(11:5), 하나님이 이 모든 일로 인하여 너를 심판하실 줄 알라(11:9), 하나님께로 돌아가기 전에 기억하라"(11:7) 합니다. 언제나 중심점은 "하나님"에 있습니다. 그리고 "성취하시는 하나님은 또한 심판하시는 하나님" 즉, 총결산하는 날이 온다는 것입니다. 이를 망각하지만 않는다면 헛된 삶을 살아가지는 않게 될 것입니다.

도표를 보시면 첫째 단원은 "성취하시는 하나님"을 중심으로, ① "네 식물을 물 위에 던지라", ② "풍세를 보는 자는 파종하지 아니할 것이요", ③ "너는 아침에 씨를 뿌리고 저녁에도 손을 거두지 말라" 합니다. 둘째 단원은 "너를 심판하실 줄 알라"를 중심으로, ④ 빛은 실로 아름다운 것이라", ⑤ "청년의 날에 마음에 원하는 것을 행하라, 그러나 심판하실 줄을 알라" 하면서, ⑥ "근심으로 떠나게 하며, 악으로 물러가게 하라" 합니다. 셋째 단원은 "너는 청년의 때"를 중심으로, ⑦ "그 날에는 집을 지키는 자가 떨 것이요", ⑧ "사람이 자기 영원한 집으로 돌아가고", ⑨ "신은 하나님께로 돌아가기 전에 기억하라" 합니다.

첫째 단원(11:1-6) **던지라, 주라 뿌리라**
둘째 단원(7-10) **기뻐하고 즐거워하라**
셋째 단원(12:1-7) **곤고한 날이 이르기 전에 기억하라**

주제(主題) : 성취하시는 하나님, 심판하시는 하나님

㉠ 전도자는 마지막 부분에 이르러 세 가지 필연성을 상기시키고 있는데 첫째는 "만사를 성취하시는 하나님"(11:5)이시라는 것과, 둘째는 "심판(審判)하실 줄 알라"(11:9) 한 심판과, 셋째는 "하나님께로 돌아가기 전에 기억하라"(12:7) 한 종말입니다.

㉮ "성취하시는 하나님"은 시작하신 것을 반드시 이루시고야 만다는 뜻이요,

㉯ "심판하실 줄 알라"는 말은 행위에는 책임이 따른다는 말이요,

㉰ "종말"에는 개인적인 종말과, 역사적인 종말이 있습니다. 전도자는 개인적인 종말을 들어서 역사적인 종말인 최후심판이 있게 될 것을 경고하는 것입니다.

㉡ 이는 신약성경의 경계이기도 한데, "한 번 죽는 것은 사람에게

정하신 것이요 그 후에는 심판이 있으리니"(히 9:27) 합니다.

㉢ 이를 아는 자라면 어떻게 행하여야 하는가? "너희는 자유의 율법대로 심판받을 자처럼 말도 하고 행하기도 하라 긍휼을 행하지 아니하는 자에게는 긍휼 없는 심판이 있으리라"(약 2:12-13) 하고 말씀합니다. 전도자도 동일한 권면을 하고 있는 것입니다.

첫째 단원(11:1-6) **던지라, 주어라, 뿌리라**

첫째 단원은 이웃과의 관계성에 관한 내용들입니다.

① "너는 네 식물을 물 위에 던지라 여러 날 후에 도로 찾으리라"(1) 합니다.

㉠ 이는 위트가 넘치는 잠언으로, 물건을 바다에 던지면 조류(潮流)의 자연법칙에 의하여 언젠가는 제자리로 되돌아오게 된다는 것입니다. 그런데 "식물을 던지라" 한 것은 가난한 자에게 먹을 것을 나눠주라는 뜻입니다. "여러 날 후에 도로 찾으리라" 한 것은, "가난한 자를 불쌍히 여기는 것은 여호와께 꾸이는 것이니 그 선행을 (하나님이) 갚아 주시리라"(잠 19:17)는 뜻을 염두에 두고 한 말씀입니다.

㉡ "일곱에게나 여덟에게 나눠줄 지어다 무슨 재앙이 땅에 임할는지 네가 알지 못함이니라"(2) 한 말씀도 1절과 같은 내용을 다른 표현으로 한 것입니다. "일곱에게나 여덟에게"란 힘이 자라는 대로 많은 사람에게 베풀라는 뜻이요, "무슨 재앙이 임할는지 알지 못한다" 한 것은, 선을 베풀 수 없는 날이 오게 될 불예측성을 가리킵니다.

㉢ "구름에 비가 가득하면 땅에 쏟아지며 나무가 남으로나 북으로나 쓰러지면 그 쓰러진 곳에 그냥 있으리라"(3) 합니다.

㉣ "구름에 비가 가득하면 땅에 쏟아지며"란, "천하에 범사가 기한

이 있고 모든 목적이 이룰 때가 있다"(3:1)는 뜻으로, 심판하실 때가 있음을 암시합니다. 그리고 "나무가 쓰러지면 쓰러진 곳에 그냥 있으리라" 한 것은 유한한 인간의 무능을 나타냅니다. 쓰러진 곳에 그냥 있지 않을 자가 있단 말인가!

② "풍세를 살펴보는 자는 파종하지 아니할 것이요 구름을 바라보는 자는 거두지 아니하리라"(4) 합니다.

㉠ "풍세를 살펴보는 자, 구름을 바라보는 자"란, "게으른 자는 길에 사자가 있다 거리에 사자가 있다 하느니라"(잠 26:13) 한 말씀과 비슷한 뜻입니다. 매사를 부정적으로 보아 구실과 변명을 앞세우는 자를 가리킵니다. 농부가 씨를 뿌리는 것은 햇빛과 비를 주셔서 싹이 나고 꽃이 피고 열매를 맺게 해주실 것을 믿기 때문에 파종하는 것입니다. 물에 빠진 사람을 보고도 선을 행할지 악을 행할지를 따지면서 지체할 수가 있단 말인가? 믿는 자는 자신이 행해야할 책임을 다하고 성취하시는 것은 하나님께 맡기는 자들입니다. 그래서 믿음이란 "어린아이와 같은 사람, 그리하여 우직한 사람"의 것입니다.

③ 6절은 4절과 대칭이 되는 말씀입니다. 4절의 사람은 구실만 대다가, "파종도, 거두지도 아니 하는" 사람인데 그를 향해서, "너는 아침에 씨를 뿌리고 저녁에도 손을 거두지 말라 이것이 잘 될는지, 저것이 잘 될는지, 혹 둘이 다 잘 될는지 알지 못함이니라"(6) 합니다.

㉠ 그래서, "바람의 길이 어떠함과 아이 밴 자의 태에서 뼈가 어떻게 자라는 것을 네가 알지 못함 같이 만사를 성취하시는 하나님의 일을 네가 알지 못하느니라"(5) 하는 것입니다. 그래서 "던지라, 주어라, 뿌리라" 하는 것입니다. 그러면 배나 갚아주시고 30배, 60배, 100배로 결실하게 하는 것은 만사를 성취하시는 하나님의 몫입니다.

둘째 단원(7-10) 기뻐하고 즐거워하라

둘째와, 셋째 단원은 주로 청년들에게 주는 경계입니다.

④ "빛은 실로 아름다운 것이라 눈으로 해를 보는 것이 즐거운 일이로다"(7) 합니다.

㉠ 참으로 경탄할만한 잠언입니다. 하나님은 사람을 지으시되 "하나님의 형상"대로 지으셨습니다. 그리고 "여호와는 하늘을 창조하신 하나님이시며 땅도 조성하시고 견고케 하시되 헛되이 창조치 아니하시고 사람으로 거하게 지으신 자시니라"(사 45:18), 즉 사람이 살아갈 환경을 조성해주셨다고 말씀하십니다. 하나님은 만물을 얼마나 아름답게 지으셨는가? 아담 하와가 눈을 뜨고 천지만물의 아름다움을 보았을 때의 감격이 어떠했을 것인가? 빛은 실로 아름답고, 눈으로 해를 보는 것은 경이로운 일이 아닐 수가 없습니다.

㉡ 그리고 전도서의 특성으로 볼 때, "빛은 실로 아름다운 것이라" 한 말씀은 문자적인 의미만이 아니라, 상징성이 있다 하겠습니다. ㉮ "햇빛"은 만인에게 베푸시는 일반은총입니다. 빛이 없다면 인류는 사멸하고 말 것입니다. ㉯ 또한 "빛"은 사랑하는 자들에게 베푸시는 특별은총(고후 4:6)이기도 합니다. 복음의 빛에 비췸을 받지 않고도 영원한 생명을 얻을 수 있는 자는 한 사람도 없습니다.

㉢ "빛은 실로 아름다운 것이라 눈으로 해를 보는 것이 즐거운 일이로다" 한 말씀을 문맥적으로 본다면, "젊음에 대한 예찬"이기도 합니다. 봄의 신록(新綠)이나 여름의 녹음(綠陰)이 그러하듯이 젊음은 아름다움의 극치입니다. 그런데 이어서 말씀하기를, "사람이 여러 해를 살면 항상 즐거워할 지로다 그러나 캄캄한 날이 많으리니"(8상) 합니다. "캄캄한 날"은, "빛은 실로 아름답다"는 말과 상반되는 것으로, 고달픈 삶을 가리킵니다. 이는 젊음이란 순식간에 지나가는 것이요, 꽃도 비바람에

시달리듯이 마냥 즐거운 것만은 아니라는 뜻입니다. 어찌하여 캄캄함이 임하게 되었는가?

㉣ 7:29절에서는, "하나님이 사람을 정직하게 지으셨으나 사람은 많은 꾀를 낸 것이라" 합니다. 그래서 "그 날을 생각할지로다"(8하) 하는 것입니다. "그 날"이란 "나는 아무 낙이 없다"(12:1) 할 그 날인 것입니다. 인생여정은 아름다운 빛만 있는 것이 아니라 "캄캄한 날도 많고", 젊은 날만 지속되는 것이 아니라, "살구나무가 꽃이 필 것이라"(12:5) 한 백발의 날이 오는 것입니다.

⑤ 그래서 "청년이여 네 어린 때를 즐거워하며 네 청년의 날을 마음에 기뻐하여 마음에 원하는 길과 네 눈이 보는 대로 좇아 행하라"(9상) 합니다.

㉠ 전도자는 마지막에 이르러 "청년이여"(9) 하고 부르면서 "청년의 날"을 3번(11:9, 10, 12:1)이나 언급하면서, 젊은이들을 향해서 말합니다. ㉮ "즐거워하라" 합니다. ㉯ "기뻐하라" 합니다. ㉰ "마음에 원하는 길과 눈에 보는 대로" 행하라 합니다. 이는 청년의 특권을 만끽하라는 말입니다.

㉡ 단 한 가지 명심해야할 점은, "그러나 하나님이 이 모든 일로 인하여 너를 심판하실 줄 알라"(9하) 합니다. "하나님을 사랑하라, 그리고 나머지는 네 마음대로 하라" 했다는 어거스틴의 말이 생각이 납니다. 전도자는, "거룩 거룩"만 찾는 교조주의자(敎條主義者)도 아니요, 그렇다고 쾌락주의(快樂主義)자도 아닙니다. 그는 젊음을 이해하는 너무나 인간적이면서도, 우리를 그리스도에게로 인도하는 참 하나님의 사람입니다.

⑥ "그런즉 근심으로 네 마음에서 떠나게 하며 악으로 네 몸에서 물러가게 하라 어릴 때와 청년의 때가 다 헛되니라"(10) 합니다.

㉠ 이는 작은 결론인데 세 마디로 되어 있습니다. ㉮ "근심으로 떠

나게 하라", 즉 기뻐하고 즐거워하라 합니다. ㉯ "악으로 물러가게 하라", 즉 죄짓지 말라, 왜냐하면 하나님의 심판이 있기 때문이라는 것입니다. ㉰ "어릴 때와 청년의 때가 다 헛되니라" 합니다. 어찌하여 헛되다 하는가? 순식간에 지나가기 때문입니다. 청소년기란, 추수 때가 아니라 가꾸는 때요, 종착역이 아니라 지나가는 간이역(簡易驛)과 같다는 뜻입니다. 다음 단원에서는 이 점을 확대해서 보여줄 것입니다. 그래서 "기뻐하고 즐거워하라"는 것입니다.

셋째 단원(12:1–7) 곤고한 날이 이르기 전에 기억하라

"너는 청년의 때 곧 곤고한 날이 이르기 전, 나는 아무 낙이 없다고 할 해가 가깝기 전에 너의 창조자를 기억하라"(1) 합니다.

㉠ 핵심은 "창조자를 기억하라"는 말씀에 있습니다. 주님은 가룟 유다를 가리켜서, "차라리 나지 아니 하였더면 제게 좋을 뻔하였느니라"(마 26:24) 하셨는데, "창조자를 기억하지 못하고 죽는다면" 차라리 태어나지 않은 편이 좋을 것입니다. 그러므로 전도자는 이 한 말씀을 하기 위해서, "헛되고 헛되며 헛되고 헛되어 모든 것이 헛되도다"(1:2) 하고 시작하여 이 지점에 이르도록 36번이나 "헛되다"는 말을 하면서 우리를 그리스도에게로 인도하는 몽학선생 역할을 하고 있는 것입니다.

㉡ 그런데 두 방면의 때가 있다는 것입니다. 첫째는, "너는 청년의 때 곧 곤고한 날이 이르기 전, 나는 아무 낙이 없다고 할 해가 가깝기 전에"(1) 창조자를 기억하라 합니다. "곤고한 날이 이르기 전"이란, 눈이 침침하여 성경을 볼 수도 없고, 귀가 어두워서 설교를 들을 수도 없고, 퇴행성관절염으로 걸을 수가 없어서 예배출석도 할 수 없는 그런 날이 이르기 전에 하나님 경외하기를 배우라는 말씀입니다.

㉢ 둘째는, "해와 빛과 달과 별들이 어둡기 전에, 비 뒤에 구름이 다시 일어나기 전에 그리하라"(2) 합니다. 이를 노쇠현상으로 보는 견해가 있으나 그것은 3절 이하에 나오고, 2절은 역사적인 종말을 가리키는 것으로 여겨집니다. 종말에는 개인적인 종말과, 역사적인 종말이 있습니다.

⑦ "그런 날에는"(3상) 합니다.

㉠ 3절부터 7절까지는, "만일 땅에 있는 우리의 장막 집이 무너지면"(고후 5:1) 한, 개인적인 종말에 대한 묘사입니다.

㉮ "집을 지키는 자들이 떨 것이며"(손은 떨리고),
㉯ "힘 있는 자들이 구부러질 것이며"(다리는 굽어지고),
㉰ "맷돌질 하는 자들이 적으므로 그칠 것이며"(이는 빠지고),
㉱ "창들로 내어다 보는 자가 어두워질 것이며"(눈은 어둡고),
㉲ "길거리 문들이 닫혀질 것이며"(귀는 난청이 되고),
㉳ "맷돌 소리가 적어질 것이며"(씹을 수가 없고),
㉴ "새의 소리를 인하여 일어날 것이며"(깊은 잠을 못자고),
㉵ "음악하는 여자들은 다 쇠하여질 것이며"(성대도 망가지고),
㉶ "그런 자들은 높은 곳을 두려워할 것이며"(숨은 차고),
㉷ "길에서는 놀랄 것이며"(보행이 어렵고),
㉸ "살구나무가 꽃이 필 것이며"(검은 머리는 백발이 되고),
㉹ "메뚜기도 짐이 될 것이며"(기력이 없고),
㉺ "원욕이 그치리니"(모든 의욕이 없고),

⑧ "이는 사람이 자기 영원한 집으로 돌아가고"(5하) 합니다.

㉠ 전도자는 "만일 땅에 있는 우리의 장막 집이 무너지면 하나님께서 지으신 집 곧 손으로 지은 것이 아니요 하늘에 있는 〈영원한 집〉이 우리에게 있는 줄을"(고후 5:1) 믿고 있습니다.

㉡ "은줄이 풀리고, (돌상에는 명이 길라고 실타래를 놓아주는데)

금 그릇이 깨어지고 항아리가 샘 곁에서 깨어지고 바퀴가 우물 위에서 깨어지고"(6) 한 것은 사람의 죽음을 풍유적으로 표현한 것입니다.

⑨ 그래서 "흙은 여전히 땅으로 돌아가고 신(神)은 그 주신 하나님께로 돌아가기 전에 기억하라"(7) 합니다. 전도자는 사람이 "육과, 영"으로 되어 있음을 믿고 있습니다.

㉠ "신"(神), 즉 영(靈)은 그 주신 하나님께로 돌아가,

㉡ "영원한 집"에 거하게 되고,

㉢ 땅에서는 "조문(弔問)자들이 거리로 왕래하게 될 것이고",

㉣ "흙은 여전히 땅으로 돌아갈", 그런 날이 온다는 것입니다. 그런 날이 이르기 전에, "뿌리라, 즐기라, 창조자를 기억하라" 하는 것입니다.

⑩ 묵상해보겠습니다.

㉠ "던지라, 나눠줘라, 뿌려라"에 대해서,

㉡ 청년에게 주는 권면에 대해서,

㉢ 전도자가 어떤 결론으로 인도하고 있는가에 대해서.

전도서 12:8-14절 개관도표

주제 : 하나님을 경외하고 그 명령을 지키라

구분	내용
헛되도다	8 8 전도자가 가로되 ① **헛되고 헛되도다 모든 것이 헛되도다**
한 목자의 주신바라	9-11 9 전도자가 ② **지혜로움으로 여전히 백성에게 지식을 가르쳤고** → 또 묵상하고 궁구하여 잠언을 많이 지었으며 10 전도자가 힘써 아름다운 말을 구하였나니 기록한 것은 정직하여 ③ **진리의 말씀이니라** 11 → **지혜자의 말씀은** 찌르는 채찍 같고 회중의 스승의 말씀은 잘 박힌 못 같으니 ④ **다 한 목자의 주신바니라**
이것이 사람의 본분이라	12-14 12 ⑤ **내 아들아 또 경계를 받으라** → 여러 책을 짓는 것은 끝이 없고 많이 공부하는 것은 몸을 피곤케 하느니라 13 일의 결국을 다 들었으니 ⑥ **하나님을 경외하고 그 명령을 지킬지어다 이것이 사람의 본분이니라** 14 ⑦ **하나님은 모든 행위와 모든 은밀한 일을 선악간에 심판하시리라**

12:8-14절

하나님을 경외하고 그 명령을 지키라

[13]일의 결국을 다 들었으니 하나님을 경외하고 그 명령을 지킬 지어다 이것이 사람의 본분이니라.

전도서의 결론에 이르렀습니다. 전도자가 제기한 질문은, "사람이 해 아래서 수고하는 모든 수고가 자기에게 무엇이 유익한가?"(1:3), 즉 인생의 목적이 무엇인가 하는 문제입니다. 이 본질적인 물음을 붙잡고 때로는 회의론자(懷疑論者)의 입장에서, 때로는 지혜자(智慧者)의 입장에서 궁구(窮究)하면서, "헛되다"는 말을 후렴처럼 되풀이 하면서 독자들을 여기까지 인도해온 것입니다. 그러므로 전도서를 상고하는 자라면 누구나, 전도자가 무슨 말을 하고 있는가? 도대체 독자들을 어디로 인도하려는 것인가? 하는 의문을 갖게 합니다. 결론에 이르러 모든 회의는 살아지게 되고 확고부동한 해답을 제시하고 있는 것입니다.

도표를 보시면, ① "모든 것이 헛되도다"(1:2) 하고, 1:2절의 서두(序

頭)에서 제기했던 주제로 되돌아오면서, ② 전도자가 하나님께 받은 "지혜로움으로 가르쳤다", ③ 이것은 "진리의 말씀이라", ④ "다 한 목자의 주신바라" 합니다. ⑤ 그러므로 "내 아들아 경계를 받으라" 하면서, ⑥ 총 결론으로, "하나님을 경외하라, 이것이 사람의 본분이라" 하고 이제까지 추구해온 본질적인 문제에 해답을 제시합니다. 그런데 여기서 끝이는 것이 아니라, ⑦ "하나님은 선악(善惡)간에 심판하시리라" 하고, 심판이 있음을 말하고 있습니다.

첫째 단원(8) **모든 것이 헛되다**

둘째 단원(9-11) **진리의 말씀이요 한 목자의 주신바라**

셋째 단원(12-14) **이것이 사람의 본분이다**

주제(主題) : 하나님을 경외하고 그 명령을 지키라

㉠ 먼저 전체주제와, 각 단원 제목의 결부부터 생각해 보겠습니다. "하나님을 경외하라"(전체주제), 이를 떠나서는 "모든 것이 헛되다"(첫째 단원), 이는 "한 목자의 주신바라"(둘째 단원), 이것이 "사람의 본분이다"(셋째 단원) 하는 의미가 됩니다.

㉡ 철학자들의 아버지라 불리는 탈레스는 세 가지 의문을 제기했다고 합니다. ① 우주만물이 어디서 생겼는가? ② 사람은 어디서 생겼으며, 삶의 목적은 무엇인가? ③ 시작이 있으면 끝이 있을 터인데 종말은 어떻게 될 것인가? 모든 학문은 이를 궁구하고 있으나 이제까지 해답을 얻지 못하고 것입니다.

㉢ 이에 대한 해답을 인간의 연구로 찾으려 한다면 영원한 미궁(迷宮)에 빠지고 말 것입니다. 왜냐하면 인간은 "피조물"(被造物)이기 때문입니다. 예를 들어서 어떤 제품에 대해 알기를 원한다면 설명서를 자세

히 읽어야만 하는 것입니다. 창조주 하나님은 자세한 설명서인 성경을 주셨습니다. 그래서 전도자는, "창조자(創造者)를 기억하라"(1) 하면서, 이것은 "진리의 말씀이다. 다 한 목자가 주신 바니라" 합니다.

㉣ 전도서 마지막 장에는 본질적인 해답이 다 들어 있습니다. ① 창조자(1)가 있고, ② 사람의 본분(13)이 있는데, 그것은 "하나님을 경외"하는 것입니다. ③ 역사적인 종말(14)과, 개인적인 종말(7)이 있습니다. ④ 이를 떠나서는 모든 것이 "헛되도다"(8) 합니다. 전도서에는 하나님을 "경외하라"는 말이 7번(3:14, 5:7, 7:18, 8:12, 12, 13, 12:13)이나 나오는데, 이것이 "사람의 본분이다, 이것이 해답이다" 하는 것입니다.

㉤ 부언할 점은 "하나님의 하시는 일의 시종을 사람은 측량할 수 없다"(3:11, 8:17)는 점입니다. 솔로몬은 성전을 건축한 사람입니다. 그리고 타락했던 사람입니다. 하나님은 성전을 건축하려는 다윗의 소원을 허락하시지 않으시고, 솔로몬에게 맡기셨습니다. 성전건축을 허락하신 하나님은 솔로몬의 타락도 허용하셨습니다. 그러나 여기가 끝이 아니라 그를 회심케 하셔서 전도서를 기록케 하셨던 것입니다. 박해자 사울을 회심케 하셔서 많은 서신서들을 기록케 하심과 같이 말입니다. 하나님의 하시는 일은 측량할 길이 없습니다.

첫째 단원(8) **모든 것이 헛되다**

① "전도자가 가로되 헛되고 헛되도다 모든 것이 헛되도다"(8) 합니다.

㉠ 이는 한 절에 불과하지만 전도서를 이해하는데 중요한 역할을 합니다. 먼저 부정적인 의미입니다. 마지막 장에 이르러, "전도자가 가로되 헛되고 헛되도다 모든 것이 헛되도다"(8) 하는데, 그렇다면 이제까

지 말한 것이 다 헛소리란 말이냐? 그러면 독자들은 기만을 당했단 말이냐?

ⓛ 그런 뜻이 아닙니다. 전도자는 이제 총 결론을 말씀하려 합니다. "헛되고 헛되도다 모든 것이 헛되도다"(8) 하는 것은, 1:2절에서 전도서를 시작하면서 한 첫 마디입니다. 전도자는 이를 상기시키고 있는 것입니다. 다시 말하면 "하나님 경외"를 떠나서는, "왕이라는 권세도, 부귀영화도, 철학적인 지식도" 모두가 헛되다는 뜻입니다. 이런 의미가 "일의 결국을 다 들었으니"(13상) 한 말 속에 함의되어 있습니다.

ⓒ 지금 많은 사람들은, "그 후에 본즉 내 손으로 한 모든 일과 수고한 모든 수고가 다 헛되어 바람을 잡으려는 것이며 해 아래 무익한 것이로다"(2:11) 한, 솔로몬이 경험했던 바를 답습(踏襲)하며 거기에 행복이 있는 양 추구하고 있습니다. 하나님은 저들을 위해서 성전을 건축한 정상에서, 우상을 숭배하는 밑바닥까지 타락했던 솔로몬을 들어서 전도서를 기록케 하셨는데, 그의 고백은, "전도자가 가로되 헛되고 헛되도다 모든 것이 헛되도다"(8) 라는 말입니다. 그래도 귀담아 듣지 않으시렵니까?

둘째 단원(9-11) 진리의 말씀이요 한 목자의 주신바라

② "전도자가 지혜로움으로 여전히 백성에게 지식을 가르쳤고 또 묵상하고 궁구하여 잠언을 많이 지었으며"(9) 합니다.

ⓖ 전도자는 하나님께 받은 "지혜"로, ㉮ "백성에게 지식을 가르쳤고", ㉯ "묵상하고 궁구하여", 즉 연구하여, ㉰ "잠언을 많이 지었다", 즉 기록했다는 것입니다.

ⓛ 이 말씀을 구속사라는 지평(地平)에서 보면 어떤 의미가 있는가?

하나님께서 솔로몬에게, "내가 네 말대로 하여 네게 지혜롭고 총명한 마음을 주노니"(왕상 3:12) 한 "지혜"를, IQ가 높다는 그런 말로 여겨서는 아니 됩니다. 하나님은 다윗에게 "메시아언약"을 세워주셨고, 솔로몬에게는 "지혜"를 계시하심으로 그리스도를 증거케 하신 것입니다. 솔로몬은 이 지혜로 백성을 가르쳤고 말씀을 기록했다는 것입니다.

㉢ 물론 솔로몬 이전에도 "지혜"는 있었습니다. 그러나 은사로 주어진 하나님의 지혜는 솔로몬에 이르러 꽃이 피듯 하였고, "예수는 그 지혜와 그 키가 자라가며 하나님과 사람에게 더 사랑스러워 가시더라"(눅 2:52)에서 열매로 맺어졌고, 그 이후에는 "성령으로 말미암아 지혜의 말씀, 지식의 말씀"(고전 12:8)으로 그리스도를 증거하고 있는 것입니다.

③ 이점이 계속되는 말씀에 분명히 나타나는데, "전도자가 힘써 아름다운 말을 구하였나니 기록한 것은 정직하여 진리(眞理)의 말씀이니라"(10) 합니다.

㉠ "진리"는, "내가 곧 길이요 진리요 생명이라" 하신 그리스도 외에는 달리는 없는 것입니다. 주님은 그리스도를 증거할 성령을 "진리의 영"(요 14:17)이라 하시면서, "진리의 성령이 오실 때에 그가 나를 증거하실 것이요"(요 15:26) 하십니다. 그러니까 솔로몬은 진리의 영의 감동으로 전도서를 기록하였다는 말씀이 됩니다. 그리하여 "지혜자의 말씀은 찌르는 채찍 같고 회중의 스승의 말씀은 잘 박힌 못 같으니"(11상),

㉡ "다 한 목자의 주신 바니라"(11하) 합니다. "한 목자"는 누구를 가리키는가? "하나님"입니다. 이점에서 구속사의 진전(進展)을 볼 수 있어야만 합니다. 구약시대에는 하나님을 나의 왕이라 말씀하고, "여호와는 나의 목자"라 합니다. 그런데 신약시대에는 그리스도가 "왕이요, 목자"라 하십니다. 왜냐하면 볼 수 없는 하나님이 볼 수 있는 임마누엘로 나타나셨기 때문입니다. 그러므로 "다 한 목자의 주신 바"라는 말씀을 통해서 전도서의 기록목적이 나타나는 것입니다.

㉢ 전도서뿐만이 아니라 구약성경은, "이 성경이 곧 내게 대하여 증거하는 것이로다"(요 5:39) 한, 그리스도를 증거하기 위해서 기록된 것입니다. 왜냐하면 성경은 구속사요, 구속주는 그리스도시요, 그리스도 외에는, "천하 인간에 구원을 얻을 만한 다른 이름을 우리에게 주신 일이 없기"(행 4:12) 때문입니다. 전도서도 우리를 그리스도에게로 인도하는 몽학선생의 역할을 하고 있는 것입니다. "헛되고 헛되도다 모든 것이 헛되도다" 하고 고백한 전도자는, "진리의 말씀이다, 다 한 목자의 주신 바니라" 하고, "진리와, 목자"를 증거합니다.

셋째 단원(12-14) 이것이 사람의 본분이다

⑤ "내 아들아"(12상) 합니다. 같은 솔로몬의 저서인 잠언에는 "내 아들아" 하고 부르는 대목이 26번 정도 등장하는데 전도서에서는 여기서 유일(唯一)하게 등장합니다.

㉠ 이는 혈육의 아들을 가리키는 좁은 뜻이 아니라, 모든 구도자에 대한 애칭인 것입니다. 아버지가 사랑하는 아들에게 전해주고 싶은 말씀이 무엇이겠는가? "또 경계를 받으라 여러 책을 짓는 것은 끝이 없고 많이 공부하는 것은 몸을 피곤케 하느니라"(12하) 합니다. 무슨 뜻인가? 이는 "지혜가 많으면 번뇌도 많으니 지식을 더하는 자는 근심을 더하느니라" 한, 1:18절과 같은 뜻입니다. 즉 그리스도 외에 달리는 진리도 해답도 없다는 뜻입니다.

⑥ "일의 결국을 다 들었으니 하나님을 경외하고 그 명령을 지킬지어다"(13상) 합니다.

㉠ 그렇다면 구체적으로 어떻게 하는 것이 "하나님을 경외하는 것"인가? 형제는 말해줄 수가 있습니까? 이는 쉬운듯하나 어려운 문제입니

다. 두 가지 질문을 드리겠습니다. 첫째는, 하나님을 경외하지 않으면 어떻게 되는가? 둘째는, 하나님 경외가 어떻게 해서 가능하여지는가? 하는 점입니다. 이에 확고해야만 진정한 "하나님 경외"에 이를 수가 있는 것입니다.

㉮ 하나님을 경외하지 않으면 어떻게 되는가? 심판에 이릅니다.

㉯ 그러면 하나님 경외가 어떻게 가능하여지는가? 그리스도 예수의 구속으로 말미암아입니다. 이 외에 다른 방도는 없는 것입니다. 그래서 "진리의 말씀이라, 다 한 목자의 주신 바니라" 한 것입니다. 이를 달리 표현을 하면, "천하 인간에 구원을 얻을 만한 다른 이름을 우리에게 주신 일이 없음이니라"(행 4:12)는 뜻입니다.

㉡ 좀 더 확신하는데 거하기 위해서는 하나님을 경외한다는 구약교회가 어찌하여 바벨론에 의하여 심판을 당하고 멸망했는가를 생각해보시기를 바랍니다. 메시아언약을 버리고 우상을 숭배했기 때문입니다. 또한 어찌하여 하나님을 경외한다는 주님 당시의 제사장, 서기관, 장로, 바리새인들이 심판을 당하고 멸망을 받았는가? 주님은 대답하십니다. "하나님의 보내신 자를 믿는 것이 하나님의 일이니라"(요 6:29). 그들은, "하나님의 보내신 자"는 배척하면서도 하나님을 경외하는 줄로 여기고 있었기 때문입니다. 그들을 향해 주님은 "하나님이 너희 아버지였으면 너희가 나를 사랑하였으리니 이는 내가 하나님께로 나서 왔음이라 나는 스스로 온 것이 아니요 아버지께서 나를 보내신 것이니라"(요 8:42) 하십니다.

㉢ 그러면 현대교회가 어떻게 하는 것이 하나님을 경외하는 것인가? 명심해야할 말씀이 있습니다. "그러나 저희가 입으로 그에게 아첨하며 자기 혀로 그에게 거짓을 말하였으니", 이는 하나님 경외가 아닙니다. "이는 하나님께 향하는 저희 마음이 정함이 없으며 그의 언약에 성실치 아니하였음이로다"(시 78:36-37) 말씀하는데, "언약(言約)에 성

실"(誠實) 한 것이 "하나님 경외"입니다. 건물에 있지 아니합니다. 의식에 있지 아니합니다. 열심도 아닙니다. "언약", 곧 복음을 보수하는가 여부에 있습니다. 그런데 현대교회는 광야교회와, 구약교회와 중세교회가 그러했듯이 언약을 망각해가고 있는 것입니다. 이것은 하나님께 대한 최대의 불경건입니다.

㉣ "하나님을 경외하라"는 주제는 욥기(28:28), 시편(111:10), 잠언(1:7)의 주제이기도 합니다. 잠언에는 "여호와 경외"가 무려 19번이나 등장합니다. 그런데 "이것이 사람의 본분(本分)이니라"(13하) 하고, "본분"을 말씀하는 것은 전도서가 유일합니다. 왜 그런가? 전도서는 바로 "사람의 본분"이 무엇인가를 찾아 헤맨 책이기 때문입니다. "사람의 본분"이란, 인생의 목적이 여기에 있다는 뜻입니다.

㉤ 하나님이 없는 "해 아래"의 수고를 생각해보십시오. 천지만물이 아무런 계획도 목적도 없이 우연히 생긴 것이라면, 그리하여 사람이 목적도 없이 버러지로부터의 진화의 산물이라면, "헛되고 헛되며 헛되고 헛되니 모든 것이 헛되도다" 하고 말할 수밖에 없는 것입니다.

⑦ 전도자는 전도서를, "하나님은 모든 행위와 모든 은밀한 일을 선악 간에 심판하시리라"(14) 하고 "심판"으로 마치고 있습니다.

㉠ 11:9절에서도, "그러나 하나님이 이 모든 일로 인하여 너를 심판하실 줄 알라" 합니다. 전도자의 증언을 듣는 모든 사람이 하나님을 경외한다면 굳이 "심판"을 덧붙일 필요가 없었을 것입니다. 이는 일종의 경고입니다. 그러나 "한 죄인이 많은 선을 패궤케 하는"(9:18) 대적자는 있을 것이기에 그런 자들을 염두에 두고 "심판하실 줄 알라" 하고 경고로 마치는 것입니다.

㉡ 인생이란 시행착오를 교훈으로 삼을 수 있는 두 번째 기회(機會)가 주어지지 않습니다. 그러므로 전도서는 해 아래 살아가는 모든 사람들이 추구하는 온갖 것을 다 소유하고 경험해본 한 전도자의 뼈아픈 충

고를 통해서 읽는 이와 듣는 자로 하여금 "슬피 울며 이를 가는" 일을 당하지 않게 하시려는 하나님의 또 다른 구원초청인 것입니다.

⑦ 묵상해보겠습니다.

㉠ "모든 것이 헛되다"는 8절의 의미문맥에 대해서,

㉡ "한 목자"에게로 인도하는 몽학선생 역할에 대해서,

㉢ 사람의 본분에 대해서,

㉣ 심판으로 마치는 의도에 대해서,

㉤ 전도서를 통한 각성과 도전에 대해서.

아가서

아가서 파노라마

주제 : 나는 나의 사랑하는 자에게 속하였다

아가서를 대하게 될 때에 성경을 구속사(성경신학)의 맥락에서 보아야 한다는 점을 더욱 절감하게 합니다. 만일 아가서를 문자만을 본다면 그것은 한낱 연애편지의 장르에 속하게 될 것이요, 교훈적인 입장에서만 본다면 춘향전 같이 되고 말 것입니다. 성경은 성령의 감동으로 기록된 하나님의 말씀입니다. 그리고 구원계획을 이룸에 있어서 그리스도의 사명은 구속을 이루심에 있고, 성령의 사명은 "진리의 성령이 오실 때에 그가 나를 증거하실 것이요"(요 15:26) 한, 그리스도를 증거하는 사명입니다. 그러니까 성령께서 아가서를 기록케 하신 목적도 그리스도를 증거케 하기 위해서라는 말씀입니다.

아가서는, "솔로몬의 아가라"(1:1) 하고 시작이 됩니다. 솔로몬이라는 뜻은 "살롬, 즉 평강"이란 뜻으로 평강의 왕이신 그리스도를 예표합니다. 솔로몬이 태어나자 하나님은 그에게 "여디디야"(삼하 12:25), 즉 "여호와께 사랑을 입었다"는 이름을 하사하셨는데 이는 하나님께서 주님에게, "이는 내 사랑하는 아들이요 내 기뻐하는 자라" 하심과 맥을 같이 합니다. 솔로몬 왕과, 시골 처녀 술람미와의 사랑을 예표로 하여, 만왕의 왕 되시는 그리스도와 신부되는 교회와의 연합의 관계를 계시해주고 있는 것입니다.

그러므로 아가서는 평범한 사랑 노래가 아닙니다. 신분(身分)은 다윗의 아들이요, 지위(地位)는 왕인 솔로몬과, 포도를 재배하느라 얼굴이 일광에 타서 거무스름한 시골 처녀와의 이루어질 수 없는 사랑을 말씀하고 있는데, 이는 우리에게 향하신 하나님의 무조건적인 사랑과 측량할 수 없는 은총에 대한 예표인 것입니다.

이런 말씀이 에스겔서에도 등장합니다. "너의 난 것을 말하건대 네가 날 때에 네 배꼽 줄을 자르지 아니하였고 너를 물로 씻어 정결케 하지 아니하였고 네게 소금을 뿌리지 아니하였고 너를 강보에 싸지도 하니하였나니"(겔 16:4), 즉 탯줄을 자르지도 않은 채 버림을 당한 유기자(遺棄者)였다는 것입니다. "내가 네 곁으로 지나갈 때에 네가 피투성이가 되어 발짓하는 것을 보고 네게 이르기를 너는 피투성이라도 살라 다시 이르기를 너는 피투성이라도 살라" 하고 데려다가 "극히 곱고 형통하게 하여 왕후(王后)의 지위에 나아갔느니라"(겔 16:6, 13), 즉 왕비를 삼았다고 말씀합니다. 이것이 인간의 상식으로 상상이나 할 수 있는 일이란 말인가!

이런 맥락에서 아가서는 술람미의 이야기가 아니라, "세상에서의 약한 것들을 택하사 강한 것들을 부끄럽게 하시고, 천한 것, 멸시받는 것, 없는 것을 택하사 있는 것들을 폐하려 하시는"(고전 1:27-28), 우리들의 이야기인 것입니다. 이점을 신약성경에서는, "내가 너희를 정결한 처녀로 한 남편인 그리스도께 드리려고 중매함이로다"(고후 11:2) 하고 말씀합니다.

아가서의 핵심은 세 번 등장하는, "나의 사랑하는 자는 내게 속하였고 나는 그에게 속하였구나"(2:16, 6:3, 7:10) 하는 연합교리의 신비에 있습니다. 이를 가리켜 사도 바울은, "이 비밀이 크도다"(엡 5:32) 하고, "큰 비밀"이라고 말씀합니다. "너희는 하나님께로부터 나서 그리스도 예수 안에 있고"(고전 1:30), 즉 우리를 택하셔서 그리스도 예수 안에 있게 하신 분은 하나님이십니다. 그래서 주님께서도, "저희는 아버지의 것이었는데 내게 주셨으며"(요 17:6) 하신 것입니다. 이는 아담 하와를 짝지어주심으로 두 몸을 합하여 한 몸을 이루게 하신 예표에 대한 성취(成就)였던 것입니다. 로마서 6:4-8절 안에는 "함께"라는 말이 4번 등장하는데, 예수 그리스도께서 십자가에 못 박히실 때에 그 안에 있는 우리들도, ㉠ "함께 십자가에 못 박히고, ㉡ 함께 죽고, ㉢ 함께 장사되었다가, ㉣ 함께 살고"(롬 6:4-8), ㉤ "또 함께 일으키사 그리스도 예수 안에서 함께 하늘에 앉히시니"(엡 2:6) 합니다. 얼마나 놀라운 신비인가! 이것이 "나는 너에게 속하고 너는 나에게 속했다"는 연합교리의 영광스러움입니다.

아가서는 "그리하여 솔로몬과 술람미는 행복하게 살았다"는 해피엔딩으로 끝나고 있지 아니합니다. "나의 사랑하는 자야 너는 빨리 달리라"(8:14), 빨리 오십시오, 하는 이별로 끝나고 있습니다. 그러므로 아가서의 모티브는 "기다림"입니다. 문제는 신부를 영접하러 다시 오실 때까지 어떤 삶을 살아야만 하는가에 있습니다. 그러므로 아가서 안에는 주님께서 재림하시기까지의 기간 동안에 일어날 수 있는 여러 가지 상황들을 다방면으로 조명하여 주고 있습니다.

㉠ "그가 왼손으로 내 머리에 베개하고 오른손으로 나를 안는구나"(2:6) 하는 허니문의 달콤한 첫사랑도 있습니다(1:2-4).

㉡ 포도원을 허는 작은 여우를 잡으라는 경계도 있습니다(2:15).

㉢ "일어나서 함께 가자 겨울도 지나고 비도 그쳤고 지면에는 꽃이

피고, 반구의 소리가 우리 땅에 들리는구나"(2:10-12) 하는 복음 전파에 대한 격려도 있습니다.

㉣ 그런가하면, 신랑을 잃어버렸다가 찾아 헤매는 방황도 있습니다(3:1-2).

㉤ "행순하는 자들이 나를 만나매 나를 쳐서 상하게 하였다"(5:7)는 거짓선지자에 대한 경계도 있습니다.

㉥ "나의 신부는 잠근 동산이요 덮은 우물이요 봉한 샘"(4:12)이라 하는 교회의 성별(聖別)에 대한 교훈도 있고,

㉦ "나로 네 얼굴을 보게 하라, 네 소리를 듣게 하라"(2:14) 하는 기도에 대한 독려도 있습니다.

㉧ 그런가하면 "문 열어다고" 하는 신랑을 문밖에 세워두는 박대(5:2)도 있습니다.

㉨ "우리가 일찍이 일어나서 포도원으로 가서 포도 움이 돋았는지 꽃술이 피었는지 보자"(7:12) 하는 목회적인 돌봄도 있습니다.

㉩ 그리고 아가서는 "솔로몬에게 바알하몬에 포도원이 있어 지키는 자들에게 맡겨두고"(8:11) 떠나는 것으로 마치고 있는데, 이는 주님께서 "다시 한 비유를 들으라, 한 집주인이 포도원을 만들고 산울로 두루고 거기 즙 짜는 구유를 파고 망대를 짓고 농부들에게 세로주고 타국에 갔더니"(마 21:33) 한 말씀과 부합합니다.

㉪ 이렇게 말씀한 주님은, "충성되고 지혜 있는 종이 되어 주인에게 그 집 사람들을 맡아 때를 따라 양식을 나눠줄 자가 누구뇨"(마 24:45) 하고, 충성스런 종을 찾고 계십니다. 이제 아가서를 통해서 말씀하시려는 바가 무엇인가 하는 해답은 다 나온 셈입니다.

이런 맥락에서 신랑은 떠나기 전 신부에게, "너는 나를 인같이 마음에 품고 도장같이 팔에 두라"(8:6) 하고 당부합니다. 그러면서 신부에

대한 신랑의 “사랑은 죽음같이 강하다” 합니다. 그런데 “투기는 음부같이 잔혹하며 불같이 일어난다”(8:6) 함으로 질투하시는 사랑임을 나타냅니다. 즉 “사랑과, 진노”는 동전 앞뒤와 같아서, 죽음보다 강한 사랑을 배반하는 자에게는 정비례한 진노가 그에게 임하게 되리라는 경고인 것입니다.

인격(人格)은 지정의(知情意)적인 것입니다. 그러므로 잠언과 전도서와 아가서를 함께 주신 하나님을 찬양해야만 합니다. ㉠ “전도서”는 “지혜를 써서 하늘 아래서 행하는 모든 일을 궁구하며 살핀즉”(전 1:13) 한 지적(知的)인 산물이요, ㉡ “잠언”은 “내 아들아 나의 법을 잊어버리지 말고 네 마음으로 나의 명령을 지키라”(잠 3:1) 한 의지적(意志的)인 말씀이라면, ㉢ 아가서는 “내게 입 맞추기를 원하니 네 사랑이 포도주보다 나음이로구나”(1:2) 한 정서적(情緖的)인 말씀입니다. 그러므로 “잠언, 전도, 아가서”를 통해서 구비(具備)하고 온전한 지정의(知情意)적인 신앙인격으로 성숙해질 수가 있는 것입니다.

아가서 1장 개관도표

주제 : 사랑의 갈망과 사랑의 교제

	술람미	솔로몬	예루살렘 여인들
사랑의 갈망	1 솔로몬의 아가라 2 ① **내게 입맞추기를 원하니 네 사랑이 포도주보다 나음이로구나** 3 네 기름이 향기로와 아름답고 네 이름이 쏟은 향기름 같으므로 처녀들이 너를 사랑하는구나 4상, **왕이 나를 침궁으로 이끌어 들이시니 너는 나를 인도하라** 5 ③ 예루살렘 여자들아 **내가 비록 검으나 아름다우니 게달의 장막 같을지라도 솔로몬의 휘장과도 같구나** 6 내가 일광에 쬐어서 거무스름할지라도 흘겨보지 말 것은 내 어미의 아들들이 나를 노하여 **포도원** 지기를 삼았음이라 나의 **포도원은** 내가 지키지 못하였구나 7 ④ 내 마음에 사랑하는 자야 **너의 양떼 먹이는 곳과 오정에 쉬게 하는 곳을** 내게 고하라 내가 네 동무 양떼 곁에서 어찌 얼굴을 가리운 자 같이 되랴	8 ⑤ 여인 중에 어여쁜 자야 네가 알지 못하겠거든 **양떼의 발자취를 따라** 목자들의 장막 곁에서 너의 염소 새끼를 **먹일지니라**	4하, ② **우리가 너를 따라 달려가리라** 우리가 너를 인하여 기뻐하며 즐거워하니 네 사랑이 포도주에서 지남이라 처녀들이 너를 사랑함이 마땅하니라
사랑의 교제	12 ⑦ **왕이 상에 앉았을 때에 나의 나도 기름이 향기를 토하였구나** 13 나의 사랑하는 자는 내 품 가운데 몰약 향낭이요 14 나의 사랑하는 자는 내게 엔게디 포도원의 고벨화 송이로구나 16 나의 사랑하는 자야 너는 어여쁘고 화창하다 ⑧ **우리의 침상은 푸르고** 17 우리 집은 백향목 **들보** 잣나무 **석가래**로구나	9 ⑥ 내 사랑아 내가 너를 바로의 병거의 **준마에 비하였구나** 10 네 두 뺨은 땋은 머리털로, 네 목은 구슬 꿰미로 아름답구나 15 내 사랑아 너는 어여쁘고 어여쁘다 네 눈이 비둘기 같구나	11 우리가 너를 위하여 금사슬을 은을 박아 만들리라

1장

사랑의 갈망과 사랑의 교제

4왕이 나를 침궁으로 이끌어 들이시니 너는 나를 인도하라 우리가 너를 따라 달려가리라 우리가 너를 인하여 기뻐하며 즐거워하니 네 사랑이 포도주에서 지남이라 처녀들이 너를 사랑함이 마땅하니라.

아가서는 한마디로 사랑 노래입니다. "사랑"에 있어서 최고의 경지가 무엇인지 아십니까? 두 몸이 합하여 한 몸을 이루는 "연합"(聯合)입니다. 하나님과의 관계에 있어서도, "주와 합하는 자는 한 영"(고전 6:17)을 이루고, 이웃과의 관계에 있어서도, "이웃 사랑하기를 〈네 몸과 같이〉 하라" 하신 연합이 최고의 경지입니다. 그러므로 아가서는 솔로몬 왕과 술람미와의 사랑이 어떻게 해서 이루어졌는가 하는 서설(序說)이 없습니다. 첫마디가, "내게 입 맞추기를 원하니, 왕이 나를 침궁으로 이끌어 들이시니"(1:2, 4) 하고, 연합의 관계로 직행하고 있습니다. 이점을 사도 바울은, "아내와 합하여 그 둘이 한 육체가 될지니 이 비밀이 크도다 내가 그리스도와 교회에 대하여 말하노라"(엡 6:31-32) 합니다. 아가서는 바로 이 비밀, 신앙의 최고의 신비인 연합의 경지를 말씀해주고 있는 것입니다. 그래서 "노래 중의 노래"라 한 것입니다.

도표를 보시면, "나를 침궁으로 이끌어 들이시니"를 중심으로 첫째 단원은, ① "내게 입 맞추기를 원하니, 나를 침궁으로 이끌어 들이시니" 하고 말하자, ② 친구들도 "우리가 너를 따라 달려가리라" 합니다. ③ 외모는 "게달의 장막 같아도 솔로몬의 휘장"같이 아름답다 하면서, ④ 신부가 "사랑하는 자야, 너 있는 곳을 내게 고하라" 하니, ⑤ 신랑은 "양떼의 발자취를 따라오라" 합니다. 둘째 단원은, ⑥ 신부를 "바로의 준마"에 비하면서, ⑦ "왕의 상에 앉았을 때"에 하고, 식탁교제를 나누고, ⑧ "우리의 침상은 푸르고, 우리의 집은 백향목 들보, 잣나무 석가래구나" 하는데 이것이 무슨 뜻인가?

첫째 단원(1-8) **사랑의 갈망**

둘째 단원(9-16) **사랑의 교제**

주제(主題) : 사랑의 갈망과, 사랑의 교제

㉠ 하나님은 솔로몬에게 특별은총으로 "지혜"를 주셨습니다. 솔로몬은 이 지혜의 영, 즉 성령의 감동으로 "잠언, 전도서, 아가서" 등을 기록했습니다. 그리고 성령의 사명은 그리스도를 증거하는 것입니다. 그러므로 아가서의 기록목적도, "이같이 율법이 우리를 그리스도에게로 인도하는 몽학선생이 되어"(갈 3:24) 한, 그리스도에게로 인도하기 위해서입니다. 왜냐하면 오직 그리스도만이 교회의 "머리요, 신랑"이기 때문입니다. 그러므로 아가서에서도 그리스도를 만나야만 합니다.

㉡ 아가서에서 솔로몬은, "왕(3:11)과, 목자"(1:8)로 계시되어 있는데

이는, 우리의 왕이요 목자이신 그리스도를 예표합니다. 그렇다면 "일광에 쬐어서 얼굴이 거무스름"(1:6) 한 시골처녀 술람미는 바로 우리들의 모습인 것입니다.

㉢ 구원은 분명 "믿음"으로 받습니다. 그러나 믿음이 끝이 아닙니다. 요한복음은 첫 장에서, "믿는 자들에게는 하나님의 자녀가 되는 권세를 주셨으니"(요 1:12) 하고, "믿음"을 강조하고 있지만 마지막 장에 이르러서는, "네가 나를 사랑하느냐"(요 21:15) 하고 "사랑"을 요구하십니다.

㉣ 그러므로 모든 성경이 그러합니다만 특히 아가서는 자구(字句) 해설(解說)을 하는 것으로 족하지 않습니다. 머리로 알 수 있는 말씀이 아닙니다. "누가 주의 마음을 알아서 주를 가르치겠느냐 그러나 우리가 그리스도의 마음을 가졌느니라"(고전 2:16) 한, "그리스도의 사랑, 그리스도의 심장, 그리스도의 마음"으로만이 맛 볼 수 있는 사랑 노래입니다. 그러므로 논리적인 구성이나, 서술적인 이야기 줄거리도 없습니다. 그러나 확고하게 세워져 있는 것은, "사랑은 죽음같이 강하다"(8:6) 한 사랑입니다.

첫째 단원(1–8) **사랑의 갈망**

"솔로몬의 아가라"(1). 첫째 단원의 중심점은, "내게 입 맞추기를 원하니"(2상) 한, 사랑의 갈망에 있습니다.

① 첫 마디가 "내게 입 맞추기를 원하니"(2상) 합니다. 이는 술람미의 갈망이 신랑의 주머니 속에 있는 무엇에 있는 것이 아니라, 신랑 자신에 대한 갈망임을 나타냅니다.

㉠ "입맞춤"이란 교제를 의미합니다. 그런데 "왕과, 시골 처녀 술람

미", 다시 말하면 만왕의 왕 되시는 그리스도와, 원수요, 진노의 자녀(엡 2:3)이었던 우리와의 "입맞춤이 어떻게 가능하여진단 말인가?

> 긍휼과 진리가 같이 만나고
> 의와 화평이 서로 입맞추었으며
> 진리는 땅에서 솟아나고
> 의는 하늘에서 하감하였도다 (시 85:10-11) 합니다.

ⓛ 이 시에는 "만남과, 입맞춤"이 있습니다. 이는 임마누엘과 그의 구속으로 말미암아 가능하여진다는 의미입니다. 이점이,

> 진실로 그의 구원이
> 그를 경외하는 자에게 가까우니
> 이에 영광이 우리 땅에 거하리이다(시 85:9) 한데서 드러납니다.

ⓒ 이 은혜를 입은 초대교회 성도들은, "거룩하게 입맞춤으로 모든 형제에게 문안하라(살전 5:26), 너희는 사랑의 입맞춤으로 피차 문안하라"(벧전 5:14) 한 순수하고 아름다운 교제가 있었습니다. 왜 입 맞추기를 원하는가? "네 사랑이 포도주보다 나음이로구나"(2하) 합니다. "포도주"는 희락, 즐거움 등을 상징합니다. 그런데 술람미는 "포도주와 같다" 말하고 있는 것이 아니라, "포도주보다 나음이로구나" 합니다.

ⓔ 다윗은 시편에서, "주께서 내 마음에 두신 기쁨은 저희의 곡식과 새 포도주의 풍성할 때보다 더하니이다"(시 4:7) 하고 고백합니다. 그리스도인들이란 포도주로 상징된 즐거움, 명예, 영화보다 그리스도의 사랑은 이 모든 것보다 "나음이로구나" 하고 말하는 사람들입니다.

ⓜ "네 기름이 향기로와 아름답고 네 이름이 쏟은 향기름 같으므로"

(3상) 합니다. 두 가지를 칭송하고 있는데 첫째는, "네 기름이 향기롭다" 합니다. 그렇다면 이는 그리스도 곧 기름부음을 찬양하는 것이 되고, 둘째는 "네 이름이 쏟은 향기름 같다" 하고 칭송하는데 이는 그리스도의 인격을 칭송하는 것입니다. 우리에게 주신 은혜와 은사를 인하여 찬양하는 것만이 아니라, 주님 자신을 사랑하고 자랑하는 것입니다. 그래서 "처녀들이 너를 사랑하는 구나"(3하) 합니다. 여기 "처녀들"이란 모든 성도들을 가리킵니다. 우리는 "술람미이면서 처녀들"이요, "어린양의 신부이면서 동시에 혼인잔치에 청함을 받은 자들"입니다. 이점을 다음 절에서 더욱 밝히 깨닫게 될 것입니다.

② "왕이 나를 침궁으로 이끌어 들이시니 너는 나를 인도하라"(4상) 합니다.

㉠ "침궁"(寢宮)이란 왕궁 중에서도 가장 은밀한 곳입니다. 성전으로 말하면 "지성소"에 해당이 되는 곳입니다. 그래서 "지존자(至尊者)의 은밀한 곳에 거하는 자는 전능하신 자의 그늘 아래 거하리로다"(시 91:1) 하는 것입니다. 술람미의 흠모함이 무엇인가? ㉮ 입 맞추기를 원했습니다. ㉯ 이제는 좀 더 깊은 교제인 "침궁으로 인도하여 주기를", 즉 지존자의 은밀한 곳에 거하기를 원하고 있습니다. 그 이상의 교제란 없습니다. 그러면 성경은 어찌하여 "침궁"이라는 감각적인 표현을 쓰고 있는가? 이는 비밀 중의 가장 큰 비밀을 알기를 원하시기 때문입니다. 그것은 연합교리입니다.

㉡ 그러므로 아가서를 상고하면서 연합교리를 언급하지 않는다면 이는 아가서의 심장(心臟)을 떼어버리는 것과 같은 것입니다. 주님 말씀 중에서도 연합교리는 가장 엄숙한 순간에 주어졌습니다. 잡히시던 날 밤에, "나는 포도나무요 너희는 가지니" 하십니다. "내 안에 거하라 나도 너희 안에 거하리라"(요 15:4, 5) 하십니다. 어떻게 하면, 나는 주님 안에 거하고 주님은 내 안에 거하시는 연합이 가능하여지는가? "내

살을 먹고 내 피를 마시는 자는 내 안에 거하고 나도 그 안에 거하나니"(요 6:56) 하십니다. 이보다 높고 깊은 경지란 달리는 없습니다.

㉢ 연합교리에 대해 가장 확고한 증거를 한 분은 사도 바울입니다. 바울은 어디에 근거하여 연합교리의 신비를 깨달을 수가 있었는가? "이러므로 사람이 부모를 떠나 그 아내와 합하여 그 둘이 한 육체가 될지니 이 비밀이 크도다"(엡 5:31-32) 한 말씀을 통해서 엿볼 수가 있는데, 바울은 아담에게 하와를 짝지어주시는 창세기 2장을 통해서 깨달았던 것입니다.

㉮ 하나님은 처음부터 아담과 하와를 동시에 지으신 것이 아닙니다.

㉯ 그렇다고 아담을 지으심과 같이 하와를 흙으로 지으신 것도 아닙니다. 만일 그렇게 하셨다면, "이는 내 뼈 중의 뼈요 살 중의 살이라, 이러므로 남자가 부모를 떠나 그 아내와 연합하여 둘이 한 몸을 이룰지로다"(창 2:23-24) 한 연합교리는 계시되지 못했을 것입니다.

㉰ 신약성경은, "이 비밀이 크도다 내가 그리스도와 교회에 대하여 말하노라"(엡 5:32) 하고, 이것이 그리스도와 교회와의 관계를 나타내는 예표임을 드러냅니다. 그렇습니다. 하나님은 아담을 깊이 잠들게 하시고 그의 일부로 하와를 지으심과 같이, 그리스도의 죽으심을 통해서 그의 신부인 교회가 탄생하게 하신 것입니다.

㉱ 그리하여 하와가 아담의 뼈 중의 뼈요 살 중의 살, 즉 머리와 몸의 관계임과 같이, 그리스도와 교회의 관계는, "신랑과 신부, 머리와 몸, 포도나무와 가지"의 관계라는 것입니다.

㉣ 그러면 연합교리를 통해서 드러내고자 하는 진리가 무엇인가?

㉮ 첫째는 하나님이 짝지어주신 것을 사람이 나눌 수가 없다는 것입니다. 사탄은 인류의 시조를 하나님과 나누어 놓았습니다. 그러나 "누가 우리를 그리스도의 사랑에서 끊으리요, 우리를 우리 주 그리스도

예수 안에 있는 하나님의 사랑에서 끊을 수 없으리라"(롬 8:35, 39), 아무도 없습니다. 그러므로 우리의 구원은 확고한 것입니다.

㉯ 둘째는, 두 사이를 나눌 수가 없다면 머리에 되어 진 일은 몸에도 되어 진 일이라는 점입니다. 성경은 말씀합니다. "허물로 죽은 우리를 그리스도와 함께 살리셨고 (너희가 은혜로 구원을 얻은 것이라) 또 함께 일으키사 그리스도 안에서 함께 하늘에 앉히시니"(엡 2:5-6) 합니다. "머리"만 하나님 우편에 있는 것이 아닙니다. 머리가 있는 곳에 "몸된 교회"도 함께 있다는 것입니다. 얼마나 놀라운 신비인가? 얼마나 영광스러운 말씀인가! 아가서는 바로 이 경지를 계시해주고 있는 것입니다. "왕이 나를 침궁으로 이끌어 들이시니" 하는 말씀 속에는 이런 신비스러움이 있는 것입니다.

㉤ "우리가 너를 따라 달려가리라 우리가 너를 인하여 기뻐하며 즐거워하니 네 사랑이 포도주에서 지남이라 처녀들이 너를 사랑함이 마땅하니라"(4하) 합니다. 여기 "우리"라는 1인칭 복수가 나타나는데 이는 왕을 사모하는 "처녀들"(3, 4)을 가리킵니다. 신부는 하나여야 하기에 술람미를 대표로 내세우고 있으나, 사모하는 마음은 모든 성도들이 한결 같은 것입니다. 그래서 "우리가 너를 따라 달려가리라" 하는 것입니다. 이점이 시편 45편에도 나타납니다. 45편은 "왕의 혼례", 즉 어린양의 혼인잔치(계 19:7)에 대한 예언 시인데, "수놓은 옷을 입은 저(단수)가 왕께로 인도함을 받으며 시종하는 동무 처녀들도 왕께로 이끌려 갈 것이라 저희(복수)가 기쁨과 즐거움으로 인도함을 받고 왕궁에 들어가리로다"(시 45:14-15) 합니다.

③ "예루살렘 여자들아 내가 비록 검으나 아름다우니 게달의 장막 같을지라도 솔로몬의 휘장과도 같구나"(5) 합니다.

㉠ "게달의 장막과, 솔로몬의 휘장"이 대조(對照)되어 있는데, 이는 술람미의 외모와 내면의 아름다움을 나타내는 표현입니다. "게달"은 이

스마엘의 후예(창 25:13)로 목축업(사 60:7)에 종사했는데 그들의 장막은 검고 볼품이 없는 것이었습니다. 그런데 "솔로몬의 휘장"이라함은 왕궁 또는 솔로몬의 성전 휘장을 연상시키는 것으로 아름다움의 극치인 것입니다. 이점을 신약성경에서는, "너희 단장은 머리를 꾸미고 금을 차고 아름다운 옷을 입는 외모(外貌)로 하지 말고 오직 마음에 숨은 사람을 온유하고 안정한 심령의 썩지 아니할 것으로 하라 이는 하나님 앞에 값진 것이니라"(벧전 3:4) 합니다.

㉡ 그래서 "내가 일광(日光)에 쬐어서 거무스름할 지라도 흘겨보지 말 것은 내 어미의 아들들이 나를 노하여 포도원지기를 삼았음이라 나의 포도원은 내가 지키지 못하였구나"(6) 합니다. 여기 두 종류의 "포도원"이 있습니다. ㉮ 하나는 "어미의 아들들이노하여 (술람미를 박해하여) 맡긴 포도원"과, ㉯ 자신의 필생의 사명으로 알고 있는 "나의 포도원"입니다. 마지막 장에서도 "내게 속한 내 포도원은 내 앞에 있구나"(8:12) 합니다. 그렇다면, "나의 포도원은 내가 지키지 못하였구나" 하는 의미는 분명해진다 하겠습니다. 세상일에 몰두하여 자신의 사명을 지키지 못했다는 것이 됩니다.

④ "내 마음에 사랑하는 자야 너의 양떼 먹이는 곳과 오정에 쉬게 하는 곳을 내게 고하라"(7상) 합니다.

㉠ 이는 신부가 사랑하는 이와 함께 있고 싶어서 하는 말입니다. 그러니까 장소는 ㉮ "침궁"(4)에서, 양을 치는 "목장"으로, ㉯ 신랑은 "왕에서, 목자"로 전환이 되고 있습니다. 6:2절에서도, "나의 사랑하는 자가 자기 동산으로 내려가 향기로운 꽃밭에 이르러서 동산 가운데서 양떼를 먹이며 백합화를 꺾는구나" 합니다.

㉡ "내가 네 동무 양떼 곁에서 어찌 얼굴을 가리운 자 같이 되랴"(7하) 하는 말은, 얼굴을 가린 여인이 사랑하는 이를 찾아 이리저리 헤매는 모습을 나타냅니다. "내가 사랑하는 님이시여, 오늘은 당신이 양떼

를 어디서 먹이며 정오에는 어디서 쉬는지 말해주세요 어째서 내가 이리저리 방황하며 당신 친구들의 양떼 가운데서 당신을 찾아야 합니까?"(현대인의 성경).

⑤ "여인 중에 어여쁜 자야 네가 알지 못하겠거든 양떼의 발자취를 따라 목자들의 장막 곁에서 너의 염소 새끼를 먹일 지니라"(8) 합니다. 이는 신랑의 대답입니다.

㉠ 두 마디로 되어 있는데, 첫째는 내가 어디 있는지 알지 못하거든 "양떼의 발자취를 따라오라", 그리하면 만날 수 있으리라는 것입니다. 왜냐하면 신랑은 목자이기 때문입니다. 그러면 "양떼의 발자취"란 무슨 뜻인가? 예레미야서에 이런 말씀이 있습니다. "여호와께서 이같이 말씀하시되 너희는 길에 서서 보며 옛적 길 곧 선한 길이 어디인지 알아보고 그리로 행하라"(렘 6:16) 하십니다. "옛적 길"은 아브라함, 이삭, 야곱, 모세, 여호수아, 사무엘, 다윗 등이 걸어간 길입니다. 이것이 "양떼의 발자취"입니다. 그런데 거짓 선지자들은, "옛 길에서 넘어지게 하며 곁길 곧 닦지 아니한 길로 행케 한다"(렘 18:15)는 것입니다.

㉠ 둘째는, "너의 염소 새끼를 먹일 지니라" 합니다. 이를 6절의 "나의 포도원은 내가 지키지 못하였구나" 한 것과 결부를 시킨다면, 자신에게 맡겨진 사명을 감당하고 있으라는 뜻이 됩니다. 그러면 만날 수 있다는 것입니다. 초림의 주님을 만나는 영광은 왕이나 제사장이 아니라, 밤에 들에서 자기 양떼를 지키던 "목자"(눅 2:8)들이었습니다.

㉡ 룻기에 보면 그리스도의 예표의 인물인 보아스는 룻에게, "내 딸아 들으라 이삭을 주우러 다른 밭으로 가지 말며 여기서 떠나지 말고 나의 소녀들과 함께 있으라"(룻 2:8) 합니다. 주님이 내일 재림하신다 해도 제 위치(位置)를 떠나지 않고 맡겨주신바 임무(任務)에 충실 한다면 주님을 만날 수 있으리라는 확신입니다. 이것이 "사랑의 갈망"입니다.

둘째 단원(9-16) 사랑의 교제

첫째 단원이 사랑의 갈망이라면, 둘째 단원은 "사랑의 교제"라 할 수가 있습니다. 아름다운 대화가 오고갑니다.

⑥ "내 사랑아 내가 너를 바로의 병거의 준마에 비(比)하였구나"(9) 합니다.

㉠ 이는 신랑이 신부를 예찬하는 말입니다. 애굽은 말의 특산지입니다. 그런 중에 왕 바로의 병거를 끄는 "준마"(駿馬)는 얼마나 잘생겼겠는가? 열국의 왕들이 부러워했을 것입니다. 이런 의미에서 사랑하는 이를 "준마에 비하였구나" 하는 것입니다. "네 두 뺨은 땋은 머리털로, 네 목은 구슬꿰미로 아름답구나"(10) 합니다.

㉡ 그런 후에 "우리가 너를 위하여 금사슬을 은을 박아 만들리라"(11) 하는, "우리"의 합창이 나오는데, 이 우리가 누군가? 아가서는 주로 대화체(對話體)로 되어 있는데 화자(話者)가 누구인가에 대해서는 견해를 달리하고 있는데 이것이 결정적으로 영향을 미치는 것은 아닙니다. 신부를 칭찬하고 있다는 것으로 족하다 하겠습니다.

⑦ 중요한 것은, "왕이 상에 앉았을 때에"(12상) 라는 말입니다. 장면은 침궁(4)에서 목장(7)으로, 그리고 왕이 베푼 연회(宴會)장으로 전환이 됩니다. 왜냐하면 이것이 신앙생활의 여러 단면(斷面)이기 때문입니다. 신앙이란 "입맞춤"과 같은 교통도 있고, "목장"과 같은 동역도 있으며, "왕의 상"에 둘러앉은 것과 같은 교제도 있는 것입니다.

㉠ 다윗이 왕위에 오른 후에 절뚝발이가 된 요나단의 아들 므비보셋을 찾아 불러서, "너는 항상 내 상에서 먹을 지니라" 하니, 므비보셋이 "절하여 가로되 이 종이 무엇이관대 왕께서 죽은 개 같은 나를 돌아보시나이까"(삼하 9:7-8) 하고 말합니다. 이는 우리들이 해야 할 말이기도 합니다. 그래서 술람미가 "나의 나도 기름이 향기를 토하였구나"

(12하) 하는 것은, 너무나 감사하고 감격해서 하는 말입니다. 주님은 말씀하십니다. "너희는 나의 모든 시험 중에 항상 나와 함께 한 자들인즉, 너희로 내 나라에 있어 내 상에서 먹고 마시며 또는 보좌에 앉아 이스라엘 열 두 지파를 다스리게 하려 하노라"(눅 22:28, 30). 그 때 형제의 감격이 어떠하겠습니까?

㉡ 신부는 계속해서, "나의 사랑하는 자는 내 품 가운데 몰약 향낭이요 나의 사랑하는 자는 내게 엔게디 포도원의 고벨화 송이로구나"(13-14) 합니다. 시골 처녀 술람미에게, "나도 향, 몰약 향낭"은 그 이상은 없는 최고로 귀한 것으로 여겨졌을 것입니다. 그래서 "나의 사랑하는 자"라는 말을 두 번이나 하면서, "주 예수보다 귀한 것은 없다"고 말하는 것입니다.

㉢ 이에 신랑이, "내 사랑아 너는 어여쁘고 어여쁘다 네 눈이 비둘기 같구나"(15) 하고 칭찬하자, 신부는, "나의 사랑하는 자야 너는 어여쁘고 화창하다"(16상) 하고 화답을 합니다.

⑧ 그런 후에 1장은, "우리의 침상은 푸르고, 우리 집은 백향목 들보, 잣나무 석가래로구나"(16하-17) 하는 "집"에 대한 묘사로 마치고 있는데 이것이 무심한 말이겠는가?

㉠ 사랑의 교제를 나누던 신랑 신부는 마지막에 이르러 "우리의 침상(16), 우리 집"(17) 하고, "우리"라는 1인칭 복수로 말합니다. 이를 예표론적으로 본다면 본문이 말하는 "우리 집"은, "이 집은 살아계신 하나님의 교회요 진리의 기둥과 터이니라"(딤전 3:15) 한 교회를 가르키는 것으로 볼 수가 있습니다.

㉡ 이런 맥락에서 ㉮ 교회의 "침상"은 항상 푸르러야 하고, ㉯ 교회의 지도자들은, "백향목 들보"와 같고, ㉰ 모든 성도들은, "잣나무 석가래"와 같이 싱싱하고 곧아야 한다는 참 교회 상을 생각한다는 것은 합당하다 하겠습니다. 성경은 말씀합니다. "너희도 성령 안에서 하나님의

거하실 처소가 되기 위하여 예수 안에서 함께 지어져 가느니라"(엡 2:22).

⑨ 묵상해보겠습니다.

㉠ "나를 침궁으로 이끌어 들이신다"는 연합교리에 대해서,

㉡ 8절에 나타난 목자를 만나는 비결에 대해서,

㉢ 왕이 베푼 연회석에 참여한 감격에 대해서,

㉣ 16-17절에 나타난 교회 상에 대해서.

아가서 2장 개관도표

주제 : 나의 어여쁜 자야 일어나 함께 가자

	신부 술람미	신랑 솔로몬	예루살렘 딸들
잔치 집으로 인도하는 신랑	1-7 3 ② **남자들 중에 나의 사랑하는 자는** **수풀 가운데 사과나무** 같구나 내가 그 그늘에 앉아서 심히 기뻐하였고 그 실과는 내 입에 달았구나 4 ③ **그가 나를 인도하여 잔치 집에** **들어갔으니** 그 사랑이 내 위에 기로구나 5 너희는 건포도로 내 힘을 돕고 사과로 나를 시원케 하라 내가 **사랑하므로 병이 났음이니라** 6 ④ **그가 왼손으로 내 머리에 베개하고** **오른손으로 나를 안는구나** 7 ⑤ 예루살렘 여자들아 내가 노루와 들 사슴으로 너희에게 부탁한다 내 사랑이 원하기 전에는 **흔들지 말고 깨우지 말지니라**	1 나는 사론의 수선화요 골짜기의 백합화로구나 2 ① **여자들 중에 내 사랑은** **가시나무 가운데 백합화** 같구나	
반구의 소리가 들린다	8-17 8 ⑥ 나의 사랑하는 자의 목소리로구나 보라 **그가 산에서 달리고 작은 산을** **빨리 넘어 오는구나** 9 나의 사랑하는 자는 노루와도 같고 어린 사슴과도 같아서 우리 벽 뒤에 서서 ⑦ **창으로 들여다보며 창살 틈으로 엿보는구나** 10 나의 사랑하는 자가 내게 말하여 이르기를 16 ⑪ **나의 사랑하는 자는 내게 속하였고** **나는 그에게 속하였구나** 그가 백합화 가운데서 양떼를 먹이는구나 17 ⑫ 나의 사랑하는 자야 날이 기울고 그림자가 갈 때에 **돌아와서 베데르** **산에서의 노루와 어린 사슴 같아여라**	**나의 사랑, 나의 어여쁜 자야** **일어나서 함께 가자** 11 ⑧ **겨울도 지나고 비도 그쳤고** 12 지면에는 꽃이 피고 새의 노래할 때가 이르렀는데 **반구의 소리가 우리 땅에 들리는구나** 13 무화과나무에는 푸른 열매가 익었고 포도나무는 꽃이 피어 향기를 토하는구나 나의 사랑, 나의 어여쁜 자야 **일어나서 함께 가자** 14 ⑨ 바위 틈 낭떠러지 **은밀한 곳에 있는** **나의 비둘기야 나로 네 얼굴을 보게 하라** 네 소리를 듣게 하라 네 소리는 부드럽고 네 얼굴은 아름답구나	15 ⑩ 우리를 위하여 여우 곧 **포도원을 허는** 작은 **여우를 잡으라** 우리의 포도원에 꽃이 피었음이니라

2장

나의 어여쁜 자야 일어나 함께 가자

[13]무화과나무에는 푸른 열매가 익었고 포도나무는 꽃이 피어 향기를 토하는구나 나의 사랑, 나의 어여쁜 자야 일어나서 함께 가자.

2장의 중심점은 두 번이나 강조되어 있는 "일어나 함께 가자"(10, 13)는데 있다 하겠습니다. 그런데 일어나 함께 가자하기 전에 먼저 "잔치집으로"(4) 초대하고, "오른 손으로 나를 안아주는" 사랑의 교제가 있습니다. 어찌하여 "일어나 함께 가자" 하는가? "겨울도 지났고 비도 그쳤고, 비둘기의 소리", 즉 땅에는 기쁜 소식이 들려오고 있기 때문입니다.

도표를 보시면 "나의 어여쁜 자야 일어나 함께 가자"를 중심으로 첫째 단원은 신랑이, ① "내 사랑은 가시나무 가운데 백합화 같구나" 하니, ② 신부는 "나의 사랑하는 자는 수풀 가운데 사과나무 같구나" 하고 화답합니다. ③ "그가 나를 인도하여 잔치 집에 들어갔으니", ④ "오른 손으로 나를 안는 구나", ⑤ "깨우지 말라" 하고 부탁을 합니다. 그런데 둘째 단원에서는, ⑥ "산에서 달리고, 산을 빨리 넘어와서는", ⑦ "창살틈으로 들여다보면서", ⑧ "겨울도 지났다, 비도 그쳤다, 일어나 함께 가자" 합니다. ⑨ "낭떠러지 은밀한 곳에 있는 나의 비둘기야, 네 얼굴을 보게 하라", ⑩ "포도원을 허는 작은 여우를 잡으라", ⑪ "그는 내게 속하고 나는 그에게 속하였다" 하는 고백을 하면서, ⑫ 날이 저물기 전에 "노루와 사슴"처럼 빨리 돌아오라 합니다.

첫째 단원(1-7) **잔치 집으로 인도하는 신랑**
둘째 단원(8-17) **반구의 소리가 들린다**

주제(主題) : 나의 어여쁜 자야 일어나 함께 가자

㉠ 아가서에서 그리스도의 예표인 솔로몬은 역동적(力動的)으로 묘사되어, 달리기를 잘하는 "노루, 사슴"에 비유되어(7, 9, 17, 8:14) 있습니다. 2장에서도 사랑하는 이를 만나기 위해서, "산에서 달리고 작은 산을 빨리 넘어오는"(8), 그리하여 "일어나 함께 가자"(10, 13) 하고 촉구하는 자로 나타납니다. 3장에서는 "거친 들에서 오는 자가 누구인고"(3:6) 하고, 거친 들에서 오는 자로, 4장에서는, "몰약산과 유향의 작은 산으로 가리라"(4:6) 하는 자로, 5장에서는, "밤이슬을 맞으면서 달려와 신부의 문을 두드리는"(4:2) 자 등으로 나타나 있습니다.

㉡ 그런가하면 신부의 입장은, "날이 기울고 그림자가 갈 때에 돌아와서 베데르산에서의 노루와 어린 사슴 같아여라"(17) 하고, 신랑이 빨리 돌아오기를 기다리는 자로 묘사되어 있습니다. 아가서는 "나의 사랑하는 자야 너는 빨리 달리라 향기로운 산들에서 노루와 같고 어린 사슴과도 같아여라"(8:14) 하고 마치고 있는데, 이는 "아멘 주 예수여 (어서) 오시옵소서"(계 22:20) 하는, 기다림과 상통하는 표현입니다.

ⓒ 그런데 신랑이 오기까지 신부는 감당해야할 일이 있는 것입니다. 그것은, "지면(地面)에는 꽃이 피고 새의 노래할 때가 이르렀는데 반구의 소리가 우리 땅에 들리는 구나"(12) 한, 복음전파입니다. 그래서 "무화과나무에는 푸른 열매가 익었고 포도나무는 꽃이 피어 향기를 토하는구나"(13) 하는 것입니다. 이런 사명을 감당케 하기 위해서 신랑은, "나를 잔치 집"(4)으로 인도하는 것입니다.

첫째 단원(1-7) 잔치 집으로 인도하는 신랑

첫째 단원의 중심점은, "그가 나를 인도하여 잔치 집으로 들어갔다"(4)는데 있습니다. 이는 "일어나서 함께 가자"를 위한 준비단계라 할 수가 있습니다. 먼저 "주의 집의 살진 것으로 풍족할 것이며 복락의 강수로 마시우게"(시 36:8) 하기 위해서입니다.

㉠ "나는 사론의 수선화요 골짜기의 백합화로구나"(1) 합니다. 화자(話者)인 "나"는 누군가? 신부의 자화자찬으로 보기보다는 그리스도의 예표인 신랑의 자기 계시로 봄이 옳을 것입니다. "수선화, 백합화"는 모두 아름다움을 나타냅니다. 그런데 "사론"이라는 광야에 핀 수선화요, "골짜기"에 피어있는 백합화라는 묘사에 그리스도의 고독한 생애를 암시해주고 있습니다.

① "여자들 중에 내 사랑은 가시나무 가운데 백합화 같구나"(2) 합니다.

㉠ 자신을, "골짜기의 백합화"라 말한 신랑은 눈을 신부에게 향하여, "여자들 중에 내 사랑은", 많은 꽃들 중에 "백합화"와 같다고 표현합니다. 그런데 그냥 백합화가 아니라 "가시나무 가운데 백합화"라는 것입니다. "골짜기의 백합화"가, "자기 땅에 오매 자기 백성이 영접치 아니

하였으니" 한, "멸시와 천대를 당하는 외로움" 등을 나타낸다면, "가시나무 가운데 백합화"라는 표현은, "세상에서는 너희가 환난을 당하나"(요 16:33) 한 박해를 당할 것을 나타냅니다. 출애굽기에서 광야교회는 "불붙는 떨기나무"(출 3:2)로 상징이 되어 있습니다.

② 신랑의 칭송을 들은 신부는, "남자들 중에 나의 사랑하는 자는 수풀 가운데 사과나무 같구나"(3상) 합니다.

㉠ 잡목이 우거진 수풀 가운데서 열매가 주렁주렁 열린 "사과나무"를 발견한다면 형제의 감격은 어떠하겠습니까? 그래서 신부는, "내가 그 그늘에 앉아서 심히 기뻐하였고 그 실과는 내 입에 달았구나"(3하) 합니다. 여기에는 중요한 두 가지 요점이 있는데 첫째는, "그 그늘 (아래)에 앉아서"입니다. 기회 있을 때마다 강조하는데 그만큼 중요하기 때문입니다. 로마서에는 네 번의 "아래"가 있는데, "법아래"라는 말은 하나님이 보실 때에 법을 통해서 보신다는 그런 뜻입니다. 그러면, "법아래 → 죄 아래 → 심판 아래"(롬 3:9, 19) 있게 되는 것입니다. 그런데 그리스도의 십자가 공로를 믿는 자들은, "은혜 아래"(롬 6:14) 있는 자들입니다. 유월절 양의 피는 대문 밖에 뿌려졌고, 1년 1차 대제사장이 가지고 지성소에 들어간 속죄 피는 법궤 위(속죄소)에 뿌려졌습니다. 하나님의 백성들은 피가 뿌려진 "대문 안에, 부어진 피 아래", 즉 은혜 아래, 본문의 표현대로 하면 "사과나무 그늘 아래" 거하는 자들입니다.

㉡ 우리는 본래, "흑암에 행하던 백성이요, 사망의 그늘진 땅에 거하던 자들"입니다. 그런데 "큰 빛을 보고, 빛이 비췼기"(사 9:2) 때문에 은혜 아래 거하게 된 것입니다. 이점을 호세아 선지자는 "내가 이스라엘에게 이슬과 같으리니 저가 백합화같이 피겠고 레바논 백향목같이 뿌리가 박힐 것이라, 그 그늘 아래 거하는 자가 돌아올지라 저희는 곡식같이 소성할 것이며 포도나무같이 꽃이 필 것이며"(호 14:5-6) 하고 예언합니다.

㉢ 둘째는, "그 실과는 내 입에 달았구나" 하는 말씀입니다. "사과나무"는 구경만 하라고 수풀 가운데 있는 것이 아닙니다. 마태복음에는 "말씀을 마치시매" 라는 단락이 5번(7:28, 11:1, 13:53, 19:1, 26:1) 등장합니다. 그런데 마지막 단락에서는 "예수께서 이 말씀을 다 마치시고" (26:1) 합니다. 말씀을 다 마치셨다면 그 다음은 무엇을 하셨는가? "너희의 아는 바와 같이 이틀을 지나면 유월절이라 인자가 십자가에 못 박히기 위하여 팔리우리라"(마 26:2), 즉 유월절 석상에서 "받아먹으라 이것이 내 몸이니라 너희가 다 이것을 마시라 이것은 죄 사함을 얻게 하려고 많은 사람을 위하여 흘리는바 나의 피 언약의 피니라" 하고 자기 자신을 주셨던 것입니다. 주님의 살과 피를 먹고 마신 자는, "그 실과는 내 입에 달았구나" 하고 고백하게 되는 것입니다.

㉣ 한 가지 부언할 점은, "여자들 중에 내 사랑은(2상), 남자들 중에 나의 사랑은"(3상) 하는 고백입니다. 이는 제일(第一)이라는 뜻이 아니라, 유일(唯一)하다는 말입니다. "다른 이로서는 구원을 얻을 수 없나니 천하 인간에 구원을 얻을만한 다른 이름을 우리에게 주신 일이 없음이니라"(행 4:12) 한 "오직 하나"라는 뜻인 것입니다.

③ "그가 나를 인도하여 잔치 집에 들어갔으니"(4상) 합니다.

㉠ 사랑의 화답은, "잔치 집"으로 이어지고 있는데 무슨 말씀이 생각나십니까? "내가 오찬을 준비하되 나의 소와 살진 짐승을 잡고 모든 것을 갖추었으니 혼인 잔치에 오소서"(마 22:4) 하신 천국 잔치비유입니다. 주님은 "소와 살진 짐승을 잡아" 마련한 잔치라 하셨으나, 하나님은 자기 아들을 대속제물로 삼으시고 마련하신 잔치였던 것입니다.

㉡ 그런데 "그 사랑이 내 위에 기(旗)로구나"(4하) 하는 것은 무슨 뜻인가? 첫째로, 모세가 아말렉과의 싸움에서 승리한 후에 "여호와 닛시"(여호와의 깃발)라 한 승리(勝利)를 의미합니다. 이점을 시편에서는, "우리가 너의 승리로 인하여 개가를 부르며 우리 하나님의 이름으로 우

리 기를 세우리니 여호와께서 네 모든 기도를 이루시기를 원하노라"(시 20:5) 합니다.

㉢ 둘째로, "깃발"은 그곳이 어느 진영(陣營)인가를 나타내는 표적인 것입니다. 민수기에 의하면 군대를 편성한 후에 각 진에는 "진기"(민 2:2)가 있어서 자신의 소속을 식별하게 하였습니다. 그러므로 이사야 선지자는, "기를 세우시고 먼 나라들을 불러 땅 끝에서부터 오게 하실 것이라 보라 그들이 빨리 달려올 것이로되"(사 5:26) 합니다. 62:10절에서도, "성문으로 나아가라, 나아가라 백성의 길을 예비하라 대로를 수축하고 수축하라 돌을 제하라 만민을 위하여 기를 들라" 합니다. 어찌하여 대로를 수축하고, 돌을 제하고, 기를 세우라 하시는가? 만민이 이 기(旗)를 바라보고 달려오게 하기 위해서입니다. 그렇다면 "그 사랑이 내 위에 기로구나"(4하) 한 "기"는 그리스도, 즉 복음의 깃발인 셈입니다.

㉣ 이런 맥락에서 "너희는 건포도로 내 힘을 돕고 사과로 나를 시원케 하라 내가 사랑하므로 병이 났음이니라"(5) 하고 말한다면, 내 힘을 돕고, 나를 시원케 할 수 있는 "건포도, 사과"는 모두 은혜의 상징이라 할 수가 있고, "내가 사랑하므로 병이 났다"는 것은 사모하는 열정을 가리킨다 하겠습니다.

㉤ 아가서를 관찰해보면 신랑과 신부는 깊은 교제를 나눔과 동시에, 떨어져 있는 상황으로 묘사되어 있는 것을 보게 됩니다. 이것이 신부인 우리와 신랑 되시는 그리스도와의 현재의 상황인 것입니다. 그리스도의 "내주(內住)와 임재"(臨在)를 통해서 쉬지 않는 교제가 이루어짐과 동시에 초월(超越)하심을 통해서 언제나 떨어져 있고, 그래서 만나기를 사모하며 "노루와 사슴처럼" 빨리 달려오시라고 간구하고 있는 것입니다. 그래서 5:8절에서도 "너희가 나의 사랑하는 자를 만나거든 내가 사랑하므로 병이 났다고 하려무나" 하는 것입니다. 그리스도인들이란 신랑을 사모하여 상사병(相思病)이 난 사람들입니다.

④ "그가 왼손으로 내 머리에 베개하고 오른손으로 나를 안는 구나"(6) 합니다.

㉠ 여기서 "왼손, 오른손"에 과도한 의미를 부여한다면, "나를 안는구나" 한 의미가 희석될 수가 있습니다. 중요한 핵심은 "나를 안는다"는 것은 두 몸이 연합하여 하나를 이루는 것을 의미합니다. 2장의 주제(主題)인, "일어나라 함께 가자" 하는 촉구는 아무에게나 하는 말씀이 아닙니다. "나는 포도나무요 너희는 가지니 저가 내 안에, 내가 저 안에 있으면 이 사람은 과실을 많이 맺나니 나를 떠나서는 너희가 아무 것도 할 수 없음이라"(요 15:5) 한, 그리스도와 연합한 자에게 하시는 말씀인 것입니다.

㉡ 그러므로 "일어나 함께 가자"는 촉구는 두 몸이 가는 것을 의미하지 않습니다. 주와 연합하여 한 몸이 되어서 가는 것을 가리킵니다. "볼지어다 내가 세상 끝 날까지 너희와 항상 함께 있으리라"(마 28:20) 하심도, 동거, 동행, 동역하시겠다는 약속인 것입니다. 그리스도와 연합한 자는 이제도 그리고 어디든지 주님과 함께 가는 사람들입니다.

⑤ 그러므로 첫째 단원은, "예루살렘 여자들아 내가 노루와 들 사슴으로 너희에게 부탁한다 내 사랑이 원하기 전에는 흔들지 말고 깨우지 말지니라"(7) 하는 말씀으로 마치고 있습니다. 이런 후렴구가 세 번(2:7, 3:5, 8:4) 나오는데 모두 사랑의 절정에서 등장합니다.

㉠ "노루와 사슴"은 민감한 동물로 작은 기척에도 잘 놀라는 짐승입니다. 이는 "그가 왼손으로 내 머리에 베개하고 오른손으로 나를 안는구나"(6) 한 달콤한 사랑을 방해하지 말아달라는 부탁인 것입니다. 한편 이를 의미문맥으로 생각한다면, 이는 마치 변화산상의 영광을 맛본 베드로가, "주여 우리가 여기 있는 것이 좋사오니"(마 17:4) 한 것과 뜻을 같이 한다 하겠습니다. 그러나 다음 단원에서 신랑은 노루와 사슴처럼 산을 달려와, "일어나라 함께 가자" 하고 촉구하는 것을 보게 됩니다.

둘째 단원(8-17) **반구의 소리가 들린다**

둘째 단원의 중심점은 "일어나 함께 가자"는 말씀에 있습니다.

⑥ "나의 사랑하는 자의 목소리로구나 보라 그가 산에서 달리고 작은 산을 빨리 넘어 오는구나"(8) 합니다. 첫째 단원이 "왼손으로 내 머리에 베개하고"(6) 한 정적(靜的)이라면, 둘째 단원은 "이러나서 함께 가자" 하는 동적(動的)입니다. 신앙에는 양면이 조화를 이루어야만 하는데 먼저는 정적이요, 다음은 동적이어야 합니다.

㉠ 그러므로 주목할 점은 "신랑"이 주도적(主導的)이요, 선수(先手)적으로 이끌고 있다는 점입니다. 첫째 단원에서 "잔치 집으로 인도하고(4), 왼손으로 내 머리에 베개하고 오른손으로 나를 안던"(6) 신랑은, "산에서 달리고 작은 산을 빨리 넘어오는 자"로 전환이 됩니다. "사랑은 여기 있으니 우리가 하나님을 사랑한 것이 아니요 오직 하나님이 우리를 사랑하사 우리 죄를 위하여 화목제로 그 아들을 보내셨음이니라"(요일 4:10) 합니다. 어찌하여 신랑은, "나의 사랑하는 자는 노루와도 같고 어린 사슴과도 같다"(9상) 할 정도로 산을 빨리 넘어 달려왔는가?

⑦ "우리 벽 뒤에 서서 창으로 들여다보며 창살 틈으로 엿보는 구나"(9하) 합니다. 즉 신부를 만나기 위해서 찾아온 것입니다.

㉠ 그런데 "벽 뒤에 서서, 창으로, 창살 틈으로 엿 본다"는 묘사는 장애(障碍)가 있음을 나타냅니다. 그 장애는 "너희 심정에서 좁아진 것이라"(고후 6:12) 한 대로 우리 안에 원인이 있는 것입니다. 그 점이 문을 잠그고 열어주지 않는 5:2-6절에 나타나 있습니다. 또한 "이 세상 신이 믿지 아니하는 자들의 마음을 혼미케 하여 그리스도의 영광의 복음의 광채가 비취지 못하게 함이니"(고후 4:4) 한 대적의 방해일 수도 있습니다. 2:15절에는 "포도원을 허는 여우"가 있고, 5:7절에는 신부를 "쳐서 상하게 하였고 웃옷을 벗겨 취하는" 자들이 있습니다. 그러므로

"뱀이 그 간계로 이와를 미혹케 한 것같이 너희 마음이 그리스도를 향하는 진실함과 깨끗함에서 떠나 부패할까 두려워하노라"(고후 11:3) 하는 것입니다

ⓛ 신랑이 신부를 찾아온 이유가 무엇인가? 단순히 보기 위해서만이 아닙니다. "나의 사랑하는 자가 내게 말하여 이르기를 나의 사랑, 나의 어여쁜 자야 일어나서 함께 가자"(10) 하기 위해서입니다. "일어나 함께 가자" 하는 말을 대하면서 무슨 말씀이 생각나십니까? 겟세마네 동산에서 잡히시던 날 밤 졸고 있던 제자들에게, "일어나라 함께 가자"(마 26:46) 하신 주님의 말씀입니다. 주님께서 "볼지어다 내가 세상 끝날까지 너희와 항상 함께 있으리라"(마 28:20) 하신 지상명령(至上命令)은 "일어나 함께 가자", 즉 주님과 동역하자는 그런 뜻인 것입니다.

⑧ 그래서 "겨울도 지나고 비도 그쳤고"(11) 합니다. 팔레스틴 지방은 겨울이 우기(雨期)입니다.

㉠ 이제 겨울도, 우기도 지나고, "지면에는 꽃이 피고 새의 노래할 때가 이르렀는데 반구의 소리가 우리 땅에 들리는 구나"(12) 합니다. 이 예표들을 통해서, 하나님의 아들 예수 그리스도 복음의 시작이라"(막 1:1) 한 복음시대의 개막을 연상한다는 것은 너무나 합당한 것입니다. 이점을 이사야 선지자는, "광야와 메마른 땅이 기뻐하며 사막이 백합화같이 피어 즐거워하며 무성하게 피어 기쁜 노래로 즐거워하며 레바논의 영광과 갈멜과 사론의 아름다움을 얻을 것이라 그것들이 여호와의 영광 곧 우리 하나님의 아름다움을 보리로다"(사 35:1-2) 하고 예언하고 있습니다.

ⓛ "무화과나무에는 푸른 열매가 익었고 포도나무는 꽃이 피어 향기를 토하는 구나 나의 사랑, 나의 어여쁜 자야 일어나서 함께 가자"(13) 하고 재차 촉구합니다. "꽃이 피고, 열매가 익어가고" 있다면 이는 주님께서, "너희가 넉 달이 지나야 추수할 때가 이르겠다 하지 아니하

느냐 내가 너희에게 이르노니 눈을 들어 밭을 보라 희어져 추수하게 되었도다"(요 4:35) 한 추수할 때가 이르렀다는 말씀이 아니겠는가?

⑨ "바위 틈 낭떠러지 은밀한 곳에 있는 나의 비둘기야"(14상) 합니다.

㉠ 1:15절에서도 "내 사랑아 너는 어여쁘고 어여쁘다 네 눈이 비둘기 같구나" 하고 비둘기에 비했습니다. 그런데 본문은 "바위 틈 낭떠러지 은밀한 곳"에 있는 비둘기라고 말합니다. 여기에는 두 방면의 의미가 있다 하겠습니다. 먼저는 긍정적인 면에서입니다. "바위 틈, 낭떠러지, 은밀한 곳"이란 표현은, "내 백성아 갈지어다 네 밀실에 들어가서 네 문을 닫고 분노가 지나기까지 잠간 숨을 지어다"(사 26:20) 한 말씀을 연상하게 합니다.

㉡ 그런데 둘째는, "나로 네 얼굴을 보게 하라 네 소리를 듣게 하라 네 소리는 부드럽고 네 얼굴은 아름답구나"(14하) 하는 촉구에 나타납니다. 교회란 "불러냄을 받은 사람들"의 공동체이면서 동시에, "아버지께서 나를 보내신 것같이 나도 너희를 보내노라"(요 20:21) 한 "보냄을 받은 자들"인 것입니다. 그런데 "바위 틈 낭떠러지 은밀한 곳"에만 칩거하고 있다면, "일어나서 함께 가자" 하는 주님의 부르심에 누가 응답할 것인가?

⑩ 그래서 말씀은, "우리를 위하여 여우 곧 포도원을 허는 작은 여우를 잡으라 우리의 포도원에 꽃이 피었음이니라"(15) 하는 말씀으로 이어집니다.

㉠ 도표에서는 "우리"라는 말을 드러내기 위해서 "합창"으로 분류를 했으나, 문맥적으로 본다면, "바위 틈 낭떠러지 은밀한 곳에 있는" 신부의 말로도, 또는 "일어나 함께 가자" 한 신랑의 말로도 볼 수가 있습니다. 중요한 점은 포도원은 꽃이 피고 열매를 맺으려 하는데 이를 헐고자 하는 "여우"가 있다는 점입니다. 주님은 자신을 죽이려는 헤롯을 "여

우"(눅 13:32)라고 말씀했습니다.

ⓛ 사도 바울은 밀레도의 고별설교에서, "내가 떠난 후에 흉악한 이리가 너희에게 들어와서 그 양떼를 아끼지 아니하고"(행 20:29) 해할 것을 경계했습니다. 유념할 점은 "우리를 위하여, 우리의 포도원"이라고 말씀하고 있다는 점입니다. 여기에 연합교리가 적용이 되는 것입니다. 신랑과 신부는 두 몸이 합하여 한 몸을 이룬 "우리", 즉 "머리와 몸, 원줄기와 가지"의 관계로 분리할 수 없는 관계입니다. 그러므로 그 포도원은 신랑, 신부 "우리의 포도원"인 것이며, 여우가 신부를 대적하는 것은 "우리", 즉 신랑을 대적하는 것이라는 점입니다.

⑪ 그래서 "나의 사랑하는 자는 내게 속하였고 나는 그에게 속하였구나"(16상) 하는 것입니다. 모든 그리스도인들이 "이 비밀이 크도다" 한 연합교리의 영광스러움에 굳게 설 수만 있다면, 신앙생활에 혁명이 일어나게 될 것입니다.

㉠ "그가 백합화 가운데서 양떼를 먹이는 구나"(16하) 합니다. "양떼"는 말할 것도 없이 성도들을 상징하는데, "백합화 가운데"라 한 것은 은혜 가운데 있기 때문입니다. 여기서 신랑은 목자로 등장을 하는데, 그렇다면 "왕이면서 목자"인 신랑은 그리스도에 대한 예표가 분명한 것입니다. 이 말씀을 다음 절과 결부시킨다면 어떤 의미가 되는가?

⑫ "나의 사랑하는 자야 날이 기울고 그림자가 갈 때에 돌아와서 베데르 산에서의 노루와 어린 사슴 같아여라"(17) 합니다.

㉠ "베데르 산"이란, 이별 산이라는 의미라 하는데, "돌아오라" 하는 것을 보면 신랑과 신부는 분명 떨어져 있음을 나타냅니다. 그래서 "날이 기울고 그림자가 갈 때에", 즉 날이 저물면 짐승들이 동굴로 돌아가듯, 빨리 돌아오라고 간청하는 것입니다. 아가서의 마지막 말씀도, "나의 사랑하는 자야 너는 빨리 달리라 향기로운 산들에서 노루와도 같고 어린 사슴과도 같아여라"(8:14) 하고 마치고 있습니다.

㉡ 그러면 어떻게 되는 것인가? 여기에 아가서를 이해하는데 사활적으로 중요한 요점이 드러납니다. 아가서에는 "결혼식 장면, 합방하는 장면" 등 많은 교제들이 이루어지고 있는데 어찌하여 빨리 돌아오라 간구하고, 이별(離別)하는 것으로 끝을 맺고 있단 말인가? 이점에서 임재(臨在)를 통한 만남과, 성취(成就)를 통한 만남을 구별할 수 있어야만 하는 것입니다. 구약시대의 만남은 지성소에 임재하신 쉐키나를 통한 만남이었을 뿐, "이 사람들은 다 믿음을 따라 죽었으며 약속을 받지 못하였으되"(히 11:13) 한 시대였습니다. 다시 말하면 구약시대 성도들은, "아브라함과 다윗에게 세워주신 언약의 성취"를 보지 못한 사람들이라는 말씀입니다.

㉢ 그러므로 그들의 열망이 무엇인가? 실의에 잠겨 엠마오로 낙향하던 두 제자는, "우리는 이 사람이 이스라엘을 구속할 자라고 바랐노라"(눅 24:21) 하고 말했습니다. 즉 그리스도께서 속히 오셔서 목자 없는 양같이 유리하는 자신들을 "백합화 가운데서 양떼를 먹이듯" 하여주시기를 기대하고 있었다는 말씀입니다. 그러므로 아가서의 기본적(基本的)인 구조(構造)도 신랑과 신부가 떨어져 있으면서 신랑 되시는 그리스도가 속히 오셔서 만나게 되기를 열망하는 구도라는 점입니다.

㉣ 이점에서 언약이 성취된 이후를 살아가고 있는 신약의 성도들도 기다리고 있는 술람미와 같다는 점에서는 동일합니다. "예수를 너희가 보지 못하였으나 사랑하는 도다"(벧전 1:8) 한 대로, 신약의 성도들도 "임재"를 통해서 만남이 이루어질 뿐, "내가 진실로 속히 오리라"(계 22:20) 하신 재림의 성취(成就)는 보지 못한 체 대망하고 있는 것입니다. 그리하여 "보좌 가운데 계신 어린양이 저희의 목자가 되사 생명수 샘으로 인도하시고 하나님께서 저희의 눈에서 모든 눈물을 씻어주실 것임이러라"(계 7:17)가 속히 임하기를 고대하고 있는 것입니다. 그러므로 아가서에서 일어나고 있는 모든 상황들은, 신랑을 기다리고 있는 동안에

교회 내에서 이러날 수 있는 여러 상황들에 대한 예표라 할 수가 있습니다. 다시 말하면 "믿음은 바라는 것들의 실상이요 보지 못하는 증거니"(히 11:1) 한 믿음으로 바라보고 있는 것들인 것입니다.

⑬ 묵상해보겠습니다.

㉠ "잔치 집으로 인도하시고, 오른손으로 나를 안는 구나" 하는 교제에 대해서,

㉡ "일어나 함께 가자" 하시는 사명에 대해서,

㉢ 포도원을 허는 여우라는 대적에 대해서.

아가서 3장 개관도표

주제 : 시온의 여자들아 나와서 너희 왕을 보라

	신부 술람미	예루살렘의 여자들
찾아 만나 놓지 않음	1-5 1 **내가 밤에 침상에서 마음에 사랑하는 자를 찾았구나** **찾아도** 발견치 못하였구나 2 이에 내가 일어나서 성중으로 돌아다니며 마음에 사랑하는 자를 거리에서나 ① **큰 길에서나 찾으리라 하고 찾으나 만나지 못하였구나** 3 ② **성중의 행순하는 자들을 만나서 묻기를** 내 마음에 사랑하는 자를 **너희가 보았느냐** 하고 4 그들을 떠나자마자 **마음에 사랑하는 자를 만나서** ③ **그를 붙잡고** 내 어미 집으로, 나를 잉태한 자의 방으로 가기까지 **놓지 아니하였노라** 5 ④ **예루살렘 여자들아** 내가 노루와 들 사슴으로 너희에게 부탁한다 사랑하는 자가 원하기 전에는 흔들지 말고 **깨우지 말지니라**	
거친 들에서 오는 자가 누군가		6-11 6 ⑤ 연기 기둥과도 같고 몰약과 유향과 장사의 여러 가지 향품으로 향기롭게도 하고 **거친 들에서 오는 자가 누구인고** 7 ⑥ **이는 솔로몬의 연이라** 이스라엘 용사 중 육십 인이 옹위하였는데 8 다 칼을 잡고 싸움에 익숙한 사람들이라 밤의 두려움을 인하여 각기 허리에 칼을 찼느니라 9 솔로몬왕이 레바논 나무로 자기의 연을 만들었는데 10 그 기둥은 은이요 바닥은 금이요 자리는 자색 담이라 그 안에는 ⑦ **예루살렘 여자들의 사랑이 입혔구나** 11 **시온의 여자들아 나와서 솔로몬 왕을 보라** ⑧ **혼인날 마음이 기쁠 때에** 그 모친의 씌운 **면류관이 그 머리에 있구나**

3장

시온의 여자들아 나와서 너희 왕을 보라

[11]시온의 여자들아 나와서 솔로몬 왕을 보라 혼인날 마음이 기쁠 때에 그 모친의 씌운 면류관이 그 머리에 있구나.

3장에서 그리스도를 예표하는 솔로몬은 "왕"(11)으로 계시되어 있습니다. 크게 두 부분으로 나누어지는데 첫째 단원은 신랑인 왕을 잃어버렸던 신부가, "찾아 만나 놓지 아니하는" 내용이고, 둘째 단원은, 신부를 맞으러 오는 왕의 결혼행렬을 묘사하는 내용입니다.

도표를 보시면 첫째 단원은 "마음에 사랑하는 자를 찾았구나"를 중심으로, ① "침상에서, 큰길에서 사랑하는 자를 찾았으나 발견치 못하였구나", ② "성중의 순행하는 자들에게, 사랑하는 자를 보았느냐" 하고 묻자, ③ "사랑하는 자를 만나, 놓지 아니하였노라" 하면서, ④ "예루살렘 여자들아, 흔들지 말고 깨우지 말라" 하고 부탁을 합니다. 둘째 단원은 "시온의 여자들아 나와서 너희 왕을 보라"는 말씀을 중심으로, ⑤

"향기롭게 하고 거친 들에서 오는 자가 누구인고", ⑥ "솔로몬의 연이라" 하면서, ⑦ "그 안에 예루살렘 여자들의 사랑이 입혔구나", ⑧ "시온의 여자들아 나와서 솔로몬 왕을 보라, 면류관이 그 머리에 있구나" 합니다.

첫째 단원(1-5) **찾아 만나 놓지 않음**
둘째 단원(6-11) **거친 들에서 오는 자가 누구인고**

주제(主題) : 시온의 여자들아 나와서 너희 왕을 보라

㉠ 3장의 중요한 요점은 두 가지를 파악하는데 있다 하겠습니다. 첫째는 "거친 들에서 오는 자가 누구인고"(6) 하고 묻는 말에 대답하는 일입니다. 6절을, "솔로몬 왕이 연기 기둥과도 같고 몰약과 유향과 장사의 여러 가지 향품으로 향기롭게도 하고 거친 들에서 오는 구나" 하고, 서술체로 말할 수도 있습니다. 그런데 본문은 "오는 자가 누구인고?" 하고 묻고 있습니다. 이는 독자들로 하여금 그가 누군지 알기를 강력하게 원하고 있음을 나타냅니다. 그리고 이 물음을 구속사라는 맥락에서 보면 사활(死活)이 걸려있는 질문이라 할 수가 있는 것입니다.

㉡ 주님은 물으십니다. "너희는 나를 누구라 하느냐?"(마 16:15). 죽고 사는 문제가 이에 대한 답변에 달렸습니다. 현대교회는 두 가지 요점을 놓치고 있는 것으로 여겨집니다. 첫째는, ㉮ "너희는 나를 누구라 하느냐" 하신, "예수가 누군가" 하는 점을 망각하고 있는 것으로 여겨집니다. 예수는 하나님께서 아브라함과 다윗에게 세워주신 언약의 성취자로 오신 그리스도이십니다. "본래 하나님을 본 사람이 없으되 아버지 품속에 있는 독생하는 하나님이 나타나신"(요 1:18) 것입니다. 둘째는, ㉯ "그가 왜 오셨는가?"를 망각하고 있는 것으로 여겨집니다. 대접을

받으시기 위해서가 아니라 "대속제물", 즉 죽으시기 위해서 오신 것입니다. "곧 우리가 원수 되었을 때에 그 아들의 죽으심으로 말미암아 하나님으로 더불어 화목되었다"(롬 5:10) 하고 말씀합니다. 하나님께서 원수인 우리를 위하여 자기 아들을 대신 죽음에 내어주셨다는 것이 복음입니다. 이를 망각하지 않는 설교자라면, "예수 그리스도와 그의 십자가에 못 박히신 것 외에는 아무것도 알지 않기로 작정하였음이라"(고전 2:2) 하고 말하게 될 것이 아니겠는가?

ⓒ 그러므로 본장을 파악하는 둘째 요점은, "시온의 여자들아 나와서 솔로몬 왕을 보라" 한 구속사적 의미입니다. 아가서에는 "예루살렘 여자들"이라는 말이 7번(1:5, 2:7, 3:5, 10, 5:8, 16, 8:4)이나 등장합니다. 그런데 "나와서 솔로몬 왕을 보라"는 이 대목에서만 오직 한 번, "시온의 여자들아"(11상) 하고 부르고 있는데 이것이 무심한 일이란 말인가? "시온"의 유래는 삼무엘하 5:7절에 의하면 다윗이 "시온 산성을 빼앗았으니 이는 다윗성이더라" 합니다. "다윗의 동네"인 시온에서 나실 이가 누군가? 그리스도이십니다. 그러므로 이사야 선지자는 "시온"을 메시아예언과 결부하여 증거하고 있습니다. "보라 내가 한 돌을 〈시온〉에 두어 기초를 삼았노니 곧 시험한 돌이요 귀하고 견고한 기초 돌이라 그것을 믿는 자는 급절하게 되지 아니하리로다(사 28:16). 아름다운 소식을 〈시온〉에 전하는 자여 너는 높은 산에 오르라 아름다운 소식을 예루살렘에 전하는 자여 너는 힘써 소리를 높이라 두려워 말고 소리를 높여 유다의 성읍들에 이르기를 너희 하나님을 보라 하라"(사 40:9) 합니다. 59:20절에서도, "여호와께서 가라사대 구속자가 〈시온〉에 임하며 야곱 중에 죄과를 떠나는 자에게 임하리라" 합니다.

ⓓ 이런 맥락에서 "시온의 여자들아 나와서 솔로몬 왕을 보라" 한 말은, "호산나 찬송하리로다 주의 이름으로 오시는 이 곧 이스라엘의 왕이시여 하더라, 이는 기록된바 시온의 딸아 두려워 말라, 보라 너의

왕이 나귀새끼를 타고 오신다 함과 같더라"(요 12:13, 15) 한 주님의 초림사건과, "아멘 주 예수여 오시옵소서"(계 22:20) 한 재림사건과 맥을 같이 한다 하겠습니다.

첫째 단원(1-5) **찾아 만나 놓지 않음**

첫째 단원은 2장 마지막 절에서, "날이 기울고 그림자가 갈 때에 돌아와서" 한 기다림과 결부가 되는 내용입니다. 신부는 신랑을 기다리다가 잠이 들었는지도 모릅니다.

① "내가 밤에 침상에서 마음에 사랑하는 자를 찾았구나 찾아도 발견치 못하였구나"(1) 합니다.

㉠ 여기 "찾는다"는 말이 나오는데 주님은 "구하라 그러면 너희에게 주실 것이요 찾으라 그러면 찾을 것이요"(마 7:7) 하십니다. 하나님의 존전에서 추방을 당한 죄인들이 "구하고, 찾아야할 것"이 무엇이란 말인가? 본문은 이에 대한 간접적인 답변을 제공해주고 있는데 "그리스도"입니다. 같은 솔로몬의 저서인 잠언에서도, "나를 사랑하는 자들이 나의 사랑을 입으며 나를 간절히 찾는 자가 나를 만날 것이니라"(잠 8:17) 합니다.

㉡ "이에 내가 일어나서 성중으로 돌아다니며 마음에 사랑하는 자를 거리에서나 큰 길에서나 찾으리라 하고 찾으나 만나지 못하였구나"(2) 합니다. 술람미는 신랑을 "침상에서(1), 성중 거리, 큰 길"(2)에서 찾고 있었는데 이는 잘못 찾고 있는 것입니다. 그래서 "찾으나 만나지 못하였구나" 하는 것입니다. 1:8절에서는, "네가 알지 못하겠거든 양떼의 발자취를 따라 목자들의 장막 곁에서" 만날 수 있다고 암시했습니다. 4:6절에서는, "날이 기울고 그림자가 갈 때에 내가 몰약 산과 유향

의 작은 산으로 가리라" 합니다. 여기가 약속의 장소입니다. 이는 기도에 대한 상징입니다. 하나님은 "거기서 내가 너와 만나고"(출 25:22) 하십니다. 거기가 어딘가? 속죄의 피가 뿌려지는 지성소의 은밀한 곳 시은소(施恩所)입니다. 그러므로 성경은, "때를 따라 돕는 은혜를 얻기 위하여 은혜의 보좌 앞에 담대히 나아갈 지니라"(히 4:16) 말씀합니다. 그렇다면 어디로 가야 찾을 수 있고, 만날 수 있는가는 자명해지는 것입니다.

② 헛수고를 한 신부는, "성중의 순행하는 자들을 만나서 묻기에"(3상) 이릅니다.

㉠ "성중의 순행하는 자"란, 백성들의 안전(安全)을 위해서 성을 순찰하는 파수꾼들입니다. 아가서에는 "성중에 순행(巡行)하는 자"가 두 번(3:3, 5:7) 나타납니다. 그런데 3절의 "순행하는 자"를 통해서는 신랑을 만나게 되지만, 5:7절의 순행하는 자를 통해서는 도리어, "쳐서 상하게 하고, 웃옷을 벗겨" 탈취를 당하게 됩니다. 이는 참선지자와 거짓선지자의 예표라 할 수가 있습니다. 술람미는 순행하는 자를 만나, "내 마음에 사랑하는 자를 너희가 보았느냐"(3하) 하고 묻습니다.

③ "그들을 떠나자마자 마음에 사랑하는 자를 만났다"(4상) 하고 말씀합니다.

㉠ 이는 순행하는 자의 도움을 받았음을 나타냅니다. 시편 73편에서는 "나는 거의 실족할 뻔하였고 내 걸음이 미끄러질 뻔하였던"(2) 어떤 성도의 간증이 있습니다. 그 형제는 혼자서 궁리할 때는 해답을 얻지 못하다가, "하나님의 성소에 들어갈 때에야 저희 결국을 내가 깨달았나이다"(시 73:17) 하고, 난제(難題)가 해결이 되었다고 말하고 있습니다. "침상, 성중, 큰 길"에서 주님을 만날 수 있는 것이 아닙니다. 파수꾼의 도움을 받아 양떼들의 발자취를 따라가야만 만날 수가 있는 것입니다. "내가 길이요, 내가 문이니"(요 14:6, 10:9) 하신 그리스도가 해

답입니다. 그 "문과, 길"은 성경 안에 있습니다.

㉡ "만나서 그를 붙잡고 내 어미 집으로, 나를 잉태한 자의 방으로 가기까지 놓지 아니하였노라"(4하) 합니다. "어미 집, 나를 잉태한 자의 방"이란, 사랑의 교제를 하기에 적합한 은밀한 곳을 가리킵니다. "이삭이 리브가를 인도하여 모친 사라의 장막으로 들이고 그를 취하여 아내를 삼고 사랑하였다"(창 24:67) 하는 것이 이를 말해줍니다.

④ "예루살렘 여자들아 내가 노루와 들 사슴으로 너희에게 부탁한다 사랑하는 자가 원하기 전에는 흔들지 말고 깨우지 말지니라"(5) 합니다.

㉠ 아가서에는 이런 후렴구가 3번(2:7, 3:5, 8:4) 등장하는데 모두가 사랑이 절정에 이르게 되었을 때에 나옵니다. 그러니까 사랑이 방해로 인하여 깨어지게 되는 것을 원하지 않는다는 뜻입니다. 예를 들어 형제가 기도에 열중하고 있는데 누군가가 툭툭 치면서 깨운다면 어떤 마음이 들겠는가?

둘째 단원(6-11) 거친 들에서 오는 자가 누구인고

둘째 단원은 장면이 급변하여, 솔로몬 왕이 가마를 타고 용사들의 호위를 받으며 거친 들을 통과하여 예루살렘으로 올라오는 혼인예식의 행렬을 보여줍니다.

⑤ "연기 기둥과도 같고 몰약과 유향과 장사의 여러 가지 향품으로 향기롭게도 하고 거친 들에서 (올라)오는 자가 누구인고"(6) 합니다.

㉠ "몰약, 유향, 여러 가지 향품" 등의 향연(香煙)이 오르는 것을, "연기 기둥과 같다" 한 것입니다. 대제사장이 지성소에 들어갈 때에는, "여호와 앞에서 분향하여 향연으로 증거궤 위 속죄소를 가리우게 할지니 그리하면 그가 죽임을 면할 것이며"(레 16:13) 하십니다. 그러니까

왕은 향연에 싸여서 올라오고 있는 것입니다. 이를 예표론적으로 보면 성도들의 기도와 찬송 중에 거하신다는 것을 뜻합니다. 계시록 8:4절에서는, "향연(香煙)이 성도의 기도와 함께 천사의 손으로부터 하나님 앞으로 올라가는지라" 합니다.

㉡ 이점에서 왕을 모신 "연", 즉 향연에 가려있는 가마는 교회의 예표로 등장합니다. "교회"란 만왕의 왕 그리스도를 중심에 모시고 향연으로 그 신비가 가려져 있는 가마가 새 예루살렘을 향하여 행진하고 있는 것과 같기 때문입니다. 신약성경 에베소서의 중심주제는 "교회론"인데 가장 강조하고 있는 점이 "충만"(充滿)입니다. 모두 6번이나 등장하는데, "교회는 그의 몸이니 만물 안에서 만물을 충만케 하시는 자의 충만이니라(엡 1:23), 하나님의 모든 충만하신 것으로 너희에게 충만하게 하시기를 구하노라"(엡 3:19) 합니다. 이를 본문에서는 "연기 기둥과도 같고 몰약과 유향과 장사의 여러 가지 향품으로 향기롭게도 하고"(6) 라고 표현하고 있는 것입니다.

⑥ "이는 솔로몬의 연이라 이스라엘 용사 중 육십 인이 옹위하였는데"(7),

㉠ "다 칼을 잡고 싸움에 익숙한 사람들이라 밤의 두려움을 인하여 각기 허리에 칼을 찼느니라"(8) 합니다. 이처럼 영광스러운 교회를 어떻게 지켜야만 하는가? "마귀의 궤계를 능히 대적하기 위하여 하나님의 전신갑주를 입으라, 이는 악한 날에 너희가 능히 대적하고 모든 일을 행한 후에 서기 위함이라"(엡 6:11, 13) 말씀합니다. 이점을 본문에서는, "용사 중 육십 인이 옹위하였는데 다 칼을 잡고 싸움에 익숙한 사람들이라 밤의 두려움을 인하여 각기 허리에 칼을 찼느니라"(7-8) 하고 표현하고 있는 것입니다.

⑦ "솔로몬 왕이 레바논 나무로 자기의 연을 만들었는데 그 기둥은 은이요 바닥은 금이요 자리는 자색 담이라"(9-10상) 합니다.

㉠ 이 묘사는 솔로몬이 건축한 성전에 대한 축소판이라 할 수가 있는데, 그리스도에 대한 모형이요, 나아가 교회의 모형이기도 합니다. 결정적인 말씀이, "그 안에는 예루살렘 여자들의 사랑이 입혔구나"(10하) 한 표현입니다. 교회란, ㉮ "하나님이 택하시고, ㉯ 그리스도의 구속, 즉 값으로 사시고, ㉰ 성령으로 인치심"을 입은 성도들이, "하나님의 거하실 처소가 되기 위하여 예수 안에서 (연결하여) 함께 지어져 가는"(엡 1:4, 7, 13, 2:22) 것입니다.

㉡ 다윗은 법궤를 "새 수레"로 운반하면 기뻐하실 것으로 여겼으나, 하나님은 고라 자손으로 메라 하십니다. 그리스도는 소들을 위해서 십자가를 지신 것이 아닙니다. 피로 사신 성도들에게 받들어 섬김을 받으시기를 기뻐하시는 것입니다. 그래서 "그 안에는 예루살렘 여자들의 사랑이 입혔구나" 하는 것입니다.

⑧ 3장은, "시온의 여자들아 나와서 솔로몬 왕을 보라"(11상) 하는 초청으로 마치고 있습니다. 드디어 혼인예식의 행렬이 예루살렘에 입성하게 된 것입니다.

㉠ 이는 이사야 선지자가, "아름다운 소식을 시온에 전하는 자여, 이르기를 너희 하나님을 보라 하라"(사 40:9) 한 예언과 맥을 같이 합니다. 이점을 스가랴 선지자도, "보라 네 왕이 네게 임하나니 그는 공의로우며 구원을 베풀며 겸손하셔서 나귀를 타나니 나귀의 작은 것 곧 나귀 새끼니라"(슥 9:9) 하고 예언하고 있습니다. 이 예언들은 그리스도께서 예루살렘에 입성하심으로 성취가 되었습니다. 구주되시는 그리스도의 입성보다 기쁜 일이 또 무엇이 있겠는가! 그래서 "왕을 보라" 하는 것입니다.

㉡ 스바냐 선지자는, "시온의 딸아 노래할 지어다 이스라엘아 기쁘게 부를 지어다 예루살렘 딸아 전심으로 기뻐하며 즐거워할 지어다" 합니다. 무슨 일이 있기에 이처럼 기뻐하고 즐거워하라 하는가? "왕 여호

와가 너희 중에 있으니"(습 3:14, 15) 합니다. 이어서 증거 하기를, "너의 하나님 여호와가 너의 가운데 계시니 그는 구원을 베푸실 전능자시라 그가 너로 인하여 기쁨을 이기지 못하여 하시며 너를 잠잠히 사랑하시며 너로 인하여 즐거이 부르며 기뻐하시리라"(습 3:17) 합니다. 아가서는 이를 다른 모티브로 증거하고 있을 뿐입니다.

ⓒ "혼인날 마음이 기쁠 때에 그 모친의 씌운 면류관이 그 머리에 있구나"(11하) 합니다. 이 말씀을 상고하면서 생각나는 말씀이 있습니다. 남 왕국의 여호사밧 왕은, 북왕국과의 화해정책의 일환으로 아합의 딸 아달랴를 자부(子婦)로 맞이합니다. 그런데 그가 후에 "왕의 씨"를 진멸(盡滅)하고 자신이 왕위에 올라 6년이나 다스립니다. "왕의 씨"를 진멸했다는 말은 다윗의 씨를 진멸했다는 말이요, 이는 구속사에 있어서 여자의 후손의 줄기를 끊으려는 사탄의 음모였던 것입니다. 하나님은 한 살 난 요아스를 구출하여 6년 동안 성전에 숨겨서 양육을 하게 하십니다. 때가 차매, "여호야다가 왕자를 인도하여 내어 면류관(冕旒冠)을 씌우며 율법책을 주고 기름을 부어 왕을 삼으매 무리가 박수(拍手)하며 왕의 만세(萬歲)를 부르니라"(왕상 11:12) 합니다. 우리 주님이 재림(再臨)하시는 날 모든 성도들도 박수하며, "면류관을 쓰신 왕의 만세"를 부르게 될 것입니다. 이제 형제는 두 가지 요점, "오는 자가 누군가 하는 점과, 시온의 여자들아 왕을 보라" 한 점에 확고하게 되었습니까?

⑨ 묵상해보겠습니다.

㉠ 어디 가야 주님을 마날 수 있는가에 대해서,

㉡ 왕을 모신 가마 행렬의 구속사적 의미에 대해서,

㉢ "오는 자가 누구인고? 왕을 보라"는 두 가지 요점에 대해서.

아가서 4장 개관도표

주제 : 나의 사랑 너는 순전하여 아무 흠이 없구나

	신랑 솔로몬	신부 술람미
신부의 아름다운 신분	1-6 1 ① **내 사랑 너는 어여쁘고도 어여쁘다** 너울 속에 있는 네 눈이 비둘기 같고 네 **머리털은** 길르앗산 기슭에 누운 무리 염소 같구나 2 네 **이는** 목욕장에서 나온 털 깎인 암양 곧 새끼 없는 것은 하나도 없이 각각 쌍태를 낳은 양 같구나 3 네 **입술은** 홍색 실 같고 네 **입은** 어여쁘고 너울 속의 네 **뺨은** 석류 한 쪽 같구나 4 ② **네 목은 군기를 두려고 건축한 다윗의 망대** 곧 일천 방패, 용사의 모든 방패가 달린 망대 같고 5 네 두 **유방은** 백합화 가운데서 꼴을 먹는 쌍태 노루 새끼 같구나 6 ③ **날이 기울고 그림자가 갈 때에** **내가 몰약 산과 유향의 작은 산으로 가리라**	
신부의 아름다운 열매	7-16 7 **나의 사랑 너는 순전히 어여뻐서 아무 흠이 없구나** 8 ④ 나의 신부야 너는 레바논에서부터 **나와 함께 하고** 레바논에서 부터 **나와 함께 가자** 아마나와 스닐과 헤르몬 꼭대기에서 사자 굴과 표범 산에서 **내려다보아라** 9 ⑤ 나의 누이, 나의 신부야 네가 **내 마음을 빼앗았구나** 네 눈으로 한 번 보는 것과 네 목의 구슬 한 꿰미로 **내 마음을 빼앗았구나** 10 나의 누이, 나의 신부야 **네 사랑이 어찌 그리 아름다운지** 네 사랑은 포도주에 지나고 네 기름의 향기는 각양 향품보다 승하구나 11 ⑥ 내 신부야 **네 입술에서는 꿀방울이 떨어지고** 네 혀 밑에는 꿀과 젖이 있고 **네 의복의 향기는** 레바논의 향기 같구나 12 ⑦ 나의 누이, 나의 신부는 **잠근 동산이요** **덮은 우물이요 봉한 샘이로구나** 13 ⑧ **네게서 나는 것은** 석류나무와 각종 아름다운 과수와 고벨화와 나도초와 14 나도와 번홍화와 창포와 계수와 각종 유향목과 몰약과 침향과 모든 귀한 향품이요 15 ⑨ 너는 동산의 **샘이요 생수의 우물이요** 레바논에서부터 **흐르는 시내로구나**	16 ⑩ 북풍아 일어나라 남풍아 오라 **나의 동산에 불어서** 향기를 날리라 **나의 사랑하는 자가** **그 동산에 들어가서** **그 아름다운** **실과 먹기를 원하노라**

4장

나의 사랑 너는 순전하여 아무 흠이 없구나

[7]나의 사랑 너는 순전히 어여뻐서 아무 흠이 없구나

4장은 전체가 신부에 대한 신랑의 예찬으로 되어 있습니다. 이를 문맥적으로 본다면 3장에서 신부를 맞이한 신랑이 신부를 칭찬하는 말인데, 한마디로 "나의 사랑 너는 순전히 어여뻐서 아무 흠이 없구나"(7) 합니다. 5:2절에서는 "나의 완전한 자야" 합니다. 형제는 신랑 되시는 그리스도를 맞이하게 될 때에 이러한 찬사를 들을 수 있다는 확신이 있습니까? 자신의 행위로 이런 예찬을 듣기에 합당한 신부는 이 세상에 한 사람도 없을 것입니다. 그러면 신랑은 거짓을 말하고 있단 말인가? 아닙니다. "사랑엔 거짓이 없나니"(롬 12:9) 합니다. 그렇다면 어떻게 해서 "나의 사랑 너는 순전히 어여뻐서 아무 흠이 없구나" 하는 것이 가능하여졌는가?

도표를 보시면 "나의 사랑 너는 순전히 어여뻐서 아무 흠이 없구나"

를 중심으로 첫째 단원은, ① "내 사랑 너는 어여쁘고 어여쁘다" 하면서 "눈, 입, 뺨" 등의 아름다움을 말합니다. 그런데 ② "네 목은 군기, 망대" 같다하면서, ③ "유향의 작은 산으로 가리라", 즉 거기서 만나자는 것입니다. 둘째 단원은, ④ "나의 신부야, 나와 함께 하고, 나와 함께 가자" 하면서, ⑤ "네가 내 마음을 빼앗았구나, 네 사랑이 어찌 그리 아름다운지", ⑥ "꿀방울이 떨어지는 입술과, 향기 나는 의복"을 칭찬하면서, ⑦ "나의 누이는 봉한 샘이로구나", ⑧ "네게서 나는 것은" 하고, 그의 열매를 칭찬하면서, ⑨ "너는 동산의 샘, 흐르는 시내"라 합니다. ⑩ 이런 찬사를 받은 신부는, "북풍아 나의 동산에 불어서 향기를 날리라, 나의 사랑하는 자가 동산에 들어가서 실과 먹기를 원하노라" 합니다. 4장을 통해서 신부된 자신의 정체성을 확신해야만 할 것입니다.

첫째 단원(1-6) **신부의 아름다운 신분**
둘째 단원(7-16) **신부의 아름다운 열매**

주제(主題) : 나의 사랑 너는 순전하여 아무 흠이 없구나

㉠ 4장은 전체가 신부의 아름다움을 예찬하는 내용인데, 핵심은 "흠이 없다"는데 있습니다. 5:2절에서는 "나의 완전(完全)한 자야" 합니다. 이를 구속사라는 맥락에서 보면 엄청난 의미가 있는 말씀입니다. 어찌하여 인류의 시조(始祖)가 하나님의 존전에서 추방(追放)을 당하였는가? "의와 불법이 함께 할 수가 없고, 빛과 어두움이 사귈 수가 없었기"(고후 6:14) 때문입니다. 그런데 "흠이 없다, 완전한 자야" 한다면 이는 하나님 앞으로 돌아갈 수가 있고, 받아드려질 수가 있게 되었음을 의미하기 때문입니다. 이점이 본문에서는 신부를 맞이해 드리는 것으로 표현이 되어 있습니다.

㉡ 그러므로 본장을 바르게 접근하는 비결은, 자구(字句)들을 그럴 듯하게 해설하는데 있는 것이 아니라, 근본적으로 신부의 흠 없는 아름다움이 어떻게 해서 가능하여 지는가를 규명하는데 있습니다. 왜냐하면 이 문제는 신랑을 고대하는 신약의 성도들 모두에게 가장 절실한 문제이기 때문입니다. 만일 이를 도외시한다면, 아가서는 우리에게 별 도움이 되지 못할 것입니다. 왜냐하면 우리는 아무리 애를 써도 "흠이 없고 완전한 신부"는 될 수가 없기 때문입니다. 그렇게 되면 아가서를 통해서 신랑의 사랑을 확신하게 되기는커녕 정죄감에 사로잡히게 될 것입니다. 그러므로 이를 심층적으로 다루려고 합니다.

㉢ 그런데 아가서 자체에서는 이에 대한 직접적인 답변을 구할 수가 없습니다. 왜냐하면 아가서의 주제(主題)가, "만물보다 거짓되고 심히 부패한"(렘 17:9) 죄인이 어떻게 하나님 앞에 의롭다함을 얻을 수 있는가를 논하는 교리적(敎理的)인 말씀이 아니라, "사랑 노래"이기 때문입니다. 그러므로 이에 대한 해답은 복음이 밝히 드러난 신약의 빛을 받아 구해야 하는 것입니다.

㉮ "율법의 행위로 그의 앞에 의롭다 하심을 얻을 육체가 없나니"(롬 3:20) 하고, 자력(自力)구원의 불가능성을 말씀합니다. 그렇다면 신부의 "흠이 없음"은 자신의 행위로 된 것이 아니라는 것이 됩니다.

㉯ "율법은 장차 오는 좋은 일의 그림자요 참형상이 아니므로 해마다 늘 드리는바 같은 제사로는 나아오는 자들을 언제든지 온전케 할 수 없느니라"(히 10:1) 하고, "온전함을 얻을 수 없다" 말씀합니다. 그렇다면 신부의 완전은, 생축의 제사로 된 것이 아님이 드러납니다.

㉰ 그러면 어떻게 가능하여졌는가? "이 뜻을 좇아 예수 그리스도의 몸을 단번에 드리심으로 말미암아 우리가 거룩함을 얻었노라, 저(그리스도)가 한 제물로 거룩하게 된 자들을 영원히 〈온전케〉 하셨느니라"(히 10:10, 14) 합니다. 이를 달리 표현하면, "그리스도 예수 안에 있는

구속(救贖)으로 말미암아 하나님의 은혜로 값없이 의롭다 하심을 얻은 자 되었다"(롬 3:24)는 말씀입니다.

㉣ 이점을 이사야 선지자는, "내가 여호와로 인하여 크게 기뻐하며 내 영혼이 나의 하나님으로 인하여 즐거워하리니 이는 그가 구원(救援)의 옷으로 내게 입히시며 의의 겉옷으로 내게 더하심이 신랑이 사모를 쓰며 신부가 자기 보물로 단장함 같게 하셨음이라"(사 61:10) 합니다. 본문의 신부 술람미는 이처럼 단장함을 입었기 때문에 "흠이 없다, 완전한 자"라 칭함을 얻을 수가 있는 것입니다. 그런데 개정역에서는 "의의 겉옷"을, "공의의 겉옷"으로 번역을 하고 있는데 만일 우리에게 입혀 주시는 옷이 "공의의 겉옷"이라면, "크게 기뻐하고 즐거워하기는커녕", 도리어 두려워하고 떨어야할 큰일인 것입니다. 왜냐하면 "공의"(公義)는 곧 심판을 의미하기 때문입니다.

㉣ 아가서에도 구속교리에 대한 간접적인 암시는 있습니다.

㉮ 첫째는, 3번이나 등장하는, "나의 사랑하는 자는 내게 속하였고 나는 그에게 속하였구나"(2:16, 6:3, 7:10) 하는 연합되었다는 고백을 통해서 나타납니다.

㉯ 둘째는, 7번이나 등장하는 "포도원"(1:6, 14, 2:15, 15, 7:12, 8:11, 12)이라는 표현에 함의되어 있습니다.

㉰ 셋째는, 솔로몬 왕이 자신의 포도원을 지키는 자들에게 맡겨두고 떠났다가 다시 올 것을 나타내는 8:11절 말씀에 강력하게 나타납니다. 주님은 근심하는 제자들을 향해서, "내가 너희에게 실상을 말하노니 내가 떠나가는 것이 너희에게 유익이라"(요 16:7), 즉 십자가를 담당해야만 유익이라고 말씀하십니다. 또한 "충성되고 지혜 있는 종이 되어 주인에게 그 집 사람을 맡아 때를 따라 양식을 나눠 줄 자가 누구뇨 주인이 올 때에 그 종이 복이 있으리로다"(마 24:45-46) 하십니다.

㉤ 이제 술람미의 신분(身分)과, 지위(地位)와, 위치(位置)가 어떻게

변했는가를 보십시오.

㉮ "어미의 아들들의 포도원 지기"(1:6)가 아닙니다. 왕의 신부(8)가 되어,

㉯ 두 몸 합하여 한 몸을 이루었고,

㉰ 시골 벽촌에서 예루살렘 왕궁으로 옮겨졌습니다. 이점을 시편에서는, "여호와의 집에 심겼음이여 우리 하나님의 궁정(宮庭)에서 흥왕하리로다"(시 92:13) 합니다. 그야말로 "그리스도 안에 있으면 새로운 피조물이라 이전 것은 지나갔으니 보라 새 것이 되었도다"(고후 5:17)가 된 것입니다. 이것이 자격이나 공로가 있어서가 아니라, 택하시고 구속하신 선수적이요 무조건적인 사랑으로 말미암아 가능해진 것입니다. 이제 형제도 "나의 사랑 너는 순전히 어여뻐서 아무 흠이 없구나"(7) 하는 확신을 가지시게 되었습니까? 여기서 머물지 마시고, 의롭다 함을 얻은 자에게는 그에 상응하는 책임이 따른다는 점을 유념하시기를 바랍니다.

첫째 단원(1-6) 신부의 아름다운 신분

첫째 단원은 신부의 아름다운 인격을 은유나 비유를 들어서 칭송하는 내용입니다.

① "내 사랑 너는 어여쁘고도 어여쁘다 너울 속에 있는 네 눈이 비둘기 같고 네 머리털은 길르앗산 기슭에 누운 무리 염소 같구나"(1) 합니다.

㉠ 우선적으로 "너울 속에 있다"는 "너울"을 주목하게 되는데 이는 신부의 예복(禮服)의 일부라는 점입니다. 그러면 신부가 단장한 예복은 누가 마련해준 것인가? 계시록 19장에 나오는 어린양의 아내에게는,

"그에게 허락하사 빛나고 깨끗한 세마포를 입게 하셨다"(계 19:8상) 하고 말씀합니다. 자신이 마련한 옷이 아닙니다. "허락하신 세마포"라 말씀합니다. 이점이 벌거벗고 있는 라오디게아 교회를 향해서, "내가 너를 권하노니 내게서, 흰옷을 사서 입어 벌거벗은 수치를 보이지 않게 하라"(계 3:18) 한 말씀에도 나타납니다.

ⓛ 만일 하나님께서 자기 아들의 대속을 통하여 마련해주신 "빛나고 깨끗한 세마포"를 받아 입지 않고 잔치에 참여한다면, "어찌하여 예복을 입지 않고 여기 들어왔느냐, 그 수족을 결박하여 바깥 어두움에 내어 던지라"(마 22:12-13)는 심판을 받게 될 것입니다. 그러므로 의의 예복(너울)을 통해서 보게 되면, 신부의 "눈, 머리털(1), 이(2), 입술, 입, 뺨"(3) 등 모든 것이 어여쁘게 보인다는 것입니다. 그러나 만일 의의 겉옷을 벗은 모습은 모두가 부정하고 추해 보일 수밖에 없는 것이 타락한 인간의 본성입니다.

ⓒ 이처럼 원론(原論)에 확고하게 선 후에, 상론(詳論)에 들어가 우리가 본받아야 할 점등을 살펴보아야 할 것입니다. ㉮ "너울 속에 있는 네 눈이 비둘기 같다" 했는데 이는 순결을 나타내고, ㉰ "네 머리털은" 하고, 긴 머리털을 염소 같다 한 것은 성경의 넓은 문맥으로 본다면 "나실인"과 같은 헌신을 나타낸다 하겠습니다.

② 각 지체의 아름다움을 묘사는 중에, "네 목은 군기를 두려고 건축한 다윗의 망대 곧 일천 방패, 용사의 모든 방패가 달린 망대 같고"(4) 한 비유입니다.

㉠ 남자라면 모르되 신부의 목을 "다윗의 망대"와 같다 한 것은, 술람미의 아름다움이 육적인 것이 아님을 나타냅니다. "군기(軍器)를 두려고 건축한 다윗의 망대(望臺) 곧 일천 방패, 용사(勇士)의 모든 방패가 달린 망대 같다" 한 것은 군사(軍事)용어들입니다. 이는 무엇을 의미하느냐 하면, 신랑은 신부의 육적인 아름다움을 칭송하고 있는 것이 아

니라 영적인 아름다움, 다시 말하면 사탄의 유혹을 물리치고 정절을 지키는 아름다움을 칭찬하고 있음을 의미합니다. 그래서 1:9절에서도 신부를, "내가 너를 바로의 병거의 준마에 비하였구나" 하는 것입니다.

㉡ 계시록 2-3장에는 일곱 교회를 향해서 일곱 번이나, "이기는 자는, 이기는 자는" 하고 독려하시는 장면이 있습니다. 그리고 책망과 칭찬을 하십니다. 책망은 패배한데에 대한 책망이요, 칭찬은, "내가 네 행위를 아노니 네가 작은 능력을 가지고도 내 말을 지키며 내 이름을 배반치 아니 하였도다"(계 3:8) 한 승리에 대한 칭찬인 것입니다. 아가서에서도 교회를 예표하고 있는 술람미의 영적인 아름다움을 칭송하신다는 점을 놓치지 말아야만 합니다.

③ 이런 의미가 "날이 기울고 그림자가 갈 때에 내가 몰약 산과 유향의 작은 산으로 가리라"(6) 한 말씀에도 나타납니다.

㉠ "날이 기울고 그림자가 갈 때"란 하루가 지난 저녁때를 가리키는데, 이는 유대인의 관습으로는 새로운 날의 시작을 가리킵니다. 그리고 "몰약 산과 유향의 작은 산"이란 이미지는 향기를 날리는 것으로 복음에 대한 상징으로 볼 수가 있습니다. 그렇다면 "날이 기울고", 즉 율법시대가 지나고, "향기를 날리는 새 날"의 시작이란 복음시대의 개막(開幕)을 가리키는 것이 됩니다. "내가 몰약 산과 유향의 작은 산으로 가리라" 하시는데 부활하신 주님은, "무서워 말라 가서 내 형제들에게 갈릴리로 가라 하라 거기서 나를 보리라"(마 28:10) 하십니다. 이는 거기서 만나자는 약속인 것입니다.

둘째 단원(7-16) 신부의 아름다운 열매

첫째 단원이 신부의 변화된 신분(身分)의 아름다움에 대한 칭송이라면, 둘째 단원은 신부의 아름다운 열매를 칭송하는 내용입니다. 나무가 어떠하면 그 열매도 그러하기 때문입니다. 이점을 본문관찰에서 볼 수가 있습니다.

④ "나의 사랑 너는 순전히 어여뻐서 아무 흠이 없구나"(7) 하고 칭찬하면서 하는 첫 마디가,

㉠ "나의 신부야 너는 레바논에서부터 나와 함께 하고 레바논에서부터 나와 함께 가자 아마나와 스닐과 헤르몬 꼭대기에서 사자 굴과 표범 산에서 내려다보아라"(8) 합니다. 아가서에서 술람미를 "신부"(新婦)라 부르는 첫 장면입니다. 어찌하여 아내를 배필로 짝지어주셨는가? "독처하는 것이 좋지 못하니 내가 그를 위하여 돕는 배필(配匹)을 지으리라"(창 2:18) 하셨습니다. 그러므로 핵심은, "나와 함께 하고, 나와 함께 가자"는데 있습니다. 신랑과 신부의 관계를 "머리와 몸"의 관계로 말씀함이 이를 의미합니다. 머리와 몸이 떨질 수 없는 사이듯이 그리스도와 연합한 자는 "함께 죽고, 함께 사는", 즉 동거 동역을 해야 하는 것입니다.

㉡ 그래서 "아마나와 스닐과 헤르몬 꼭대기에서 사자 굴과 표범 산에서 내려다보아라"(8하) 하는 것입니다. "내려다 보아라" 하는 말을 개정역에서는, "내려오너라" 하고 개정을 했는데 뜻이 더욱 분명하게 나타난다 하겠습니다. "아마나와 스닐과 헤르몬"은 북쪽에 있는 산악지대를 가리키는 것으로 신부의 고향이기도 하고, 사자, 표범들이 있는 위험지대입니다. 이는 술람미에게, "너의 본토 친척 아비 집을 떠나 내가 네게 지시하는 땅으로 가라"(창 12:1)는 지시라고 할 수가 있습니다. 시편 45편은 아가서와 같은 왕의 혼례식 시인데, 기자는 달라도 한 성령에 의하여 기록케 하신 같은 주제를 다루고 있습니다.

딸이여 듣고 생각하고 귀를 기울일 지어다

네 백성과 아비 집을 잊어버릴 지어다
그러하면 왕이 너의 아름다움을 사모하실 지라
저는 너의 주(主)시니 너는 저를 경배할 지어다 (시 45:10-11).

⑤ "나의 누이, 나의 신부야 네가 내 마음을 빼앗았구나 네 눈으로 한 번 보는 것과 네 목의 구슬 한 꿰미로 내 마음을 빼앗았구나 나의 누이, 나의 신부야 네 사랑이 어찌 그리 아름다운지 네 사랑은 포도주에 지나고 네 기름의 향기는 각양 향품보다 승하구나"(9-10) 합니다.

㉠ 여기서 주목하게 되는 것은 각각 두 번씩 언급하고 있는, "마음과, 사랑"입니다. 믿음이란 "마음"의 문제요, 아름다움의 극치는 "사랑"이라는 점을 확인할 수가 있습니다. 사랑에 대한 보답은 "사랑"입니다. 그리스도인들이란, "그리스도의 사랑이 우리를 강권하시는도다" 한, 사랑의 강권함을 받는 사람들입니다. 어떠한 사랑인가? "생각건대 한 사람이 모든 사람을 대신하여 죽었은즉"(고후 5:14) 한, 나를 위하여 죽기까지 사랑하신 그 사랑의 강권입니다. 이 사랑만이 신랑으로 하여금, "내 마음을 빼앗았구나" 하고 기뻐하신다는 말씀입니다.

⑥ "내 신부야 네 입술에서는 꿀방울이 떨어지고 네 혀 밑에는 꿀과 젖이 있고 네 의복의 향기는 레바논의 향기 같구나"(11) 합니다.

㉠ 여기 두 가지 요점이 있는데 첫째는, "입술, 혀"에서 떨어진다는 "꿀방울, 꿀과 젖"입니다. 이 꿀이 무엇인가? "주의 말씀의 맛이 내게 어찌 그리 단지요 내 입에 꿀보다 더 하니이다"(시119:103) 한 주의 말씀 곧 복음입니다. 복음을 맛본 자의 입에서는 "꿀방울"이 떨어지게 된다는 것입니다. 그런 사람이 바울이었습니다. 신랑 되시는 그리스도는 이것이 사랑스러운 것입니다.

㉡ 둘째는, "네 의복의 향기는 레바논의 향기 같구나"(11하) 한 말인데, 성경에서 "의복"은 행위를 나타냅니다. 의롭다함을 입은 자들은 그

에 합당한 옳은 행실(계 19:8하)이 따르게 마련입니다. 그러므로 전도는 입으로만 하는 것이 아닙니다. "우리가 너희 가운서 너희를 위하여 어떠한 사람이 된 것은"(살전 1:5하) 한, "의복의 향기"가 수반이 되어야 하는 것입니다. 우리는 입으로는 꿀을 떨어뜨리나, 의복에서는 추한 냄새를 풍기고 있는 것은 아닌지 고민해야 할 것입니다.

⑦ "나의 누이, 나의 신부는 잠근 동산이요 덮은 우물이요 봉한 샘이로구나"(12) 합니다.

㉠ 이는 신부의 정절(貞節)을 칭찬하는 표현인데, "동산"은 교회에 대한 상징으로, "잠근 동산"이라 한 것은 폐쇄성을 의미하는 것이 아니라 성별(聖別)됨을 나타냅니다. 그리고 "우물, 샘"이라함은, "그러므로 너희가 기쁨으로 구원의 우물들에서 물을 길으리로다"(사 12:3) 한 생명의 샘을 가리키는데, "덮은 우물, 봉한 샘"이라 한 것은, 말씀이 혼잡되지 않도록 보전해야함을 나타낸다 하겠습니다. 창녀가 공원이라면 현숙한 신부는 비원(秘苑)이요, 자유주의 신학이 공동우물이라면, 복음을 보수함이란 봉한 샘과 같다 하겠습니다.

⑧ "네게서 나는 것은 석류나무와 각종 아름다운 과수와 고벨화와 나도초와 나도와 번홍화와 창포와 계수와 각종 유향목과 몰약과 침향과 모든 귀한 향품이요"(13-14) 합니다.

㉠ 핵심은, "네게서 나는 것은" 한 "열매"인데, "석류, 아름다운 과수, 고벨화, 나도초, 번홍화, 창포, 계수, 각종 유향, 몰약, 침향, 모든 귀한 향품"이라한 것은 모두가 향기를 내는 것들입니다. 이점을 사도 바울은, "각처에서 그리스도를 아는 냄새를 나타내시는 하나님께 감사하노라 우리는 구원 얻는 자들에게나 망하는 자들에게나 하나님 앞에서 그리스도의 향기니"(고후 2:14-15) 합니다. 가지가 포도나무 줄기에 접붙임을 받게 되면 열매를 맺게 되고, 신랑 신부가 결합하게 되면 자녀를 낳듯이 그리스도인들은, "네게서 나는 것", 즉 열매를 맺는다는 것은

당연한 것입니다.

⑨ "너는 동산의 샘이요 생수의 우물이요 레바논에서부터 흐르는 시내로구나"(15) 합니다.

㉠ 이는 12절의 반복 같지만 내용은 상반된 것입니다. 12절은 "덮은 우물, 봉한 샘"이라 한 반면, 15절에서는 "흐르는 시내로구나" 합니다. "봉한 샘"이 복음의 보수를 나타낸다면, "흐르는 시내"는 복음 전파를 나타낸다 하겠습니다. 이는 "그 문지방 밑에서 물이 나와서, 이 강물이 이르는 곳마다 번성하여 모든 생물이 살고, 달마다 새 실과를 맺으리니 그 물이 성소로 말미암아 나옴이라"(겔 47:1, 9, 12) 한 말씀과 맥을 같이 합니다.

⑩ 마지막 절은, "북풍아 일어나라 남풍아 오라 나의 동산에 불어서 향기를 날리라"(16상) 합니다.

㉠ 이는 신부가 기쁘고 감격해서 하는 말인데, "북풍아 일어나라 남풍아 오라" 한 것은 선지자가, "하늘이여 들으라 땅이여 귀를 기울이라"(사 1:2) 함과 같은 시적인 묘사인데, 선지자는 답답한 심정에서 한 말이지만, "북풍아 일어나라 남풍아 오라" 한 것은 신부가 기쁨이 충만해서 하는 말입니다.

㉡ 그리하여 "나의 동산에 불어서 향기를 날리라"(16중) 하는 것입니다. "나의 동산"이란 교회를 가리킵니다. 이를 예표적으로 본다면 교회가 성령(바람)으로 충만하여, 그리스도의 향기를 사방에 퍼지게 하는 것으로 적용이 된다 하겠습니다.

㉢ 그리고 궁극적인 목적은, "나의 사랑하는 자가 그 동산에 들어가서 그 아름다운 실과 먹기를 원하노라"(16하) 하는데 있는 것입니다. 이는 교회에서 드리는 예배를 기쁘게 받으심을 나타냅니다. 그런데 다음 절에서는, "나의 친구들아 먹으라, 나의 사랑하는 사람들아 마시고 많이 마시라"(5:1하) 하는 것이 아닌가? 예배는 화목제요, 화목제는 하

나님과의 교제와, 성도 상호간의 교제입니다. 그래서 주님은, "내가 그에게로 들어가 그로 더불어 먹고 그는 나로 더불어 먹으리라"(계 3:20) 하시는 것입니다.

ⓡ 4장을 마치기 전에 생각합니다. 우리는 신랑 되시는 그리스도로부터, "나의 사랑 너는 순전히 어여뻐서 아무 흠이 없구나" 하는 인정을 받은 자들이라는 점입니다. 그렇다면 그에 상응하는 책임이 따르게 되는데 첫째는, "나의 신부야 네 사랑이 어찌 그리 아름다운지" 한 "사랑"의 강권함을 받는 삶을 살아야 한다는 점입니다. 그리하여 모든 지체들이 열매를 맺으며, 의복의 향기 곧 그리스도의 향기를 날려야 한다는 점입니다. 그리고 이들이 모인 교회는 "잠근 동산" 같이 성별을 유지하면서 동시에, 생수의 물을 흘러내는 시내가 되어야 한다는 점입니다.

⑪ 묵상해보겠습니다.

㉠ 흠이 없는 신부가 되는 것이 어떻게 가능하여지는가에 대해서,

㉡ "잠근 동산, 덮은 우물과, 흐르는 시내"에 대해서,

㉢ "네게서 나는 것은" 한, 우리는 어떤 열매를 생산하고 있는가에 대해서.

아가서 5장 개관도표

주제 : 사랑하는 자를 문밖에 세워둔 신부

	신부 술람미	신랑 솔로몬	예루살렘 여자들
남의 사랑보다 나은 것이 무엇이냐	1-9 2상 ② **내가 잘지라도 마음은 깨었는데** 나의 사랑하는 자의 소리가 들리는구나 **문을 두드려 이르기를** 3 ③ **내가 옷을 벗었으니** 어찌 다시 입겠으며 내가 발을 씻었으니 어찌 다시 더럽히랴마는 4 나의 사랑하는 자가 **문틈으로 손을** 들이밀매 내 마음이 동하여서 5 일어나서 나의 사랑하는 자 위하여 문을 열 때 몰약이 내 손에서, 몰약의 즙이 내 손가락에서 문빗장에 듣는구나 6 ④ 내가 나의 사랑하는 자 위하여 **문을 열었으나** **그가 벌써 물러갔네** 그가 말할 때에 **내 혼이 나갔구나** 내가 그를 찾아도 못 만났고 불러도 응답이 없었구나 7 ⑤ **성중에서 행순하는 자들이** 나를 만나매 나를 쳐서 상하게 하였고 성벽을 파수하는 자들이 나의 웃옷을 벗겨 취하였구나 8 예루살렘의 여자들아 너희에게 내가 부탁한다 너희가 나의 사랑하는 자를 만나거든 **내가 사랑하므로 병이 났다고 하려무나**	1 ① 나의 누이 나의 신부야 내가 내 동산에 들어와서 나의 몰약과 향 재료를 거두고 나의 꿀송이와 꿀을 먹고 내 포도주와 내 젖을 마셨으니 **나의 친구들아 먹으라 나의 사랑하는 사람들아 많이 마시라** 2하 **나의 누이 나의 사랑 나의 비둘기 나의 완전한 자야 문 열어다고** 내 머리에는 이슬이 내 머리털에는 밤이슬이 가득하였다 하는구나	9 여자 중 극히 어여쁜 자야 **너의 사랑하는 자가 남의 사랑하는 자보다 나은 것이 무엇인가 너의 사랑하는 자가 남의 사랑하는 자보다 나은 것이 무엇이기에** 이같이 우리에게 부탁하는가
전체가 사랑스럽구나	10-16 10 ⑥ 나의 사랑하는 자는 희고도 붉어 **만 사람에 뛰어난다** 11 머리는 정금 같고 머리털은 고불고불하고 까마귀 같이 검구나 12 눈은 시냇가의 비둘기 같은데 젖으로 씻은듯하고 아름답게도 박혔구나 13 뺨은 향기로운 꽃밭 같고 향기로운 풀언덕과도 같고 입술은 백합화 같고 몰약의 즙이 뚝뚝 떨어진다 14 손은 황옥을 물린 황금 노리개 같고 몸은 아로새긴 상아에 청옥을 입힌듯하구나 15 다리는 정금 받침에 세운 화반석 기둥 같고 형상은 레바논 같고 백향목처럼 보기 좋고 16 ⑦ 입은 심히 다니 **그 전체가 사랑스럽구나** 예루살렘 여자들아 이는 나의 사랑하는 자요 나의 친구일다		

5장

사랑하는 자를 문밖에 세워둔 신부

> [2]나의 사랑하는 자의 소리가 들리는 구나 문을 두드려 이르기를 나의 누이, 나의 사랑, 나의 비둘기, 나의 완전한 자야 문 열어 다고 내 머리에는 이슬이, 내 머리털에는 밤이슬이 가득하였다 하는구나.

5장의 내용은 결혼 권태기라 할 수가 있습니다. 신부가 신랑의 문 두드리는 소리를 듣고도 열어주지 않다가 뒤늦게 찾아 헤매는 내용입니다. 술람미는 누구고, 솔로몬은 누군가? 그런데 그를 배척하고 문을 열어주지 않을 수가 있단 말인가? 그런데 첫 사랑을 잃어버린 에베소 교회가 그러했고, 부자라 자처한 라오디게아 교회가 그러했듯이 현대교회에서도 도저히 있을 수 없는 일을 자행하고 있는 것도 사실입니다. 이를 치료하는 비결은 두 번이나 강조되어 있는, "너의 사랑하는 자가 남의 사랑하는 자보다 나은 것이 무엇인가"(9)를 잊지 않는 일입니다. 다시 말하면 이제도 교회와 나의 마음 문을 두드리고 계시는 예수 그리스도가 누군가 하는 점을 인식하는 일입니다. 형제는 "나의 사랑하는 그 분이 누구이며, 어떤 점이 나은지" 이에 확고합니까?

도표를 보시면 첫째 단원은 "내 머리에는 밤이슬이 가득하였구나"를 중심으로, ① "나의 사랑하는 자들아 마시고 많이 마시라" 합니다. 장면(場面)은 바뀌어 ② "신랑이 문을 두드리는데, 내가 잘지라도" 하고 신부가 잠들어 있는 것이 아닌가? ③ "내가 옷을 벗었으니" 하고 나태에 빠졌다가 뒤늦게 문을 열었으나, ④ 신랑은 가버린 후였다. 찾아 나섰다가, ⑤ "행순하는 자"에게 행패를 당하고, 예루살렘 여자들에게 부탁을 하기에 이릅니다. 둘째 단원은 "너의 사랑하는 자가 남의 사랑하는 자보다 나은 것이 무엇이냐"를 중심으로, ⑥ "만 사람에 뛰어난다", ⑦ "그 전체가 사랑스럽구나" 합니다.

첫째 단원(1-9) **남의 사랑보다 나은 것이 무엇이냐**

둘째 단원(10-16) **전체가 사랑스럽구나**

주제(主題) : 사랑하는 자를 문밖에 세워둔 신부

㉠ 참으로 성경은 충족된 계시입니다. 아가서의 예표를 통해서 경계하고 있는 바를, 계시록을 통해서 주님의 경계로 듣게 되기 때문입니다. 주님은 말씀하십니다. "볼지어다 내가 문 밖에 서서 두드리노니 누구든지 내 음성을 듣고 문을 열면 내가 그에게로 들어가 그로 더불어 먹고 그는 나로 더불어 먹으리라"(계 3:20). 이는 정확하게 아가서 5장과 상응하는 것입니다. 주님은, "네가 이같이 미지근하여 더웁지도 아니하고 차지도 아니하니 내 입에서 너를 토하여 내치리라" 하십니다. 그러므로 현대교회는 이 경계를 심각하게 살펴보아야만 하는 것입니다.

㉡ 이런 경고를 받은 라오디게아 교회의 특성을 보면, ㉮ 외형으로

는 부자 교회로 부족함이 없다고 말합니다. ㉯ 그런데 영적으로는 "곤고하고, 가련하고, 가난하고, 눈멀고, 벌거벗은" 교회라고 말씀하십니다. 그 원인이 무엇인가? 미지근한 신앙은 부수적인 원인에 지나지 않습니다. 근원적인 원인은 "내가 문 밖에 서서" 한, 그리스도를 추방했기 때문입니다. 어떻게 하는 것이 주님을 문밖으로 내어좇는 것인가? 강단에서 복음이 살아지게 되면 그렇게 되는 것입니다.

㉢ 이점이 "네 곤고한 것과 가련한 것과 가난한 것과 눈먼 것과 벌거벗은 것을 알지 못하는도다" 하신 말씀에 나타납니다. 이는 복음을 모르던 불신자 때의 모습입니다. 결정적인 징조가 "벌거벗은" 것으로 나타납니다. 본문에서도 "내가 옷을 벗었으니" 합니다. 4:1절에서는, "너울 속에 있는", 즉 세마포를 입은 신부를 "아무 흠이 없구나" 했습니다. 그런데 벌거벗은 몸으로 신랑을 맞이할 수가 있단 말인가?

㉣ 주님은 약속하십니다. "이기는 그에게는 내가 내 보좌에 함께 앉게 하여 주기를 내가 이기고 아버지 보좌에 함께 앉은 것과 같이 하리라 귀 있는 자는 성령이 교회들에게 하시는 말씀을 들을지어다"(계 3:21-22). 지금 아가서는 솔로몬 왕과 시골 처녀 술람미를 예표로 하여 이 영광스러운 광경을 보여주시려는 것입니다.

㉤ 이점에서 아가서의 구조를 상기할 필요가 있습니다. 아가서는 일관된 이야기를 순서적으로 서술하는 서사시(敍事詩)와 같은 것이 아닙니다. 신구약의 성도들은 모두가 "신랑"이 오기를 기다리는 사람들이라는 점에 공통점이 있습니다. 다른 점이 있다면 구약의 성도들은 초림의 주님을 기다리고 있었다면, 신약의 성도들은 재림의 신랑을 기다리고 있다는 차이뿐입니다. 그 날에는 "하늘에 있는 것이나 땅에 있는 것이 다 그리스도 안에서 통일"(엡 1:10)이 되게 될 것입니다.

㉥ 신랑이 오시기까지의 기간은, "오직 나의 의인은 믿음으로 말미암아 살리라"(합 2:4, 히 10:38) 하십니다. 이점을 사도 바울은, "근신함

과 의로움과 경건함으로 이 세상에 살고"(딛 2:12) 합니다. 이 말씀에는 세 방면의 관계성이 있는데 첫째, 자신과의 관계인데 그것은 "근신"이요, 이웃과의 관계는 "의로움"이요, 하나님과의 관계는 "경건"입니다. 문제는 이 소망을 가진 자마다 그 기간을 어떻게 살아가야만 하는가? 아가서는 그 기간에 일어날 수 있는 여러 상황들을 보여주고 있는 것입니다. 지금 현대교회는 아가서 5장의 상태가 아닌지 심각하게 반성해야할 것입니다.

첫째 단원(1–9) 남의 사랑보다 나은 것이 무엇이냐

첫째 단원의 열쇠는, "너의 사랑하는 자가 남의 사랑하는 자보다 나은 것이 무엇이기에 이같이 우리에게 부탁하는가"(9하) 하는, 문제제기에 있습니다. "나은 것이 무엇이냐?" 하는 말은, 그 분이 누구이기에 이렇게 찾아 헤매느냐는 뜻이요, 이는 주님께서 "너희는 나를 누구라 하느냐" 하는 질문으로 이어지는 중요한 맥락인 것입니다.

① 먼저 "나의 누이, 나의 신부야 내가 내 동산에 들어와서 나의 몰약과 향 재료를 거두고 나의 꿀송이와 꿀을 먹고 내 포도주와 내 젖을 마셨으니"(1상) 합니다. 이는 신랑 솔로몬이 하는 말인데, 4장과, 5장을 이어주는 교량역할을 합니다.

㉠ 4장과 결부시키면, "나의 사랑하는 자가 그 동산에 들어가서 그 아름다운 실과 먹기를 원하노라"(4:16하) 한 신부의 초청에 응한 것이 됩니다. 그런데 신랑은 자신만이 먹는 것이 아니라, "나의 친구들아 먹으라 나의 사랑하는 사람들아 마시고 많이 마시라"(1하) 합니다. ㉮ 신랑이 "내 동산(교회)에 들어와서 나의 몰약과 향 재료를 거두고 나의 꿀송이와 꿀을 먹고 내 포도주와 내 젖을 마셨으니" 하는 것은 교회가 드

리는 예배를 기쁘게 열납하셨음을 나타냅니다. 그런데 예배는 교제입니다. 그래서 "나의 친구들아 먹으라 나의 사랑하는 사람들아 마시고 많이 마시라" 하시는 것입니다.

② 그리고 "내가 잘지라도 마음은 깨었는데"(2상) 하고 이어지고 있는데, 시험은 이런 첫 사랑의 밀월(蜜月) 후에 찾아옵니다. 신부는 어떤 상태인가?

㉠ "내가 잘지라도 마음은 깨었다"는 말은, "마음은 원이로되 육신이 약하도다" 하는 그런 의미입니다. 달리 말하면, "육체의 소욕이 성령의 소욕을 거스려, 대적함으로 너희 원하는 것을 하지 못하게 하는"(갈 5:17) 상태를 나타냅니다. 그래서 "나의 사랑하는 자의 소리가 들리는구나"(2중) 하는, 신랑의 음성을 들으면서도 벌떡 일어나지를 못하고 있는 것입니다.

㉡ "문을 두드려 이르기를 나의 누이, 나의 사랑, 나의 비둘기, 나의 완전한 자야 문 열어 다고"(2중) 하시는 것이 아닌가? 얼마나 사랑하시면, "나의 누이, 나의 사랑, 나의 비둘기, 나의 완전한 자야" 하시겠는가? 그 외에 더 좋은 말이 있었다면 그것도 아끼지 않으셨을 것입니다. 우리를 향하신 주의 사랑은 그 이상은 없는 지고(至高)지선(至善)의 사랑이요, 그 사랑은 어제나 오늘이나 변함이 없습니다. 여기서 신부를 "나의 완전(完全)한 자"(2)라고 부르고, 4:7절에서는 "아무 흠이 없다" 하는데, 신랑을 박대하여 문도 열어주지 않는 신부가 완전하고 흠이 없는 자란 말인가? 그러므로 이 "완전"이 자기 의가 아니라 칭의(稱義)임이 드러납니다.

㉢ "내 머리에는 이슬이, 내 머리털에는 밤이슬이 가득하였다"(2하) 하심은, 문밖에 서서, 문을 두드린 지가 아주 오래였음을 나타냅니다. 형제여, 주님이 두드리시는 문은 불신자의 마음 문이 아닙니다. 그리고 아가서에서만 두드리시는 것이 아닙니다. 첫사랑의 시기가 막 지나려는

초대교회의 문도 두드리셨습니다. 그렇다면 그로부터 2000년이 지난 현대교회의 상태가 어떠할 것인가는 미루어 짐작할 수 있지 않겠는가?

③ 신부의 반응은 어떠한가? "내가 옷을 벗었으니 어찌 다시 입겠으며 내가 발을 씻었으니 어찌 다시 더럽히랴"(3) 합니다.

㉠ 이는 4:10절에서 "신부야 네 사랑이 어찌 그리 아름다운지" 한 "사랑"이 식었음을 나타냅니다. 신랑이 원하고 있는 것은 신부의 육체가 아니라, "내 아들아 네 마음을 내게 주며"(잠 23:26) 한 "사랑의 마음"입니다. "내가 옷을 벗었으니" 한, "옷"은 그 사람의 정체성(正體性)을 나타냅니다. 하나님은 "아론의 옷을 벗겨 그 아들 엘르아살에게 입히라"(민 20:26) 하십니다. 그런데 신부가 옷을 "벗었다"는 것은 자신의 정체성을 망각했다는 뜻이 되는 것입니다. 옷을 벗은 그녀는 신부의 모습도 아니며, 아름답게 보이지도 않았을 것입니다.

㉡ 또한 "신"은 사명을 상징합니다. 룻기서에서 기업을 물어야 할 책임이 있는 "아무개"는, "보아스에게 이르되 네가 너를 위하여 사라, 하고 그 신을 벗었다"(룻 4:8)고 말씀합니다. 그래서 사도 바울은, "하나님의 전신갑주를 입으라" 하면서 "평안의 복음의 예비한 것으로 신을 신고"(엡 6:13, 15) 했던 것입니다. 변명의 여지가 없이 술람미는 전신갑주를 벗어버리고 사명을 망각하고 있었던 것입니다. 이를 일깨우기 위해서 주님은 찾아오신 것입니다.

㉢ 이점이 "나의 사랑하는 자가 문틈으로 손을 들이밀매"(4상) 하는 묘사에 나타납니다. 2:9절에서도 "벽 뒤에 서서 창으로 들여다보며 창살 틈으로 엿보는구나" 했습니다. 이는 교제를 방해하는 장애요소가 있음을 나타냅니다.

㉣ "내 마음이 동하여서 일어나서 나의 사랑하는 자 위하여 문을 열 때 몰약이 내 손에서, 몰약의 즙이 내 손가락에서 문빗장에 듣는구나"(4하-5) 합니다. 신부는 잠시 "잠"이 들었을 뿐 "죽은" 절망적인 상태는 아

닌 것입니다. 이점이 "내 마음이 동(動)하여서" 라는 말과, "몰약이 내 손에서, 몰약의 즙이 내 손가락에서 문빗장에 듣는구나" 하는 표현에 나타납니다. 죽은 사람에게서는 이런 반응이 나타나지를 않는 것입니다. 이점을 바울은, "네 속에 있는 하나님의 은사를 다시 불 일듯 하게 하기 위하여 너로 생각하게 하노니"(딤후 1:6) 합니다.

④ "내가 나의 사랑하는 자 위하여 문을 열었으나 그가 벌써 물러갔네 그가 말할 때에 내 혼이 나갔구나 내가 그를 찾아도 못 만났고 불러도 응답이 없었구나"(6) 합니다.

㉠ 3:1-2절에도, "찾아도 발견치 못하였구나, 큰 길에서나 찾으라 하고 찾으나 만나지 못하였구나" 하고 "찾는다"는 말을 4번이나 강조합니다. 주님께서 산상수훈에서 "구하라, 찾으라, 문을 두드리라" 하심은, 아무 것이나 구하고 찾으라 하심이 아닙니다. 지금 신부가 구하여야 하고 찾아야 할 것이 무엇입니까? 하나님 존전에서 추방을 당한 아담의 후예들이 안고 있는 근원적인 문제가 무엇이란 말인가? 구약시대란 문을 두드려도 열리지 않던 시기였음을 인식해야만 합니다. 이를 단적으로 보여주는 것이 굳게 닫힌 성막 휘장이 말해줍니다. 이점을 신약성경에서는, "첫 장막이 서 있을 동안에 성소에 들어가는 길이 아직 나타나지 아니한 것이라"(히 9:8) 하고 말씀합니다.

⑤ 그리하여 "성중에서 행순하는 자들이 나를 만나매 나를 쳐서 상하게 하였고 성벽을 파수하는 자들이 나의 웃옷을 벗겨 취하였구나"(7) 합니다.

㉠ "성중에 행순하는 자"의 직무는 백성의 안전을 위한 자들이요, 꼭 있어야할 중요한 직책입니다. 그런데 그들이 도리어 주를 찾아 헤매는 신부를 "쳐서 상(傷)하게 하였다"는 것은 도저히 있을 수 없는 일입니다. 이것은 오해나 실수로 말미암은 것이 아닙니다. 이점이 "나의 옷을 벗겨 취하였다"는 표현에 명백하게 나타납니다. 그러면 이들 "성중

에 행순하는 자, 성벽을 파수하는 자"가 누군가?

ⓛ 놀라지 마시기 바랍니다. 제사장이요, 선지자들입니다. 하나님은 에스겔에게 "인자야 내가 너를 이스라엘 족속의 파수꾼으로 세웠다"(겔 3:17) 하십니다. 그런데 "그 두령은 뇌물을 위하여 재판하며 그 제사장은 삯을 위하여 교훈하며 그 선지자는 돈을 위하여 점치면서 오히려 여호와를 의뢰하여 이르기를 여호와가 우리 중에 계시지 아니 하냐"(미 3:11), 즉 하나님의 이름을 팔아먹는다고 책망합니다. "내 백성의 가죽을 벗기며 그 뼈에서 살을 뜯어 그들의 살을 먹으며 그 가죽을 벗기며 그 뼈를 꺾어 다지기를 냄비와 솥 가운데 담을 고기처럼 하는도다"(미 3:2-3) 합니다.

ⓒ 그러나 성중에 행순하는 모든 파수꾼이 다 그런 것은 아닙니다. 3:3절에 등장하는 "순행하는 자"를 통해서는 신랑을 만나게 되나, 본문의 행순하는 자를 통해서는 도리어 해를 당하게 됩니다. 이는 무엇을 말해주고 있는가? "거짓 선지자들을 삼가라 양의 옷을 입고 너희에게 나아오나 속에는 노략질하는 이리라"(마 7:15) 하신 참 목회자와 거짓 목회자가 있음을 나타냅니다.

ⓔ 그래서 신부는 "예루살렘 여자들아 너희에게 내가 부탁한다 너희가 나의 사랑하는 자를 만나거든 내가 사랑하므로 병이 났다고 하려무나"(8) 하고 부탁하기에 이릅니다. 이에 응하여 예루살렘 여자들은, "여자 중 극히 어여쁜 자야 너의 사랑하는 자가 남의 사랑하는 자보다 나은 것이 무엇인가 너의 사랑하는 자가 남의 사랑하는 자보다 나은 것이 무엇이기에 이같이 우리에게 부탁하는가"(9) 하고 묻습니다. 3:6절에서는 "여러 가지 향품으로 향기롭게도 하고 거친 들에서 오는 자가 누구인가?" 하고 묻고 있습니다. 아가서는 그리스도를 예표하는 신랑의 정체가 누구인가를 증거하는데 역점을 두고 있는 것입니다.

ⓜ 본문을 다시 한 번 관찰해보십시오. "너의 사랑하는 자와, 남의

사랑하는 자"를 대조(對照)하여, "너의 사랑하는 자가 남의 사랑하는 자보다 나은 것이 무엇인가" 하고 묻고 있는 것입니다. 저도 묻습니다. 불교도들이 사랑하는 자보다, 무슬림들이 사랑하는 자보다 "너의 사랑하는 자가 어떤 점에서 나은지" 형제는 분명히 말해줄 수가 있습니까? 형제가 섬기는 성도들은 이에 확고하게 서 있습니까?

둘째 단원(10-16) 전체가 사랑스럽구나

둘째 단원은 "나의 사랑하는 자가 남의 사랑하는 자보다 나음"을 증거하는 내용입니다.

⑥ "나의 사랑하는 자는 희고도 붉어 만 사람에 뛰어난다"(10) 합니다. "만 사람에 뛰어난다", 이것이 복음이 의문에 가려있던 구약시대의 한계(限界)였을 것입니다.

㉠ 그러므로 "머리는 정금 같고 머리털은 고불고불하고 까마귀 같이 검구나 눈은 시냇가의 비둘기 같은데 젖으로 씻은듯하고 아름답게도 박혔구나 뺨은 향기로운 꽃밭 같고 향기로운 풀언덕과도 같고 입술은 백합화 같고 몰약의 즙이 뚝뚝 떨어진다"(11-13) 한 묘사에 대해서 일일이 의미를 부여하려고 고심할 필요가 없습니다. 왜냐하면 신약의 성들에게는, "주는 그리스도시오 살아계신 하나님의 아들이시니이다(마 16:16), 본래 하나님을 본 사람이 없으되 아버지 품속에 있는 독생하신 하나님이 나타내셨느니라"(요 1:18) 하고, 신랑의 정체가 밝히 드러났기 때문입니다.

㉡ "손은 황옥을 물린 황금 노리개 같고 몸은 아로새긴 상아에 청옥을 입힌듯하구나 다리는 정금 받침에 세운 화반석 기둥 같고 형상은 레바논 같고 백향목처럼 보기 좋고 입은 심히 다니"(14-16상) 합니다. 이

묘사들에는 두 가지 요점이 있는데 첫째는, “만 사람에 뛰어 난다”(10) 한데서 나타난 그리스도의 인성(人性)입니다. 둘째는, “머리는 정금같고(11상), 손은 황옥을 물린 황금노리개 같고(14), 다리는 정금 받침 같다”(15상) 하고, “금”에다 비유한 그리스도의 신성(神性)입니다. 이점을 밝히 드러난 신약성경은, “이는 하나님의 영광의 광채시오 그 본채의 형상이시라”(히 1:3) 하고 말씀합니다.

㉢ 복음서는 두 가지 요점을 증거하기 위해서 기록이 되었습니다. 첫째는 예수가 누군가 하는 점이고, 둘째는 그가 왜 오셨는가? 다시 말하면 우리를 위해서 무엇을 해주셨는가를 증거하고 있습니다. 왜냐하면 여기에 복음의 핵심이 있기 때문입니다. ㉮ 떡 다섯 덩이와 물고기 두 마리로 5천 명을 먹이고도 열 두 바구니를 거두게 하는 이 분이 누군가를 알기를 원하고 있습니다. ㉯ 죽은 지 나흘이 되어 냄새나는 자를 “나오라” 하는 말 한마디로 걸어 나오게 하는 분이 누군가를 알기를 원하고 있습니다. “이 어떠한 사람이기에 바람과 바다도 순종하는고”(마 8:27) 합니다. ㉰ “너더러 자리를 들고 걸어가라 한 사람이 누구냐”(요 5:12) 하고 묻고 있습니다.

㉣ 하나님은 친히 “이는 내 사랑하는 아들이요 내 기뻐하는 자니라”(마 3:17) 하십니다. 길 예비자 요한은, “보라 세상 죄를 지고 가는 하나님의 어린양이로다”(요 1:29) 하고 증거합니다. 베드로는 “주는 그리스도시오 살아계시는 하나님의 아들이로소이다” 하고 고백합니다. 형제는 누구라 하십니까?

⑦ “그 전체가 사랑스럽구나 예루살렘 여자들아 이는 나의 사랑하는 자요 나의 친구일다”(16하), 이런 분이 “나의 사랑하는 자라”는 것입니다. “나의 사랑하는 자를 남의 사랑하는 자에다” 비교하는 것 좇아 용납이 안 된다는 그런 뜻입니다.

㉠ “사람이 친구를 위하여 자기 목숨을 버리면 이에서 더 큰 사랑이

없나니(요 15:13), 나는 선한 목자라 선한 목자는 양들을 위하여 목숨을 버리노라"(요 10), 우리의 사랑하는 자는 우리를 위하여 "대신 죽어주신" 거기까지 사랑하신 분이십니다.

㉡ "죽으실 뿐 아니라 다시 살아나신 이는 그리스도 예수시니 그는 하나님 우편에 계신 자요 우리를 위하여 간구하시는 자시니라"(롬 8:34-35), 죽으신 것만이 아니라 이제도 우리를 위하여 간구하시는 분이십니다.

㉢ "이제 하는 말에 중요한 것은 이러한 대제사장이 우리에게 있는 것이라 그가 하늘에서 위엄의 보좌 우편에 앉으셨으니"(히 8:1) 합니다. 이제 형제의 사랑하는 자가 "남의 사랑하는 자보다" 비교하는 것조차 용납이 되지 않을 만큼 위대하고 영광스러운 분이심을 확신하기에 이르렀습니까? 그래도 부족합니까?

⑧ 묵상해보겠습니다.

㉠ 1절의 "먹고 마셨으니, 사랑하는 자들아 마시고 많이 마셔라"의 뜻에 대해서,

㉡ "내가 잘지라도 마음은 깨었다"는 신부의 영적 상태에 대해서,

㉢ "너의 사랑하는 자가 남의 사랑하는 자보다 나은 점"이 무엇인가에 대해서.

아가서 6장 개관도표

주제 : 나는 사랑하는 자에게, 사랑하는 자는 내게 속하였다

	신부 술람미	신랑 솔로몬	예루살렘 여자들
너울 속의 신부의 아름다움	1-9 2 ② **나의 사랑하는 자가 자기 동산으로 내려가 향기로운 꽃밭에 이르러서** 동산 가운데서 **양떼를 먹이며** 백합화를 꺾는구나 3 **나는 나의 사랑하는 자에게 속하였고 나의 사랑하는 자는 내게 속하였다 그가 백합화 가운데서 그 양떼를 먹이는구나**	4 ③ **내 사랑아 너의 어여쁨이** 디르사 같고 너의 고움이 예루살렘 같고 엄위함이 기치를 벌인 군대 같구나 5 네 눈이 나를 놀래니 돌이켜 나를 보지 말라 네 머리털은 길르앗산 기슭에 누운 염소떼 같고 6 네 이는 목욕장에서 나온 암양 떼 곧 새끼 없는 것은 하나도 없이 각각 쌍태를 낳은 양 같고 7 ④ **너울 속의 너의 뺨은** 석류 한쪽 같구나 8 왕후가 육십이요 비빈이 팔십이요 시녀가 무수하되 9 ⑤ **나의 비둘기, 나의 완전한 자는 하나뿐이로구나** 그는 그 어미의 외딸이요 그 낳은 자의 귀중히 여기는 자로구나 여자들이 그를 보고 복된 자라하고 왕후와 비빈들도 그를 칭찬하는 구나	1 ① **여자 중 극히 어여쁜 자야** 너의 사랑하는 자가 어디로 갔는가 너의 사랑하는 자가 어디로 돌이켰는가 **우리가 너와 함께 찾으리라**
신부를 태우러 보낸 수레	10-14 11 ⑦ **골짜기의 푸른 초목을 보려고** 포도나무가 순이 났는가 석류나무가 **꽃이 피었는가 알려고** 내가 호도 동산으로 내려갔을 때에 12 ⑧ 부지중에 내 마음이 나로 **내 귀한 백성의 수레 가운데 이르게 하였구나**	10 ⑥ **아침빛 같이 뚜렷하고 달 같이 아름답고 해같이 맑고 기치를 벌인 군대 같이 엄위한 여자가 누구인가** 14 너희가 어찌하여 **마하나임의 춤추는** 것을 보는 것처럼 술람미 여자를 보려느냐	13 돌아오고 돌아오라 술람미 여자야 돌아오고 돌아오라 우리로 너를 보게 하라

6장

나는 사랑하는 자에게, 사랑하는 자는 내게 속하였다

3나는 나의 사랑하는 자에게 속하였고 나의 사랑하는 자는 내게 속하였다 그가 백합화 가운데서 그 양떼를 먹이는구나.

6장은, 5장에서 신랑을 박대했던 신부가 다시 한 번 사랑을 고백함으로 관계를 회복하는 내용입니다. 성경은, "만일 우리가 우리 죄를 자백하면 저는 미쁘시고 의로우사 우리 죄를 사하시며 모든 불의에서 우리를 깨끗케 하실 것이요"(요일 1:9) 하십니다. 그러므로 핵심은, "나는 나의 사랑하는 자에게 속하였고 나의 사랑하는 자는 내게 속하였다"(3) 하는 신부의 사랑고백에 있습니다.

도표를 보시면 "나는 나의 사랑하는 자에게 속하였다"를 중심으로 첫째 단원은, ① 신부의 증거를 들은 예루살렘 여자들이 "너와 함께 찾으리라" 하자, ② 신부는 "나의 사랑하는 자가 동산 꽃밭에 이르러 양떼를 먹인다" 하면서 중심주제인, "나는 나의 사랑하는 자에게 속하였다"는 고백을 합니다. ③ 사랑을 고백하자 신랑이 나타나, "내 사랑아 너의 어여쁨이" 하고 변함없이, ④ "너울 속"의 신부의 아름다움을 칭찬하면서, ⑤ "나의 완전한 자는 하나뿐이로구나" 합니다. 둘째 단원에서는 신부를, ⑥ "아침빛, 달, 해"에 비하면서, 군대같이 엄위한 여자가 누구인가 하자, ⑦ 신부는 "동산으로 내려가", ⑧ "수레"를 만나게 되는데 신부를 태우러 보낸 수레가 아니겠는가?

첫째 단원(1-9) **너울 속의 신부의 아름다움**
둘째 단원(10-14) **신부를 태우러 보낸 수레**

주제(主題) : 나는 사랑하는 자에게, 사랑하는 자는 내게 속하였다

㉠ 아가서의 주제는 "사랑"입니다. 요한복음을 보면 앞부분에서는 "믿는 자는 영생이 있고(3:36), 믿는 자는 영생을 얻었고(5:24), 믿는 자는 영생을 가졌나니"(6:47) 하고, "믿음"이 강조되어 있습니다. 그런데 마지막에 이르러 주님은, "네가 이 사람들보다 나를 더 사랑하느냐"(요 21:15) 하고 "사랑"을 요구하십니다. 그리고 분부하신 말씀이 "내 어린 양을 먹이라" 하십니다. 왜냐하면 "믿음"은 자신만을 구원하지만, 많은 사람을 구원으로 인도하는 목양사역은 "사랑" 없이는 감당할 수가 없기 때문입니다. 아가서는 이 주제를 다루고 있는 것입니다.

㉡ 그리하여 "포도원(1:6, 2:15, 7:12, 8:12), 양떼를 먹인다"(1:8, 2:16, 6:2, 3)는 목회적인 언급이 자주 등장합니다. 이런 맥락에서 아가서의 핵심은 "나는 나의 사랑하는 자에게 속하였고 나의 사랑하는 자는 내게 속하였다"(3) 하는 사랑의 연합에 있는 것입니다. 모두 세 번(2:16, 6:3, 7:10) 등장하는데, 그 배경은 다른 바가 있습니다. 2:16절의 첫 번의 것은 첫사랑의 고백이라 할 수가 있고, 본문(6:3)의 고백은 마치 주

님을 부인했던 베드로의 고백처럼 신랑을 박대했던 배경에서 하는 고백입니다. 그리고 7:10절의 마지막 고백은 이별을 앞두고 한 고백인 것입니다.

㉢ 이 고백을 신약적으로 말한다면, "내가 그리스도와 함께 십자가에 못 박혔나니 그런즉 이제는 내가 산 것이 아니요 오직 내 안에 그리스도께서 사신 것이라 이제 내가 육체 가운데 사는 것은 나를 사랑하사 나를 위하여 자기 몸을 버리신 하나님의 아들을 믿는 믿음 안에서 사는 것이라"(갈 2:20)는 고백이요, "우리 중에 누구든지 자기를 위하여 사는 자가 없고 자기를 위하여 죽는 자도 없도다 우리가 살아도 주를 위하여 살고 죽어도 주를 위하여 죽나니 그러므로 사나 죽으나 우리가 주의 것이로라"(롬 14:7-8) 한 고백인 것입니다.

첫째 단원(1-9) 너울 속의 신부의 아름다움

① "여자 중 극히 어여쁜 자야 너의 사랑하는 자가 어디로 갔는가 너의 사랑하는 자가 어디로 돌이켰는가 우리가 너와 함께 찾으리라"(1) 합니다.

㉠ 이는 예루살렘 여자들의 말입니다. 예루살렘 딸들이 어떤 동기에서 "우리가 너와 함께 찾으리라"는 말을 하게 되었는가? 술람미는 그들에게 "너희가 나의 사랑하는 자를 만나거든 내가 사랑하므로 병이 났다고 하려므나" 하고 말했습니다. 이 말을 들은 예루살렘 여자들은 도대체, "너의 사랑하는 자가 남의 사랑하는 자보다 나은 것이 무엇이기에 이같이 우리에게 부탁하는가"(5:8-9), 즉 병이 날 정도란 말이냐 하고 물었던 것입니다. 그들에게 술람미는 5:10-16절을 통해서, "나의 사랑하는 자는 만 사람에 뛰어난다, 그 전체가 사랑스럽다" 하고, 신랑을

증거했던 것입니다.

㉡ 이점이 중요합니다. 복음 전도란 듣는 자로 하여금, "우리가 너와 함께 찾으리라", 즉 우리도 그 분을 만나고 싶다 하고 그리스도에게로 인도하는 것입니다. 사마리아 여인은 물동이를 버려두고 동리에 들어가 사람들에게, "나의 행한 모든 일을 내게 말한 사람을 와 보라 이는 그리스도가 아니냐" 하고 전했습니다. "저희가 동리에서 나와 예수께로 오더라". 그리고 말했습니다. "이제 우리가 믿는 것은 네 말을 인함이 아니니 이는 우리가 친히 듣고 그가 참으로 세상의 구주신줄 앎이니라"(요 4:29-30, 42) 했습니다. 술람미가 이렇게 하고 있는 것입니다.

② "나의 사랑하는 자가 자기 동산으로 내려가 향기로운 꽃밭에 이르러서 동산 가운데서 양떼를 먹이며 백합화를 꺾는 구나"(2) 합니다. 이는 술람미가 예루살렘 여자들에게 하는 말입니다.

㉠ 술람미는 3:2절에서도 신랑을 찾아 헤맸고, 5:6절에서도 찾아 헤매었습니다. 그런데 술람미는 신랑이 어디 있으리라는 것을 알고 있다는 것입니다. 주님은 언제나 "자기 동산으로 내려가 향기로운 꽃밭에 이르러서 동산 가운데서 양떼를 먹이고" 계시다는 것을 알고 있는 것입니다. 그렇습니다. 주님의 관심은 피로 값을 주고 사신 어린양, 즉 교회에 있는 것입니다.

㉡ 이점을 얼마나 강조하고 있는가를 보십시오. ㉮ "나의 사랑하는 자야 너의 양떼 먹이는 곳"(1:7)이 어딘지 알려 달라고 말하자, ㉯ 나를 만나려거든 "양떼의 발자취를 따라"(1:8) 오라 합니다. ㉰ "그가 백합화 가운데서 양떼를 먹이는 구나"(2:16) 합니다. ㉱ "동산 가운데서 양떼를 먹이며 백합화를 꺾는구나"(6:2) 합니다. ㉲ "그가 백합화 가운데서 그 양떼를 먹이는구나"(6:3) 합니다. 자기 동산"이라 말하는데 피로 값을 주고 사신 교회를 가리킵니다. 선한 목자는 양을 위하여 목숨을 버리노라 하시는데 그렇다면 그 양을 잊을 수가 없고, 떠날 수가 없는 것입니다.

㉢ "이를 알고 믿기에, "나는 나의 사랑하는 자에게 속하였고 나의 사랑하는 자는 내게 속하였다"(3상) 하고 고백하는 것입니다. 이는 같은 고백의 반복이 아니라 여기에는 신앙의 진보(進步)가 나타납니다. 2:16절의 경우는, "나의 사랑하는 자는 내게 속하였다" 하고 자기중심적(自己中心的)이었습니다. 그러나 이 지점에 이르러서는, "나는 나의 사랑하는 자에게 속하였다" 하고 주님중심이 된 것입니다. 우선순위가 바꾸어진 것을 보게 됩니다.

③ 신부가 신앙을 고백하자마자 신랑이 등장합니다. 그리하여 "내 사랑아 너의 어여쁨이 디르사 같고 너의 고움이 예루살렘 같고 엄위함이 기치를 벌인 군대 같구나"(4) 하고, 박대했던 일은 기억지도 않으시고 아름답다고 칭찬을 합니다.

㉠ 4:1-5절에도 신부에 대한 칭송이 있습니다만 이는 신혼 초에 한 예찬입니다. 그런데 본문(4-10)의 칭송은 신부로부터 박대를 받은 후의 예찬이라는 점입니다. 신부의 사랑은 조석변이지만, 신부에 대한 신랑의 사랑엔 변함이 없습니다. 성경은 말씀합니다. "의인을 위하여 죽는 자가 쉽지 않고 선인을 위하여 용감히 죽는 자가 혹 있거니와 우리가 아직 죄인 되었을 때에 그리스도께서 우리를 위하여 죽으심으로 하나님께서 우리에게 대한 자기의 사랑을 확증하셨느니라"(롬 5:7-8). 주님의 사랑은 우리가 받을 만하기 때문에 사랑하신 그런 조건부적인 사랑이 아닙니다. 선수적이요, 무조건적인 아가페 사랑인 것입니다.

㉡ "네 눈이 나를 놀래니 돌이켜 나를 보지 말라 네 머리털은 길르앗산 기슭에 누운 염소떼 같고 네 이는 목욕장에서 나온 암양 떼 곧 새끼 없는 것은 하나도 없이 각각 쌍태를 낳은 양 같고"(5-6) 합니다.

④ 그런데 간과하지 말아야 할 점은, "너울 속의 너의 뺨은"(7) 한 "너울 속"입니다.

㉠ 4장의 예찬에도 "너울 속에 있는 네 눈(1), 너울 속의 네 뺨"(3)

이라고 두 번이나 강조되어 있습니다. "너울"은 얼굴을 가린 면박(面縛)을 가리키는데, 신랑은 너울을 통해서 신부를 보고 있는 것입니다. 이는 우리의 허물을 가려주신 칭의를 상징합니다. 신랑의 예찬을 음미해 보십시오. 자력으로 이러한 칭송을 받을 만한 신부가 우리 중에 있단 말인가?

⑤ 이점이 "왕후가 육십이요 비빈이 팔십이요 시녀가 무수하되 나의 비둘기, 나의 완전한 자는 하나뿐이로구나 그는 그 어미의 외딸이요 그 낳은 자의 귀중히 여기는 자로구나 여자들이 그를 보고 복된 자라하고 왕후와 비빈들도 그를 칭찬하는구나"(8-9) 하는 말에 나타납니다.

㉠ "완전한 자"라 합니다. 4:7절에서는 "흠이 없구나" 했습니다. "하나뿐"이란 유일(唯一)을 뜻하는데 죄인을 이처럼 아름답게 단장시켜주시는 방도도 "오직 하나", "내가 가진 의는 율법에서 난 것이 아니요 오직 그리스도를 믿음으로 말미암은 것이니 곧 믿음으로 하나님께로서 난 의"(빌 3:9) 뿐입니다.

둘째 단원(10-14) 신부를 태우러 보낸 수레

둘째 단원은 화자(話者)가 누군가 하는 견해가 다르고, 이에 따른 해석도 구구합니다. 그러므로 자구(字句) 해설에 얽매이기보다는 의미문맥으로 보아야 할 것입니다.

⑥ "아침빛같이 뚜렷하고 달같이 아름답고 해같이 맑고 기치를 벌인 군대같이 엄위한 여자가 누구인가"(10) 합니다.

㉠ 이렇게 말하는 10절은, 4-9절에 걸친 신부에 대한 예찬의 결론이라 할 수가 있는데, 이는 일반적인 칭찬과는 구별이 됩니다. 이는 신부로 상징이 된 교회(敎會)의 위상을 나타낸다고 볼 수가 있습니다.

㉮ "아침빛 같이 뚜렷하다" 합니다. 형제는 태양이 수평선에서 솟아올라 빛을 발하는(sun shine) 것을 본 적이 있으시겠지요. 교회가 이와 같아야 한다는 것입니다.

㉯ "달같이 아름답고", 교회는 빛을 받아 반사하는 달에 비유가 되고,

㉰ "해같이 맑고", 즉 구름 속에 가려진 해가 아니고,

㉱ 결정적인 증거가, "기치(旗幟)를 벌인 군대(軍隊)같이 엄위(嚴威)한 여자가 누군가" 하는 점에 나타납니다. 만일 이것이 문자적으로 신부에 대한 비유라면 "기치를 벌인 군대"라는 묘사는 어울리지가 않는 것입니다. 신부가 교회에 대한 상징이기에, "네 목은 군기를 두려고 건축한 다윗의 망대"(4:4)라 한 것입니다.

㉡ 여기서 강조되어 있는 것은 "아침빛"같다는 "빛"입니다. 라오디게아교회처럼 모든 것을 다 가졌다 하여도 빛을 잃는다면 이는 하나님의 교회는 아닌 것입니다. "어두운 데서 빛이 비취리라 하시던 그 하나님께서 예수 그리스도의 얼굴에 있는 하나님의 영광을 아는 빛을 우리 마음에 비취셨느니라"(고후 4:6) 합니다.

⑦ 이점이 "골짜기의 푸른 초목을 보려고 포도나무가 순이 났는가 석류나무가 꽃이 피었는가 알려고 내가 호도 동산으로 내려갔을 때에" (11) 라는 진술에 나타납니다.

㉠ "골짜기의 푸른 초목, 포도나무의 순, 석류나무의 꽃" 등은 모두가 성도들을 상징하고 있는데, 햇빛의 비췸을 받음으로만이 "순도 나고, 꽃도 피고, 열매도 맺는" 것이 가능하여지는 것입니다.

㉡ 신부는 "꽃이 피었는가 보려고, 동산으로 내려갔다"고 말합니다. 아가서에는 ㉮ "포도나무는 꽃이 피어 향기를 토하는 구나(2:13), ㉯ 포도원을 허는 작은 여우를 잡으라 포도원에 꽃이 피었음이니라(2:15), ㉰ 우리가 일찍이 일어나서 포도원으로 가서 포도 움이 돋았는지 꽃술

이 퍼졌는지(7:12), ㉣ 솔로몬이 바알하몬에 포도원이 있어 지키는 자들에게 맡겨두고"(8:11) 등 "포도원"에 관심이 집중이 되어 있습니다. 이것이 교회를 사랑하는 주님의 마음입니다. 술람미는 사랑을 고백하고, 신랑의 사랑을 받게 되자, "포도원 지기"라는 자신의 사명(使命)을 회복하기에 이른 것입니다.

⑧ 그리하여 "부지중에 내 마음이 나로 내 귀한 백성의 수레 가운데 이르게 하였구나"(12) 합니다.

㉠ 이런 맥락에서 "수레"가 등장한다면 이 수레가 신부를 태우기 위해서 솔로몬 왕이 보낸 수레라고 추론하는 것은 자연스러운 일입니다. 창세기에는 죽은 줄 알았던 요셉이 애굽의 총리가 되어 아버지를 모셔오라고 보낸 수레가 있습니다. "수레"는 아들 요셉이 살아있다는 증거였던 것입니다. "그 아비 야곱이 요셉의 자기를 태우려고 보낸 수레를 보고야 기운(氣運)이 소생한지라, 족하도다 내 아들 요셉이 지금까지 살았으니 내가 죽기 전에 가서 그를 보리라"(창 45:27-28) 합니다.

㉡ "수레"는 신랑이 이제까지 신부를 예찬한 것이 진실임을 말해주는 증표였던 것입니다. 수레를 보고 신부의 마음이 얼마나 소생했을 것인가? 틀림없이 그 수레에는 술람미와 왕 솔로몬이 함께 타고 갔을 것입니다. 주님은 말씀하십니다. "이기는 그에게는 내가 내 보좌에 함께 앉게 하여주기를 내가 이기고 아버지 보좌에 함께 앉은 것과 같이 하리라"(계 3:21). 말씀에 의지하여 형제의 기운(氣運)도 소생하기를 바랍니다.

㉢ "돌아오고 돌아오라 술람미 여자야 돌아오고 돌아오라 우리로 너를 보게 하라"(13) 한 예루살렘 여자들의 말이나, "너희가 어찌하여 마하나임의 춤추는 것을 보는 것처럼 술람미 여자를 보려느냐"(14) 한, 솔로몬 왕의 말은 이런 맥락에서 이해되어야 할 것입니다. 수레를 본 신부가 "다윗 왕이 여호와 앞에서 뛰놀며 춤추듯"(삼하 6:16) 한 것은

아닐까요? "너희가 나가서 외양간에서 나온 송아지같이 뛰리라"(말 4:2) 하심같이 말입니다.

㉣ 형제여, 성경은 엘리야 선지자가 "불 수레와 불말"을 타고 승천하였다고 말씀합니다. 엘리야라는 개인에게 자격이나 공로가 있었던 것이 아닙니다. 북쪽 이스라엘은 엘리야에 입에 둔 하나님의 말씀을 멸시하고 짓밟아버렸습니다. 그러나 하나님은 대언자 엘리야를 불 수레에 태워 데려가심으로 그의 입에 둔 "말씀과, 주의 종"을 영화롭게 하신 것입니다.

㉤ 6장을 마치기 전에 명심할 점은, "나는 나의 사랑하는 자에게 속하였다"는 고백적인 삶을 사는 것과, 교회가 "아침빛 같이 뚜렷하고, 기치를 벌인 군대같이 엄위"해야 한다는 점입니다. 그리하면 언젠가는 형제를 영접하러 보낸 수레가 대문 앞에 놓여있게 될 것입니다. 그런데 오늘의 교회는 맛을 잃은 소금같이 되어 밟히고 있는 것이 아니지 심각하게 고민해야할 것입니다.

⑨ 묵상해보겠습니다.

㉠ 2:16절에 비해, 6:3절 고백의 진전에 대해서,

㉡ "너울 속과, 완전한 자"라는 의미에 대해서,

㉢ 10절에 나타난 교회 상에 대해서.

아가서 7장 개관도표

주제 : 나는 나의 사랑하는 자에게 속하였구나

	신부 술람미	신랑 솔로몬	예루살렘의 여자들
교회의 상징인 신부의 아름다움	1-9상	6 **사랑아 네가 어찌 그리 아름다운지, 어찌 그리 화창한지 쾌락하게 하는구나** 7 네 키는 종려나무 같고 네 유방은 그 열매 송이 같구나 8 내가 말하기를 종려나무에 올라가서 그 가지를 잡으리라 하였나니 네 유방은 포도송이 같고 네 콧김은 사과 냄새 같고 9상 ③ **네 입은 좋은 포도주 같을 것이니라**	1 ① **귀한 자의 딸아** 신을 신은 네 발이 어찌 그리 아름다운가 네 넓적다리는 둥글어서 공교한 장색의 만든 구슬 꿰미 같구나 2 배꼽은 섞은 포도주를 가득히 부은 둥근 잔 같고 허리는 백합화로 두른 밀단 같구나 3 두 유방은 암사슴의 쌍태 새끼 같고 4 목은 상아 망대 같구나 눈은 헤스본 바드랍빔 문 곁의 못 같고 코는 다메섹을 향한 레바논 망대 같구나 5 머리는 갈멜산 같고 드리운 머리털은 자주 빛이 있으니 ② **왕이 그 머리카락에 매이었구나**
사랑하는 자야 함께 가자	9하-13 9하 ④ **이 포도주는** 나의 사랑하는 자를 위하여 미끄럽게 흘러 내려서 **자는 자의 입으로 움직이게 하느니라** 10 **나는 나의 사랑하는 자에게 속하였구나 그가 나를 사모하는구나** 11 ⑤ **나의 사랑하는 자야 우리가 함께 들로 가서 동네에서 유숙하자** 12 ⑥ **우리가 일찍이 일어나서 포도원으로 가서** 포도 움이 돋았는지, 꽃술이 퍼졌는지, 석류 꽃이 피었는지 보자 **거기서 내가 나의 사랑을 네게 주리라** 13 ⑦ 합환채가 향기를 토하고 우리의 문 앞에는 각양 귀한 실과가 **새것, 묵은 것이 구비하였구나 내가 나의 사랑하는 자 너를 위하여 쌓아둔 것이로구나**		

7장

나는 나의 사랑하는 자에게 속하였구나

[10]나는 나의 사랑하는 자에게 속하였구나 그가 나를 사모하는구나.

7장은 교회의 예표인 신부의 아름다움과 그의 사명을 말씀해주고 있습니다. 핵심은 세 번의 고백 중 마지막이 되는, "나는 나의 사랑하는 자에게 속하였다"는데 있습니다. 첫 번(2:16) 고백은 자기중심적인 고백이었고, 두 번째(6:3) 고백은 그리스도중심의 고백이었다면, 마지막 고백에는 "오직 예수, 주께 영광"의 고백인 것입니다. 다시 말하면 "나와 세상은 간 곳이 없고" 오직 그리스도만이 높임을 받으시게 하는 고백이란 말씀입니다.

도표를 보시면 첫째 단원은 "사랑아 네가 어찌 그리 아름다운지"를 중심으로, ① 전에 "흘겨보던"(1:6) 예루살렘 여자들이 "귀한 자의 딸"이라고 칭송을 하면서, ② 얼마나 아름다우면 "왕이 그 머리카락에 매이었구나" 합니다. ③ 그러자 신랑의 칭찬이 또 나오는데, ③ "네 입은 좋은 포도주" 같다 합니다. 둘째 단원은 신부의 화답인데 "나는 나의 사랑하는 자에게 속하였구나"를 중심으로, ④ "이 포도주는, 자는 자의 입을 움직이게", 즉 살아나게 한다고 말하면서, ⑤ "나의 사랑하는 자야 우리 함께 들로, 동리로 가자", ⑥ "포도원으로 가서 포도 움이 돋았는지 보자, 거기서 내가 나의 사랑을 네게 주리라" 하면서, ⑦ "각양 귀한 실과가 새 것, 묵은 것이 구비하였구나" 합니다.

첫째 단원(1-9상) **교회의 상징인 신부의 아름다움**
둘째 단원(9하-13) **사랑하는 자야 함께 가자**

주제(主題) : 나는 나의 사랑하는 자에게 속하였구나

㉠ 주 하나님께서 우선적으로 원하시는 것은 신앙고백입니다. "믿음이 없이는 기쁘시게 못하나니(히 11:6), 하나님의 보내신 자를 믿는 것이 하나님의 일이니라"(요 6:29) 하십니다. 그런데 주님을 따르던 제자들에게서 보는 바대로 "신앙고백"에는 여러 단계가 있다는 점입니다. 술람미 여인의 첫 고백은, "나의 사랑하는 자는 내게 속했다"(2:16) 하고, "나"를 앞세우고 있습니다. 나에게 구원을 주시고, 나에게 복을 주시고, 나의 병을 고쳐주시고, 온통 나를 위하여 존재하는 주님으로 고백을 하는 단계가 있습니다.

㉡ 그러던 신앙이 훈련과 연단을 거쳐서 두 번째 고백에서는, "나는 나의 사랑하는 자에게 속하였다"(6:3) 하고 우선순위가 바뀌고 있는 것을 봅니다. 주님은 말씀하십니다. "너희는 먼저 그의 나라와 그의 의를 구하라 그리하면 이 모든 것을 너희에게 더하시리라"(마 6:33).

㉢ 한걸음 더 나아가 세 번째이자 마지막 고백에는, "나는 나의 사

랑하는 자에게 속하였구나"(7:10) 할 뿐 "나에게 속하였다" 한, "나" 자신이 살아지고 없는 것입니다. 아브라함을 부르시자마자 이삭을 주시고, 그리고 번제로 드리라 했어도 순복했을 것인가? 제자들에게 나를 따르라 하시자마자, "아무든지 나를 따라 오려거든 자기를 부인하고 자기 십자가를 지고 나를 좇을 것이니라"(마 16:24) 하셨어도 따랐을 것인가?

㉣ 그러면 자신의 문제는 어떻게 해야 한단 말인가? "땅이 있을 동안에는 심음과 거둠과 추위와 더위와 여름과 겨울과 낮과 밤이 쉬지 아니하리라"(창 8:22) 하신 대로, 크고 작은 문제는 끊임이 없이 일어납니다. 그에 대한 대답은 "그가 나를 사모하는 구나"(10하) 하는 고백 속에 들어 있습니다. 이는 "하나님의 사랑"을 신뢰하고 의탁하는 것입니다. 생각해보십시오. "자기 아들을 아끼지 아니하시고 내어주신 하나님의 사랑"을 "참 마음과 온전한 믿음"으로 믿는다면, "너희 염려를 다 주께 맡겨 버리라"(벧전 5:7) 하십니다. "여호와를 의뢰하라, 여호와를 기뻐하라, 여호와께 맡기라, 여호와 앞에 잠잠하고 기다리라, 여호와를 기대하는 자는 땅을 차지하리로다"(시 37:3, 4, 5, 7, 9) 합니다. 의뢰하는 자는 의탁하는 자입니다.

㉤ 여기가 끝이 아닙니다. 전적인 헌신을 고백한 신부는, "사랑하는 자야 우리가 함께 들로, 동리로, 포도원"으로 가자(11-12) 합니다. 이것이 그리스도와 동행하며 동역하는 삶입니다. 그리스도인들은 인생관(人生觀), 가치관(價値觀)이 바뀐 사람들입니다. "그런즉 너희가 먹든지 마시든지 무엇을 하든지 다 하나님의 영광을 위하여 하라"(고전 10:31), 이것이 술람미로 상징된 우리의 고백적인 삶인 것입니다.

첫째 단원(1–9상) 교회의 상징인 신부의 아름다움

① "귀한 자의 딸아"(1상) 합니다.

㉠ 다시 상기시킵니다만 아가서는 말하는 화자(話者)가 누군가에 대한 견해가 일치되어 있지 않고, 이에 따라 번역과, 해석도 갈리고 있다는 점입니다. 그러므로 큰 틀로 보아야만 안전하다 하겠습니다. "귀한 자의 딸아", 하는 것을 보면 이는 신랑의 말이 아니라 예루살렘 여자들이 하는 말로 보아야 할 것입니다. "귀한 자의 딸"이란 무엇을 의미하는가? "하나님의 자녀가 되는 권세를 주셨으니"(요 1:12) 한 것보다 더 "귀한 자의 딸"이 달리 무엇이 있단 말인가?

㉡ 믿는 자에게 "귀한 자의 자녀"가 되는 권세를 주신 것은 두 방면으로 되었다고 말할 수가 있습니다. 이점을 갈라디아서 4:5-6절을 들어 설명을 한다면 첫째는, 법적(法的)으로 자녀가 되는 권세를 주셨습니다. 하나님은 자기 아들의 대속을 통해서 정정당당하게 우리들을 자녀로 삼아주신 것입니다. 이것이 "율법 아래 있는 자들을 속량하시고 우리로 아들의 명분(名分)을 얻게"(5) 하셨다는 의미입니다. 이 "명분"이라는 말을 달리 "양자(養子)로 삼아주셨다"고 말하기도 합니다. 이는 법적으로 되어 진 일입니다. 둘째는, "너희가 아들인 고로 하나님이 아들의 영을 우리 마음 가운데 보내사 아바 아버지라 부르게 하셨느니라"(6) 합니다. "아들의 영"을 주셨다는 것은 거듭남을 가리키는데, 법적인 자녀됨을 뛰어넘어 씨가 같은 친자(親子)가 되었다는 그런 뜻입니다. 이보다 더한 "귀한 자의 딸"이 무엇이란 말인가?

㉢ 1하-5절까지에는, "발, 넓적다리, 배꼽, 허리, 유방, 목, 눈, 코, 머리, 머리털" 등에 대한 묘사들이 있는데, 여기에 일일이 의미를 부여하려 하다가는 중심적인 의미가 희석이 될 우려가 있습니다.

② "왕이 그 머리카락에 매이었구나"(5하), 즉 "왕이 그 매력에 사로

잡히고 말았소"(현대인의 성경) 하는 것으로 족하다 하겠습니다.

㉠ 이를 공허한 이야기로 여기지 마시기를 바랍니다. 아가서와 같은 말씀이 이사야서에도 나오는데, "너는 또 여호와의 손의 아름다운 면류관, 네 하나님의 손의 왕관이 될 것이라" 합니다. 얼마나 사랑스럽고 귀한 존재이면 "왕관"이라 하시겠는가? "다시는 너를 버리운 자라 칭하지 아니하며 다시는 네 땅을 황무지라 칭하지 아니하고 오직 너를 헵시바라 하며 네 땅을 뿔라라 하리니 이는 여호와께서 너를 기뻐하실 것이며 네 땅이 결혼한 바가 될 것임이라"(사 62:3-4) 하십니다.

㉡ 호세아 선지자를 통해서는, "내가 네게 장가들어 영원히 살되 의와 공변됨과 은총과 긍휼히 여김으로 네게 장가들리니 네가 여호와를 알리라"(호 2:19-20) 하십니다. 하나님께서 "네게 장가들리니, 그래서 영원히 살겠다" 하시는데, 이 말씀을 듣는 형제의 심정은 어떠하십니까? 다시 강조합니다만 이런 영광스러움은 우리에게 자격이나 공로가 있어서가 아니라, "내가 여호와로 인하여 크게 기뻐하며 내 영혼이 나의 하나님으로 인하여 즐거워하리니 이는 그가 구원의 옷으로 내게 입히시며 의의 겉옷으로 내게 더하심이 신랑이 사모를 쓰며 신부가 자기 보물로 단장함 같게 하셨기"(사 61:10) 때문임을 망각하지 말아야만 합니다.

㉢ 한 가지 부언할 점은, 술람미는 처음에 예루살렘 딸들을 향해서, "내가 일광에 쬐어서 거무스름할지라도 흘겨보지 말라"(1:6)고 말했습니다. 그러니까 시골 처녀가 왕의 총애를 입게 되자 시기심이 발동하여 비웃고 조롱했을 법합니다. 그런데 이제는 "귀한 자의 딸"이라 하면서 진심으로 칭송을 하고 있는 것입니다. 성경은 말씀합니다. "또한 외인(外人)에게서도 선한 증거를 얻은 자라야 할지니 비방과 마귀의 올무에 빠질까 염려하라"(딤전 3:7).

㉣ "사랑아 네가 어찌 그리 아름다운지"(6상), 이렇게 말하는 화자(話者)는 예루살렘 여자들에게서 신랑으로 바뀌었다고 봄이 옳을 것입

니다. "어찌 그리 화창한지 쾌락하게 하는구나"(6하) 합니다. "네 키는 종려나무 같고 네 유방은 그 열매 송이 같구나 내가 말하기를 종려나무에 올라가서 그 가지를 잡으리라 하였나니 네 유방은 포도송이 같고 네 콧김은 사과 냄새 같고"(7-8) 하는데, "종려나무에 올라가서 그 가지를 잡으리라 하였다"는 말은, 그를 소유하기를 원하는 깊은 교제를 의미합니다.

③ 칭찬의 말은, "네 입은 좋은 포도주 같을 것이니라"(9상) 하는 말로 마치고 있는데, "포도주"는, "값없이 와서 포도주와 젖을 사라"(사 55:1) 함같이, 복음을 상징합니다.

㉠ 그런데 "네 입은 좋은 포도주 같다" 한다면 이는 이어지는 문맥과 예표론적으로 보면 "복음을 증거하는 입"이라는 뜻이라 하겠습니다. 솔로몬이 쓴 잠언에는, "의인의 입은 생명의 샘이라도 악인의 입은 독을 머금었느니라"(잠 10:11) 합니다. 이점을 둘째 단원에서 더욱 살펴보게 될 것입니다.

둘째 단원(9하–13) 사랑하는 자야 함께 가자

④ 둘째 단원은, "네 입은 좋은 포도주 같을 것이라"(9상) 한 신랑의 말을 받아서 하는 신부의 화답(和答)입니다. "이 포도주는 나의 사랑하는 자를 위하여 미끄럽게 흘러 내려서, 자는 자의 입으로 움직이게 하느니라"(9하) 합니다.

㉠ 무슨 뜻인가? 세 마디로 되어 있는데 첫째는, ㉮ "이 포도주는 나의 사랑하는 자를 위하여" 라고 말합니다. 둘째는, ㉯ "미끄럽게 흘러 내려서", 즉 젖을 먹이듯 먹여준다는 뜻이요, ㉰ 그리하여 셋째는, "자는 자의 입으로 움직이게 하느니라", 즉 죽은 자를 살아나게 한다는 것

입니다. 이런 뜻입니다. 술람미로 예표 된 신약교회에 주신 복음(포도주)이 전파되는 곳마다, 에스겔 골짜기의 마른 뼈와 같았던 죽은 심령들이 살아나게 된다는 말씀입니다. "나의 사랑하는 자를 위하여" 말입니다. 그래서 "네 입은 좋은 포도주와 같다, 자는 자의 입을 움직이게 한다" 한 것입니다.

㉡ 이 말씀에 이어서 하는 말이, "나는 나의 사랑하는 자에게 속하였구나 그가 나를 사모하는구나"(10) 하는 중심적인 고백이 나옵니다. 이 고백에는 "나"의 요구는 없습니다. 그 대신 "그가 나를 사모하는 구나"(10하), 즉 자신에게 향한 신랑의 사랑에 대한 확신(確信)이 있습니다. 그렇습니다. "자기 아들을 아끼지 아니하시고 내어주신 하나님의 사랑(롬 :32), 우리를 위하여 대신 죽어주신 그리스도의 사랑"을 믿는다면 그에게 무엇을 요구할 것이 있단 말인가? "저가 모든 사람을 대신하여 죽으심은 산 자들로 하여금 다시는 저희 자신을 위하여 살지 않고 오직 저희를 대신하여 죽었다가 다시 사신 자를 위하여 살게 하려 함이니라"(고후 5:15) 하고, 고백할 것밖에는 없는 것입니다.

⑤ 이점이 "나의 사랑하는 자야 우리가 함께 들로 가서 동네에서 유숙하자"(11)는 말에 나타납니다.

㉠ 우선적으로 변화를 볼 수 있어야만 하겠습니다. ㉮ 2:10절에서는, "나의 사랑, 나의 어여쁜 자야 일어나서 함께 가자 겨울도 지나고 비도 그쳤다" 하고 신랑이 신부를 재촉했습니다. 4:8절에서도 "나의 신부야 너는 레바논에서부터 나와 함께 하고, 나와 함께 가자" 하고 말합니다. ㉯ 그런데 본문에서는, "나의 사랑하는 자야 우리가 함께 들로 가자" 하고 신부가 신랑에게 자원을 하고 있다는 점입니다. 이는 성숙을 나타내는 놀라운 발전입니다. 무엇을 위해서 함께 가자하는가? 그것은 둘만의 교제를 위해서가 아닙니다.

⑥ "우리가 일찍이 일어나서 포도원으로 가서 포도 움이 돋았는지,

꽃술이 퍼졌는지, 석류 꽃이 피었는지 보자"(12상) 합니다.

㉠ "포도 움, 꽃술, 꽃이 피었는지 보자" 한 것은 목회적인 돌봄을 나타냅니다. "거기서 내가 나의 사랑을 네게 주리라"(12하) 하는데 "사랑을 준다"는 것이 무엇을 의미하는가? 주님은 말씀하십니다. "나를 사랑하느냐? (그러면) 내 어린양을 먹이라(요 21:15), 내 형제 중에 지극히 작은 자 하나에게 한 것이 곧 내게 한 것이니라"(마 25:40). 이것이 곧 주님에게 사랑을 드리는 것입니다.

㉡ 여기 빼놓아서는 아니 될 점이 있는데, "우리"라는 말과, "함께"라는 말입니다. 목회는, 그리고 복음증거는 주님과 함께 하는 동역입니다. 이점을 사도 바울은, "이를 위하여 나도 내 속에서 능력으로 역사하시는 이의 역사를 따라 힘을 다하여 수고하노라"(골 1:29) 합니다. 어디로 함께 가자하는가? "들로" 가자합니다. "동리"로 가자합니다. "포도원"으로 가자합니다. "내가 나의 사랑을 네게 주리라" 한 "거기"가 어딘가? "들"입니다. 동리입니다. "포도 움이 돋았는지, 꽃술이 퍼졌는지, 석류꽃이 피었는지 보자" 한 포도원입니다.

⑦ 그래서 "합환채가 향기를 토하고 우리의 문 앞에는 각양 귀한 실과가 새것, 묵은 것이 구비하였구나"(13상) 하는 것입니다.

㉠ "새 것, 묵은 것"이 무엇인가? 주님은 말씀하십니다. "그러므로 천국의 제자 된 서기관마다 마치 새 것과 옛 것을 그 곳간에서 내어오는 집주인과 같으니라"(마 13:52). 이를 풀어서 말씀을 드린다면 구약성경을 통해서 언약, 예언, 예표, 그림자로 보여주신 것이, 신약성경을 통해서 그림자는 실체(實體)로, 예언은 응하고, 언약은 성취(成就)하여 주신 것이 "각양 귀한 실과가 새 것 묵은 것이 구비(具備)하였다"는 의미입니다.

㉡ 이 모든 것이 "내가 나의 사랑하는 자 너를 위하여 쌓아둔 것이로구나"(13하), 즉 오직 주님만을 증거하기 위해서 미리 준비해놓은 것

이란 말입니다. 주님은 말씀하십니다. "너희가 성경에서 영생을 얻는 줄 생각하고 성경을 상고하거니와 이 성경이 곧 내게 대하여 증거하는 것이로다"(요 5:39). 성경은 그리스도를 증거하기 위해서 기록이 된 것입니다. 심지어 "만물이 다 그로 말미암고 그를 위하여 창조되었다"(골 1:16하) 하고 말씀합니다. 우리 주 예수 그리스도는 성경의 중심입니다. 또한 우주의 중심입니다. 그렇다면 마땅히 설교의 중심이 되어야 하지 않겠습니까?

⑧ 묵상해보겠습니다.

㉠ "귀한 자의 딸과, 네 입은 좋은 포도주 같다"는 의미에 대해서,

㉡ 10절에 나타난 신앙고백의 진보에 대해서,

㉢ 11-13절에 나타난 신부의 사명적인 각성에 대해서.

아가서 8장 개관도표

주제 : 죽음같이 강한 사랑의 승리와 완성

	신부 술람미	신랑 솔로몬	예루살렘 여자들과 오빠들
신랑이 오라비' 같았으면	1-5 1 ① **네가 내 어미의 젖을 먹은 오라비 같았었더면** 내가 밖에서 너를 만날 때에 입을 맞추어도 나를 업신여길 자가 없었을 것이라 2 내가 너를 이끌어 내 어미 집에 들이고 네게서 교훈을 받았으리라 나는 향기로운 술 곧 석류즙으로 네게 마시웠겠고 3 ② **너는 왼손으로 내 머리에 베개하고** 오른손으로 나를 안았었으리라 4 ③ 예루살렘 여자들아 내가 너희에게 부탁한다 나의 사랑하는 자가 원하기 전에는 **흔들지 말며 깨우지 말지니라**	5하 ⑤ **너를 인하여 네 어미가 신고한,** 너를 낳은 자가 애쓴 그 곳 사과나무 아래서 내가 너를 깨웠노라	5상 ④ **그 사랑하는 자를 의지하고 거친 들에서 올라오는 여자가 누구인고**
사랑하는 자야 빨리 달리라	6-14 10 나는 성벽이요 나의 유방은 망대 같으니 그러므로 나는 그의 보기에 화평을 얻은 자 같구나 11 ⑨ **솔로몬이 바알하몬에 포도원이 있어 지키는 자들에게 맡겨두고** 그들로 각기 그 실과를 인하여서 은 일천을 바치게 하였구나 12 솔로몬 너는 일천을 얻겠고 실과 지키는 자도 이백을 얻으려니와 내게 속한 내 포도원은 내 앞에 있구나 14 ⑪ **나의 사랑하는 자야 너는 빨리 달리라 향기로운 산들에서 노루와도 같고 어린 사슴과도 같아여라**	6 ⑥ 너는 나를 **인 같이 마음에 품고 도장 같이 팔에 두라** **사랑은 죽음 같이 강하고** 투기는 음부 같이 잔혹하며 불 같이 일어나니 그 기세가 여호와의 불과 같으니라 7 ⑦ **이 사랑은 많은 물이 꺼치지 못하겠고 홍수라도 엄몰하지 못하나니 사람이 그 온 가산을 다 주고 사랑과 바꾸려 할지라도 오히려 멸시를 받으리라** 13 ⑩ 너 동산에 거한 자야 동무들이 **네 소리에 귀를 기울이니 나로 듣게 하려무나**	8 ⑧ **우리에게 있는 작은 누이는 아직도 유방이 없구나** 그가 청혼함을 받는 날에는 우리가 그를 위하여 무엇을 할꼬 9 **그가 성벽일진대** 우리는 은 **망대를 그 위에 세울 것이요** 그가 문일진대 우리는 백향목 판자로 두르리라

8장

죽음같이 강한 사랑의 승리와 완성

6너는 나를 인 같이 마음에 품고 도장 같이 팔에 두라 사랑은 죽음 같이 강하고 투기는 음부 같이 잔혹하며 불 같이 일어나니 그 기세가 여호와의 불과 같으니라.

마지막 장에 이르렀습니다. 이제 겸비한 마음으로 아가서를 통해서 말씀하시려는 바가 무엇인가를 되돌아보게 합니다. 아가서는 왕의 신분인 신랑과, 시골 처녀 신분인 술람미 간의 사랑을 예표로 하여, 만왕의 왕 되시는 신랑 그리스도와, 세상에서 천하고 멸시받고 약하고 없는 자들을 신부로 삼으신 성도들 간의 사랑을 말씀하고 있는, 성령의 감동에 의하여 기록이 된 하나님의 말씀입니다. 이런 점이 아가서 마지막에 강력하게 부각되어 있습니다. 아가서는 해피엔딩으로 끝나는 완성의 책이 아닙니다. 마지막 말이, “나의 사랑하는 자야 빨리 달리라”(14), 즉 빨리 돌아오라는 말로 끝나는 미완(未完)의 책이요, 기다림의 책이요, 지금도 진행(進行)형의 책입니다. 그 기간을 어떻게 살아야만 하는가? “너는 나를 도장같이 마음에 품어라, 사랑은 죽음같이 강하다"(6) 합니다.

도표를 보시면 "사랑은 죽음같이 강하다"는 말을 중심으로 첫째 단원은, ① 신부는 신랑이 "오라비"같았으면 좋겠다, ② "오른 손으로 나를 안았었으리라" 말하면서, ③ "예루살렘 여자들"에게 깨우지 말라고 부탁을 합니다. ④ 예루살렘 여자들이 "사랑하는 자를 의지하고 거친 들에서 올라오는 자가 누군가" 하자, ⑤ 신랑은 "너를 낳은 자가 애쓴 그곳에서 너를 깨웠노라" 합니다. ⑥ 둘째 단원은 급박하게 돌아가는데, "너는 나를 인같이 마음에 품으라", ⑦ "사랑은 많은 물이 꺼치지 못 한다"고 말하자, ⑧ 오빠들은 "우리 작은 누이는 아직도 유방이 없다" 말하고, ⑨ 신부는 "바알하몬에 있는 솔로몬 포도원"을 언급하고, ⑩ 신랑은 "네 소리를 나로 듣게 하라" 하자, ⑪ 신부는 "나의 사랑하는 자야 빨리 달리라" 하고 아가서는 마치고 있는데, 이를 예표로 하여 우리들에게 말씀하려는 바가 무엇인가?

첫째 단원(1-5) **신랑이 오라비 같았으면**
둘째 단원(6-14) **사랑하는 자야 빨리 달리라**

주제(主題) : 죽음같이 강한 사랑의 승리와 완성

㉠ 아가서를 상고하노라면 이야기가 왔다 갔다 하는 것 같고 일관된 줄거리가 없습니다. 그래서 이를 통해서 말씀하시려는 바가 무엇인가 하는 의구심을 갖게 합니다. 이런 의구심이 마지막 장에서 깨달음을 얻게 될 것입니다. 아가서는 "노래 중의 노래"라 한 시가(詩歌)요, 지혜(智慧)서에 속한 책입니다. 그러므로 서술적(敍述的)인 이야기 전개가 아니라 은유와 상징(象徵)적인 표현기법을 사용하고 있습니다. 그래서 화자(話者)를 누구로 보는가에 따라 해석도 달라지게 됩니다. 그러므로

아가서는 자구(字句) 해설이 중요한 것이 아니라, "누가 주의 마음을 알아서 주를 가르치겠느냐 그러나 우리가 그리스도의 마음을 가졌느니라"(고전 2:16) 한, "주의 마음", 즉 아가서를 기록케 하신 성령의 의중(意中)을 아는 것이 중요합니다.

㉡ 서론에서 언급했습니다만 아가서는, "그리하여 신랑과 신부는 행복하게 잘 살았다" 하는 해피엔딩으로 끝나는 것이 아니라, "나의 사랑하는 자야 너는 빨리 달리라"(14) 하는 간절한 염원(念願)으로 끝나고 있습니다. 신부 술람미는 신랑이 돌아오기를 기다리고 있는 사람으로 막을 내립니다. 이런 맥락에서 신구약의 성도들은 기다리고 있는 "술람미"라 할 수가 있습니다.

㉢ 신랑은 이별을 앞두고 "너는 나를 인(印)같이 마음에 품고 도장같이 팔에 두라" 하고 당부를 합니다. 그리고 "사랑"을 세 번이나 강조하면서, "사랑은 죽음같이 강하다, 이 사랑은 많은 물이 꺼치지 못하겠고" 합니다. 이는 사랑의 승리(勝利)를 나타냅니다. 이어지는 말씀에 "성벽과, 망대"라는 말이 각각 두 번씩 언급되어 있는데, 이는 "마귀의 궤계를 능히 대적하기 위한" 교회의 방비(防備)를 나타냅니다.

㉣ 또한 "너는 빨리 달리라" 함은 다시 오셔서 완성(完成)하리라는 것을 전망(展望)하는 말입니다. 그리고 왕이 맡겨두고 간 포도원을 통해서 솔로몬이 은 일천을 얻게 될 것이요, 지키는 자도 이백을 얻게 되리라는 말씀도, 다시 오신다는 것과 기어코 완성하신다는 의지가 나타나고 있는 것입니다. 이처럼 아가서는 "죽음같이 강한 사랑의 승리와 완성"을 전망(展望)하면서 끝을 맺고 있습니다. 성경 마지막 책 마지막 부분에서는, "이루었도다 나는 알파와 오메가요 처음과 나중이라, 이기는 자는 이것들을 유업으로 얻으리라"(계 21:6-7) 하고, "완성"할 것을 말씀하십니다. 하나님은 시작하신 것을 기어코 완성하십니다. 주님은 한 알의 밀이 되어 뿌려놓고 가신 열매들을 거두시기 위해서, 또한 "뼈

중의 뼈요 살 중의 살"인 신부를 영접하기 위해서 분명히 다시 오십니다.

첫째 단원(1-5) 신랑이 오라비 같았으면

첫째 단원은 구속사라는 맥락에서 통찰력을 가지고 상고해야만 이해할 수 있는 내용입니다.

① "네가 내 어미의 젖을 먹은 오라비 같았었더면"(1상) 합니다. 이는 신부의 요망사항인데, "네가", 즉 신랑인 왕 솔로몬이 "내 어미의 젖을 함께 먹은 오라비", 즉 형제(兄弟)와 같았으면 좋겠다는 애절한 바람입니다.

㉠ 왜냐하면 "왕과 시골 처녀 간의 사랑"은 위화감(違和感)이 있을 수밖에 없기 때문입니다. 아가서 서두라면 몰라도 결혼도 하고 갈등을 겪기도 하고 고락을 같이 한 이 지점에 와서 이런 말을 한다는 것은 새삼스러운 감이 있습니다. 그러므로 이를 구속사라는 맥락에서 볼 때에야 이렇게 말씀하는 의도를 이해할 수가 있는 것입니다.

㉡ 히브리서 2장에는 이에 대한 해설이 있습니다. "거룩하게 하시는 자와 거룩하게 함을 입은 자들이 다 하나에서 난지라", 즉 신부의 희망사항 대로 "하나에서 났다"는 것입니다. "그러므로 형제(兄弟)라 부르시기를 부끄러워 아니하셨다"(히 2:11) 하고 말씀합니다. ㉮ "거룩하게 하시는 자"는 만왕의 왕 그리스도시오, ㉯ "거룩하게 함을 입은 자"는 술람미로 예표 된 우리들입니다. ㉰ 그런데 "다 하나에서 난지라", 즉 한 어미의 젖을 먹고 자란 형제와 같이 되셨다는 것입니다.

㉢ 어떻게 하여 영광의 주님께서 우리와 같은 형제가 되셨는가? "자녀들은 혈육(血肉)에 함께 속하였으매 그도 또한 한 모양으로 혈육에

속하심은"(히 2:14), 즉 말씀이 우리와 같은 육신을 입고 이 땅에 오심으로 "형제"가 되었다는 것입니다. 그러면 어떤 처지에 있는 자들을 "형제라 부르시기를 부끄러워 아니하셨다"는 것인가? "또 죽기를 무서워하므로 일생에 매여 종노릇하는 모든 자들"(히 2:15)이라 하십니다.

ⓡ 그렇다면 "형제라 부르기를 부끄러워 아니하였다"는 말은 체면(體面)의 문제가 아니라 책임(責任)의 문제임을 인식해야만 합니다. 왜냐하면 하나님께서, "만일 너희 형제가 가난하여 그 기업 얼마를 팔았으면 그 근족(近族)이 와서 동족의 판 것을 무를 것이요"(레 25:25) 하고 말씀하시기 때문입니다. 그리하여 주님은 우리와 같은 형제가 되어주신 것만이 아니라, "죽기를 무서워 일생에 매여 종노릇하는 우리"의 죄 값을 지불하시고 구원하여주시기 위해서 대신 죽어주셨던 것입니다. 이점을 "그러므로 저가 범사에 형제들과 같이 되심이 마땅하도다 이는 하나님의 일에 자비하고 충성된 대제사장이 되어 백성의 죄를 구속하려 하심이라"(히 2:17) 하고 말씀합니다.

ⓜ 이런 의미가, "네가 내 어미의 젖을 먹은 오라비 같았었더면 내가 밖에서 너를 만날 때에 입을 맞추어도 나를 업신여길 자가 없었을 것이라"(1)는 표현 속에 함의되어 있는 것입니다. 주님께서 문둥병자에게 손을 대시고 고쳐주신 일이나, 혈루증 앓던 여인이 주님의 옷을 만질 수 있었던 것은, 만왕의 왕께서 "오라비" 같이 되어주셨기 때문에 가능했던 것입니다.

ⓑ "내가 너를 이끌어 내 어미 집에 들이고 네게서 교훈을 받았으리라 나는 향기로운 술 곧 석류즙으로 네게 마시웠겠고"(2) 하고, 간절한 소망을 나타내고 있는데 이를 설명하려 애쓸 것이 아니라 주님이 친히 행하신 일을 들어 말씀드림이 이해가 빠를 것입니다. 주님은 "삭개오야 속히 내려오라 내가 오늘 네 집에 유하여야 하겠다"(눅 19:5) 하십니다.

㉮ "삭개오는 "급히 내려와 즐거워하며", 즉 "내가 밖에서 너를 만

날 때에 입을 맞추어도" 한, 교제가 이루어진 것입니다.

㉯ "영접하거늘", 즉 삭개오는, "내가 너를 이끌어 내 어미 집에 들이고" 한 셈입니다.

㉰ 주님을 영접한 삭개오는, "내 소유의 절반을 가난한 자들에게 주겠다" 말하고, 주님은 "오늘 구원이 이 집에 이르렀다" 하십니다. "네게서 교훈을 받았으리라 나는 향기로운 술 곧 석류즙으로 네게 마시웠겠고", 이런 교제와 교통이 삭개오의 집에서 이루어진 것입니다. 하나님의 본체(本體)이신 주님께서 자신을 비어 우리의 형제가 되어주시지 않았다면 이런 일이 상상이나 할 수 있는 일이란 말인가?

㉦ 어떤 분은 술람미가 이런 뜻을 알고 말했단 말이냐 할 것입니다. 저는 지금 밝히 드러난 복음의 빛을 받아 예표로 주신 아가서를 해석하고 있다는 것이 이에 대한 답변이 될 것입니다. 그렇게 말하는 것은 아가서가 성령의 감동으로 기록된 하나님의 말씀이요, 성경의 중심주제가 그리스도를 증거(요 5:39)하는데 있음을 망각했기 때문에 하는 말입니다.

② "너는 왼손으론 내 머리에 베개하고 오른손으론 나를 안았었으리라"(3) 합니다.

㉠ 이는 "주와 합하는 자는 한 영이니라"(고전 6:17) 한 연합의 관계를 의미합니다. 본문은, "안았었으리라" 하는 희망사항으로 말하고 있으나, 신약의 성도들은 "이러므로 사람이 부모를 떠나 그 아내와 합하여 그 둘이 한 육체가 될지니 이 비밀이 크도다 내가 그리스도와 교회에 대하여 말하노라(엡 5:31-32), 주와 합하는 자는 한 영이니라"(고전 6:17) 하고, 이미 "안아주신" 이후를 살아가고 있는 것입니다. 그러므로 성경은, "이는 하나님이 우리를 위하여 더 좋은 것을 예비하셨은즉 우리가 아니면 저희(구약의 성도들)로 온전함을 이루지 못하게 하려 하심이니라"(히 11:40) 하고 말씀합니다.

③ "예루살렘 여자들아 내가 너희에게 부탁한다 나의 사랑하는 자가 원하기 전에는 흔들지 말며 깨우지 말지니라"(4) 합니다.

㉠ 같은 후렴구가 2:7절, 3:5절, 8:4절 등 세 번 등장하는데 사랑의 절정, 즉 마음이 뜨거워졌을 때에 발하여지고 있습니다. "깨우지 말라"는 말은 지속되기를 원하기 때문인데, 그래서 현대인의 성경은 "방해하지 말라" 하고 번역하고 있습니다. 이는 무엇을 말해주고 있느냐 하면, 깨우는 자, 즉 사랑의 교제를 방해하는 세력이 있음을 나타냅니다.

④ 장면은 바뀌어, "그 사랑하는 자를 의지하고 거친 들에서 올라오는 여자가 누구인고"(5) 합니다.

㉠ 그 "여자"는 술람미, 곧 구약의 성도들이요, 그리스도의 신부인 신약의 성도들입니다. 3:6절에서도 "거친 들에서 오는 자가 누구인고" 하고, "거친 들", 즉 광야를 통과하여 올라오는 것으로 표현하고 있습니다. 거친 들이 술람미의 고향 시골 벽촌과 예루살렘 사이를 가리키는 것이라 하여도 궁극적으로는, 출애굽 당시도 그러했고, 바벨론에서의 귀환도 그러했으며, 그리스도께서 당하신 광야의 시험이 그러했듯이 신구약시대를 막론하고 신앙여정(旅程)이란 언제나 "거친 들"을 통과하여 올라오는 것으로 나타납니다.

㉡ 그러나 너무 염려하지 말 것은, "그 사랑하는 자를 의지(依支)하고" 올라온다고 말씀하기 때문입니다. 7:11절을 보십시오. "나의 사랑하는 자야 우리가 함께 들로 가서 동리에서 유숙하자" 하고 말하고 있습니다. "나는 나의 사랑하는 자에게 속하였다"(7:10) 하고 고백하는 자는, "머리와, 몸"과 같은 관계여서 결코 떼어놓을 수가 없습니다. "하나님이 짝지어주신 것을 사람이 나눌 수 없느니라" 하십니다. 그리스도의 사랑에서 우리를 끊을 수 있는 자는 아무도 없습니다. 자나 깨나 누울 때나 길을 행할 때나 언제나 "그 사랑하는 자를 의지하고" 함께 한다는 점을 믿으시기를 바랍니다.

⑤ "너를 인하여 네 어미가 신고한, 너를 낳은 자가 애쓴 그 곳 사과나무 아래서 내가 너를 깨웠노라"(5) 합니다.

㉠ 누가 한 말인가? 무슨 뜻인가에 대한 이설이 많습니다. 그런데 앞에 나오는 술람미의 희망사항(1-3)과, 구속사라는 넓은 지평에서 본다면, "네 어미가 신고(辛苦)한, 너를 낳은 자가 애쓴"이라 한 "어미"는 구약교회의 상징이요, "신고(辛苦)한, 너를 낳은 자가 애쓴"이라는 표현은 해산의 고통을 의미합니다.

㉡ 그러므로 여기에는 더욱 심원한 의미가 있는 것입니다. 왜냐하면 계시록 12장에 이와 결부된 말씀이 나오기 때문입니다. "하늘에 큰 이적이 보이니 해를 입은 한 여자(女子)가 있는데 그 발아래는 달이 있고 그 머리에는 열 두 별의 면류관을 썼더라 이 여자가 아이를 배어 해산(解産)하게 되매 아파서 애써 부르짖더라"(계 12:1-2) 합니다. 이것이 본문이 말하는 "신고"(辛苦), 즉 산고(産苦)의 고통입니다.

㉢ 무엇을 위한 신고인가? "여자가 아들을 낳으니 이는 장차 철장으로 만국을 다스릴 남자라"(계 12:5) 합니다. 이런 뜻입니다. 메시아 그리스도는 구약교회의 산고(産苦)를 거쳐서 이 땅에 태어났다는 것입니다. 구약성경은 신약성경의 모태(母胎)인 것입니다. 그러므로 구약성경이 주어지지 않았다면 예수가 그리스도이심을 증명(證明)할 근거가 없게 되는 것입니다. 그러므로 "너를 인하여 네 어미가 신고한, 너를 낳은 자가 애쓴 그 곳 사과나무 아래서 내가 너를 깨웠노라"(5) 한 말 속에는 이런 의미가 함의되어 있는 것입니다. 사도 바울은 갈라디아서 4장에서 "두 언약, 두 어머니"를 말하면서, "오직 위에 있는 예루살렘은 자유자니 곧 우리 어머니라"(갈 4:26) 합니다. 하나님께서 자기 아들을 태어나게 하기 위한 산고가 구속사입니다. 그리고 이 산고는 우리를 태어나게(거듭나게) 하기 위한 해산의 고통이었다는 점을 형제는 알고 있습니까?

둘째 단원(6-14) 사랑하는 자야 빨리 달리라

⑥ "너는 나를 인같이 마음에 품고 도장같이 팔에 두라"(6상) 합니다. 누가 누구에게 하는 말인가? 많은 분들은 신부가 신랑에게 하는 것으로 여기고 있으나, 몇 가지 근거에 의해서 신랑이 떠나기 전에 신부에게 당부하는 말로 보는 것이 옳을 것입니다.

㉠ 첫째로, "너는 나를 인같이 마음에 품고 도장같이 팔에 두라" 하는데, 하나님은 벌써부터 그의 사랑하는 자들을 "인같이 마음에 품고, 도장같이 팔에 두고" 계시기 때문입니다. 예레미야 22:24절에 의하면, 하나님은 여호야긴 왕을 "나의 오른손의 인장 반지"라 하십니다. 하나님은 말씀하십니다. "여인이 어찌 그 젖 먹는 자식을 잊겠으며 자기 태에서 난 아들을 긍휼히 여기지 않겠느냐 그들은 혹시 잊을지라도 나는 너를 잊지 아니할 것이라 내가 너를 내 손바닥에 새겼고"(사 49:15-16) 하십니다. 주님은 말씀하십니다. "내가 저희에게 영생을 주노니 영원히 멸망치 아니할 터이요 또 저희를 내 손에서 빼앗을 자가 없느니라"(요 10:28). 그러므로 문제는 주님에게 있는 것이 아니라, 주님을 "인같이 마음에 품지" 않고 있는 우리들에게 있는 것입니다. 아가서에서도 변덕을 부리는 것은 신부 술람미이지 신랑은 변함이 없는 아가페 사랑을 베풀고 있는 것입니다.

㉡ 둘째는, "사랑은 죽음 같이 강하고"(6중) 한 표현입니다. "죽을지언정 부인하지 않겠다" 한 베드로의 맹세는 허망하게 무너지고 말았습니다. 그런데 주님은, "우리가 아직 죄인 되었을 때에 그리스도께서 우리를 위하여 죽으심으로 하나님께서 우리에게 대한 자기의 사랑을 확증하셨느니라"(롬 5:8), 즉 "사랑은 죽음같이 강하다"는 것을 확증(確證)하여주셨기 때문입니다.

㉢ 또한 "투기는 음부 같이 잔혹하며 불같이 일어나니 그 기세가 여

호와의 불과 같으니라"(6하) 한 말씀입니다. "투기"가 불같이 일어난다 말씀하는 데 이 투기는, "그것들(우상)에게 절하지 말며 그것들을 섬기지 말라 나 여호와 너의 하나님은 질투하는 하나님인즉(출 20:5), 만군의 여호와가 말하노라 내가 시온을 위하여 크게 질투하며 그를 위하여 크게 분노함으로 질투하노라"(슥 8:2) 하신 투기인 것입니다. 우리에게 향하신 하나님의 사랑은 "시기하기까지 사모하는"(약 4:5) 사랑이십니다. 이런 맥락에서 볼 때, "너는 나를 인같이 마음에 품고 도장같이 팔에 두라" 하심은, 신부를 영접하러 오기까지 정절을 지키라는 신랑의 분부로 보는 것이 타당할 것입니다.

⑦ "이 사랑은 많은 물이 꺼치지 못하겠고 홍수라도 엄몰하지 못하나니 사람이 그 온 가산을 다 주고 사랑과 바꾸려 할지라도 오히려 멸시를 받으리라"(7) 합니다.

㉠ 계시록 12:15-16절에 의하면, "여자(교회)의 뒤에서 뱀이 그 입으로 물을 강같이 토하여 여자를 물에 떠내려가게" 하려는 장면이 있습니다. 이는 교회가 큰 박해를 당하게 될 것을 의미합니다. 이럴 경우 "땅이 여자를 도와 그 입을 벌려 용의 입에서 토한 강물을 삼켜" 여자로 하여금 떠내려가지 못하게 하는데, 그러므로 "홍수라도 엄몰치 못하도록" 우리를 지켜주시는 사랑은 하나님의 사랑이지 신부의 사랑이 아닙니다. 우리의 사랑은 홍수는커녕 소낙비에도 자주 식어지고 꺼지곤 합니다. 이점을 신약성경에서는, "누가 우리를 그리스도의 사랑에서 끊으리요 환난이나 곤고나 핍박이나 기근이나 적신이나 위험이나 칼이랴, 높음이나 깊음이나 다른 아무 피조물이라도 우리를 우리 주 그리스도 예수 안에 있는 하나님의 사랑에서 끊을 수 없으리라"(롬 8:35, 39) 합니다.

⑧ "우리에게 있는 작은 누이는 아직도 유방이 없구나"(8상) 합니다.

㉠ 여기서 말하는 "작은 누이"란 누구를 가리키는가? 혹자는 술람미

의 동생이라 하는데 설득력이 없습니다. 그렇다면 오빠들이 술람미를 가리키는 것이 되는데 이 지점에 이르러, "아직도 유방이 없구나" 하는 것은 무슨 뜻인가? 아가서의 관심은 솔로몬과 술람미의 연애를 말하려는 것이 아닙니다. 어떻게 하는 것이 신랑을 사랑하는 것이며, 기쁘시게 해드리는 것인가? 다시 말하면, 신랑이 돌아오기까지 어떤 삶을 살아야 하는가를 여러 방면으로 조명해주고 있는 것입니다. 그러므로 "아직도 유방이 없다"는 말은, "때가 오래므로 너희가 마땅히 선생이 될 터인데 너희가 다시 하나님의 말씀의 초보가 무엇인지 누구에게 가르침을 받아야 할 것이니 젖이나 먹고 단단한 식물은 못 먹을 자가 되었도다"(히 5:12) 하는, 영적으로 미숙(未熟)한 자를 가리키는 것입니다.

㉡ 그래서 "그가 청혼함을 받는 날에는 우리가 그를 위하여 무엇을 할꼬"(8하) 하는 것입니다. 술람미는 이미 결혼을 했습니다. 그런데 "청혼함을 받는 날에는" 하는 의미가 무엇인가? 술람미의 결혼은 예표적으로 이루어진 것이요, "우리가 즐거워하고 크게 기뻐하여 그에게 영광을 돌리세 어린양의 혼인기약이 이르렀고 그 아내가 예비하였으니"(계 19:7) 한, 혼인기약은 아직도 미래(未來)에 속한 것입니다.

㉢ 이런 맥락에서 본문은, 큰 가정과 같은 교회라는 공동체에서 오빠나 형님 같은 위치에 있는 자들이 주님 오시기까지 감당해야할 일이 무엇인가를 말씀하고 있는 것입니다. "그가 성벽일진대 우리는 은 망대를 그 위에 세울 것이요 그가 문일진대 우리는 백향목 판자로 두르리라"(9) 합니다. 즉 "작은 누이"와 같은 어린 형제를 돌보아 지켜주는 일입니다. 그러므로 사도 바울은, "내가 하나님의 열심으로 너희를 위하여 열심 내노니 내가 너희를 정결한 처녀로 한 남편인 그리스도께 드리려고 중매함이로다 뱀이 그 간계로 이와를 미혹케 한 것같이 너희 마음이 그리스도를 향하는 진실함과 깨끗함에서 떠나 부패할까 두려워하노라"(고후 11:2-3) 하고 말씀한 것입니다.

ⓒ 이 말에 응하여 술람미 자신도, "나는 성벽이요 나의 유방은 망대 같으니 그러므로 나는 그의 보기에 화평을 얻은 자 같구나"(10) 하고, 자신도 신랑의 기대에 어긋나지 않도록 힘쓸 것을 다짐합니다. 이 대목에서 주목해야 할 점은, "성벽, 망대"라는 군사적(軍事的)인 이미지로 표현하고 있다는 점입니다. 이는 교회(가정)가 "작은 누이"를 지켜야 함은, "내가 떠난 후에 흉악한 이리가 너희에게 들어와서 그 양떼를 아끼지 아니"(행 20:29)하고 물어뜯게 되리라는 영적 싸움이기 때문입니다. 이런 맥락에서 8-10절은, "많은 물이 꺼치지 못하겠고" 한, 7절과 결부되는 것입니다. 교회는 두 방면으로 공격을 당하게 되는데, 외부로부터의 박해와, 내부에서 일어나는 이단 사상입니다.

⑨ "솔로몬이 바알하몬에 포도원이 있어 지키는 자들에게 맡겨두고 그들로 각기 그 실과를 인하여서 은 일천을 바치게 하였구나"(11) 합니다. 장면은 급하게 바뀌어 솔로몬이 맡겨두고 간 "포도원"을 조명(照明)합니다.

㉠ 이미 깨달으신 대로 "솔로몬의 포도원"은 주님께서 제자들에게 맡겨놓고 떠난 교회를 상징합니다. 그러면 "지키는 자"란 누군가? "그가 위로 올라가실 때에 사로잡힌 자를 사로잡고 사람들에게 선물을 주셨다(엡 4:8), 그가 혹은 사도로, 혹은 선지자로, 혹은 복음 전하는 자로, 혹은 목사와 교사로 주셨으니 이는 성도를 온전(성숙)케 하며 봉사의 일을 하게하며 그리스도의 몸을 세우려 하심이라"(엡 4:11-12) 한, 목회자들입니다.

㉡ 주님은 종말적인 말씀을 하시면서 제자들에게, "충성되고 지혜 있는 종이 되어 주인에게 그 집 사람들을 맡아 때를 따라 양식을 나눠 줄 자가 누구뇨 주인이 올 때에 그 종의 이렇게 하는 것을 보면 그 종이 복이 있으리로다"(마 24:45-46) 하고 말씀하십니다.

ⓒ "솔로몬 너는 일천을 얻겠고 실과 지키는 자도 이백을 얻으려니

와"(12상) 합니다. "포도원에 무화과나무를 심은 것은 열매를 얻기" 위해서입니다. 그래서 "솔로몬 너는 일천을 얻겠고" 하는 것입니다. 그리고 "실과 지키는 자도 이백을 얻으려니와" 합니다. "이제 후로는 나를 위하여 의의 면류관이 예비되었으므로 주 곧 의로우신 재판장이 그 날에 내게 주실 것이니 내게만 아니라 주의 나타나심을 사모하는 모든 자에게니라"(딤후 4:8) 하고 말씀합니다. 이를 믿기에 술람미는, "내게 속한 내 포도원은 내 앞에 있구나"(12하), 즉 자신에게 맡겨진 사명을 각성하는 것입니다.

⑩ "너 동산에 거한 자야 동무들이 네 소리에 귀를 기울이니 나로 듣게 하려무나"(13) 합니다. 13-14절은 신랑 신부가 주고받은 마지막 말입니다.

㉠ "너 동산에 거한 자야" 하는 것은 신부의 정위치(正位置)를 가리키는 말인데, "동산"은 양을 치는 "교회"입니다. 그리고 신랑의 마지막 말은, "네 소리에 귀를 기울이니 나로 듣게 하려무나" 하는 말입니다. 형제의 기도에 ㉮ "귀를 기울이신다"고 말씀합니다. ㉯ 그러므로 "나로 음성을 듣게 해달라는 당부입니다. 요즘 말로 하면 자주 전화하라는 뜻이 될 것입니다.

㉡ 2:14절에서도 두 가지를 당부합니다. ㉮ "바위 틈 낭떠러지 은밀한 곳에 있는 나의 비둘기야 나로 네 얼굴을 보게 하라, ㉯ 네 소리를 듣게 하라" 합니다. 성경은 말씀합니다. "항상 기뻐하라 쉬지 말고 기도하라 범사에 감사하라 이는 그리스도 예수 안에서 너희를 향하신 하나님의 뜻이니라"(살전 5:16-18). 하나님이 우리에게 기대하시는 바는 멀고 높고 어려워서 미치지 못하는 그런 것이 아닙니다. 기뻐하는 모습을 보기를 원하십니다. 자기 아들까지 아끼지 않으시고 내어주심으로 구원해주셨는데 기뻐하지 않는다면, 감사하지 않는다면 그를 믿는 자라 말할 수가 있단 말인가? 그리고 자녀들과 대화하기를 원하시는 기본적인

것입니다.

⑪ 그러면 신부의 마지막 간구가 무엇인가? "나의 사랑하는 자야 너는 빨리 달리라"(14상)는 말입니다.

㉠ "아멘 주 예수여 오시옵소서"(계 22:20) 하는 뜻입니다. "향기로운 산들에서 노루와도 같고 어린 사슴과도 같아여라"(14하), 즉 큰 산과 작은 산들을 거침이 없이 뛰어넘는 노루처럼, 사슴처럼 속히 오십시오. 이것이 신부의 간절한 기다림입니다. 형제도 그러합니까?

㉡ 이런 맥락에서 8장을 대하게 되면 마치 사도행전 1장의 긴박감을 느끼게 합니다.

㉮ 주님은 이제 승천하시려고 합니다. 그래서 제자들에게 "예루살렘을 떠나지 말고 내게 들은 바 아버지의 약속하신 것을 기다리라" 분부하십니다.

㉯ 제자들은 묻습니다. "이스라엘 나라를 회복하심이 이 때니이까?"

㉰ 주님은 대답하십니다. "때와 기한은 아버지께서 자기의 권한에 두셨으니 너희의 알바 아니요 오직 성령이 임하시면, 땅 끝까지 이르러 내 증인이 되리라".

㉱ "갈릴리 사람들아 어찌하여 서서 하늘을 쳐다보느냐 너희 가운데서 하늘로 올리우신 이 예수는 하늘로 가심을 본 그대로 오시리라".

㉲ "저희 유하는 다락방에 올라가니, 다 거기 있어, 더불어 마음을 같이하여 전혀 기도에 힘쓰니라".

아멘 주 예수여 오시옵소서!

⑫ 묵상해보겠습니다.

㉠ 1-3절에 나타난 신부의 희망사항에 대해서,

㉡ "사랑하는 자를 의지하고 거친 들에서 올라오는 자"에 대해서,

㉢ "너는 나를 인같이 마음에 품으라, 사랑은 죽음같이 강하다"는

의미에 대해서,

㉣ "나의 사랑하는 자야 너는 빨리 달리라"에 대해서,

㉤ 아가서를 통한 각성과 결단에 대해서.